明史論叢之一

明史編纂考

學生書局印行

國家圖書館出版品預行編目資料

明史編纂考

黃眉雲等著. － 初版. － 臺北市：臺灣學生，1968.01
面；公分 (明史論叢 ；1)

ISBN 978-957-15-1979-1(精裝)
ISBN 978-957-15-1980-7(平裝)

1. 明史

626.08　　114011871

明史論叢
包遵彭主編

明史編纂考

著作者　黃眉雲等
出版者　臺灣學生書局有限公司
發行人　楊雲龍
發行所　臺灣學生書局有限公司
地址　臺北市和平東路一段 75 巷 11 號
劃撥帳號　00024668
電話　(02)23928185
傳真　(02)23928105
E-mail　student.book@msa.hinet.net
網址　www.studentbook.com.tw
登記證字號　行政院新聞局局版北市業字第玖捌壹號
定價　精裝新臺幣七五〇元
　　　平裝新臺幣四五〇元

一九六八年元月初版
二〇二五年九月初版二刷

62611-1

明史編纂考　目錄

明史編纂考導論

包遵彭

明史纂修，淵源甚早。除列朝實錄及會典外，官修之國史，頗有成緒。據春明夢餘十三及卅二記載，萬曆中，閣臣陳于陛疏，謂：「本朝紀、志、表、傳之正史，二百餘年來踵襲因循，闕略不講，請力爲整輯，勒成鉅篇。於是開館分局，集累朝之實錄，采朝野之見聞，紀、傳、書、志，頗有成緒，忽燬於火。其詳不可知。嗣後私家著史者，壘落相望。朱國楨之明史概、鄧元錫之明書、陳建之皇明通紀，王世貞之弇州史料，談遷之國榷，查繼佐之罪惟錄，都撰於亡明之前，爲後來官修明史開其先路。

明史正式開館創修，始於清順治二年五月。大學士馮銓等爲總裁，仿通鑑體，僅成數帙。因史料缺佚而中輟。康熙十八年舉博學鴻詞科彭孫遹、倪燦等五十人入翰林，與右庶子盧琦等十六人同纂修明史。復命內閣學士徐元文爲監修，翰林院掌院學士葉方靄，右庶子張玉書爲總裁，徐氏發凡起例，積極分纂，并延萬斯同以布衣參與史局，爲覈全稿。歷十餘年，史稿粗成。不久元文罷職，卅三年，再命大學士張玉書、熊賜履爲監修，尚書陳廷敬及左都御史王鴻緒爲總裁，期分任成之。鴻緒又延斯同主其家，專委一如元文。斯同爲黃宗羲高弟子，博聞詳識，熟諳明代典故，盡粹明史大業歷二十餘年，不居纂修之名，隱操總裁之柄，他參訂史稿，多據實錄。近人嘗考之，正嘉以前事，實錄多疏漏，所藉以參考訂者，惟有王世貞之弇州史料，嘉靖間之時事奏疏則多憑黃尊素之時略，萬、泰、天、崇間事則憑之黃宗羲之續時略。考校未終編，萬氏旋卒，鴻緒亦免官歸鄉里。

王鴻緒於康熙四十八年致仕歸田時，當年參加史館工作者，凋謝殆盡。萬斯同及舊時任總裁監修者多已故世。乃將草稿携去，任一無知館客，妄加點竄，復就萬斯同稿、徐元文稿，重加編次，分者合之，合者分之，使名家數十年的心血之作，面目全非。於是進一步攘爲己有。

按鴻緒在康熙五十三年第一次以二百五卷稿進呈時，還祇是列傳。及又取徐稿中河渠、食貨、藝文、地理諸志予以刪改。同時去功臣、戚臣、宦幸諸表，而改大臣上爲宰輔，大臣中下爲七卿，惟諸王表則仍其舊。又於六十一年冬，刪改徐稿本紀，不浹旬而十六朝之紀稿悉具。至雍正元年第二次進呈時，已由原二百五卷之傳稿，擴爲三百十卷之紀、志、表、傳全稿矣。這就是後來收入橫雲山人集之明史稿全文。

雍正元年七月，命張廷玉等續修明史又經多年之編纂。惟其時館中舊日草卷，不可復得，所存者僅實錄及殘存傳記，爲了迎合時主之意，乃據王稿重加編次，參以己意，稍示異同。於列傳後，綴以贊辭。乾隆四年（一七三九）遽以進呈，卽奉旨刊行，遂成現在行世的明史定本。

張廷玉等進呈明史表說：「聚官私之紀載，核新舊之見聞，籤帙雖多，牴牾互見。惟舊臣王鴻緒之史稿，經名人三十載之用心，進在彤幃，頒來秘閣，首尾略具，事實頗詳。在昔漢書取裁于馬遷，唐書起本於劉昫，苟是非之不謬，詎因襲之爲嫌，爰卽成篇，用爲初稿」。這一方面表示續修之作，是據王稿而修改，一方面說明王稿復多出自名家三十載之用心。這一認定，對於研究明史，論斷其是非，極爲重要。

黃雲眉明史編纂考略，李晉華明史纂修考兩文，以不同角度，對明史纂修經過，從發凡起例，纂修官之更易分撰，以及明史與各史稿因襲增損之迹諸方面，都有極詳細的剖析。

就明史構成經過說：李晉華已指出：實錄爲纂修官所據以構成史稿之主要材料。再由纂修官之稿，變爲萬稿（有一部分先變爲湯斌之稿）。再變爲四百十六卷本之稿，再變爲王鴻緒稿。再變爲張廷玉等進呈之明史定本。以此推之，明史勒成，中間蓋經過六七次的改變，歷來修史固未有若是經歷日久而功深也。趙翼論其排次編纂得當，附傳得宜，立傳多存大體，確是公允之論。

明史纂修，依史館之例，先由各纂修官鬮題擬稿。擬成後呈送總裁核定，取捨增刪，完全由總裁確定。蓋總裁之職責在核稿而非秉筆撰擬。因之，明史稿之成，乃是自康熙十八年以來，前後擔任纂修官的勞績，和萬斯同辛勤考覈之功，因爲纂修官的學養、識見、乃至分撰的主題，都不相同，我們今天要論定其中某一事的史文是非得失，應當從該一史文實際執筆者來考察其得失或致誤的由來，尤其要仔細校勘先後稿本與版本的出入。其爲功爲罪，絕不能一概歸於徒竊虛名的王鴻緒。知人論事，才能有公允之論。

魏源古微堂集書明史稿載：安化陶文毅公嘗說：「王鴻緒史稿，於吳人每得佳傳，於太倉人尤甚，而於他省人輒多否少可。張居正一傳，蓋沒其功績，且誣以權奸叛逆，尤幾無是非之心，幸乾隆中重修明史，略爲平反。」倘追究實際，實不盡然。如方苞雜文明史無任邱李少師傳卽曾指出：「季野曰：吳會之人尚文藻，重聲氣，士大夫之終，鮮不具狀誌家傳，自開史館，牽引傳致，旬月無虛，重人多爲之言。他省遠方，百不一二致。惟見列朝實錄，人不過一二事，事不過一二語，郡州縣志，皆略大凡。首尾不具。雖知其名，其行誼事蹟，不可鑿空而構。欲待立一傳。無由摭拾成章。故凡事之相連相類者，以附諸大傳之後，無可附，則惟據實錄所載，散見於諸誌。此所謂不可如何者也。」是明史之吳人多佳傳，非全由鴻緒矣。斯同聲江陵十二大罪，見所著群書辨疑中。則張居正傳之以罪掩功，亦非全由鴻緒，事至明顯（見黃眉雲明史編纂考略）。

清禮親王昭槤嘯亭續錄認爲惠帝遜國事本在疑似之間，王本力斷爲無，凡涉遜國事皆刪削，不及史官（張廷玉等）留程濟一傳以存疑也。今考撰帝本紀者爲徐嘉炎。王鴻緒僅竊其名而且據朱彝尊明史提綱跋，深知徐氏固曾力爭當從遜國群書，具述其事。祇是朱彝尊因分撰文皇本紀，恐言及遜國事，與己「書法相違」（曝書亭集史館上總裁第四書），故極力反對徐氏之議。（具見李晉華明史纂修考）所以評斷明史稿述某一史事之功罪，固須於此等處明瞭後才能加以論斷。

雖然，在若干史實之關鍵處，論者多以王稿本於萬稿，重大事件之書法，嘗信其出於斯同之論定。如清國史館先生傳中一則云：

建文一朝無實錄，野史因有遜國出亡之說。斯同斷之曰：「紫禁城無水關，無可出之理；鬼門亦無其地。成祖實錄稱：「建文闔宮自焚，上望見宮中烟起，急遣中使往救，至已不及，中使出其屍於火中，還白上。」所謂中使者，乃成祖之內監也，安肯以后屍誑其主？而清宮之日，中涓嬪御爲建文所屬意者，遂一刑訊，苟無自焚實據，豈肯不行大索令耶？且建文登極二三年，削奪親藩，曾無寬假，以致燕王稱兵犯闕，逼迫自殞；即使出亡，亦是勢窮力盡，謂之遜國可乎？」由是建文之書法遂定。

此段詞辭意甚悖。孟森特撰「萬季野明史稿辨誣」，以證此事出於鴻緒。孟森先生說：「萬先生之傳，作者不止一家，惟錢大昕潛研堂載所撰萬先生傳，有此定建文書法一則。史館采前人既成之傳，雜綴成篇，遂以此則羼入。再考潛研堂撰爲此則之由來，則誤以明史稿爲字字皆先生所作也。夫謂明史稿爲先生作，大致尚不相遠，而進明史稿之王鴻緒祇言由彼所撰，未嘗及先生名也。先生爲鴻緒撰明稿，本無疑義，而不經鴻緒意爲取舍，固已萬無此理。且所論建文書法，尤在鴻緒自撰之史例議中。史例議一篇，本不與明史稿相混，篇中有「康熙五十九年，歲在庚子，亡友朱竹垞仲孫稼翁攜竹垞文稿見貽」云云。竹垞亡在四十八年，先生則卒於四十一年，此篇明明非先生作也。而篇中所持建文書法之論，字句悉與史館先生傳文同。此錢氏偶一不愼，以明史稿傳爲悉本先生，遂截取其書中之一段，以爲先生論史之特識。國史館補立清初儒林傳，又信錢氏之高名，采作底本，遂著此於本傳，而先生遂受誣於清國史矣。」

倘再進一步考求，王鴻緒明史稿原有二刻本。其一爲清康熙五十三年所進明史列傳，稿二百八卷，其二爲清雍正元年所進明史稿三百十卷本，皆題橫雲山人集，今考案康熙本明史列傳稿有程濟傳尚未刪削，其他遜國事，若河西傭、補鍋匠、馮翁、東湖樵夫等傳亦未刪去。不特此也，康熙本諸王傳中，尚有建文帝太子文奎、少子文圭二傳。雍正本則已刪削矣。（見朱希祖康熙本明史列傳稿跋）此證清禮親王昭槤未見康熙本明史列傳稿而祇據雍正本遽斷鴻緒之不當，不無小誤。

由以上分析，知徐嘉炎撰惠帝本紀時，原曾力主遜國之說，朱彝尊因求與文皇本紀書法一致，曾極力反對。萬斯同似不致同意後說，故王鴻緒第一次進呈之明史稿列傳尚有程濟等傳置此事於疑似之間。迨雍正元年第二次進明史稿三百十卷本時，始刪削。至張廷玉等撰定本明史時，又再復舊觀。禮親王昭槤，因極稱譽「史臣留程濟一傳以存疑」的得體。然定本明史，還祇是「存疑」。到乾隆四十二年詔改明史本紀時，更率直的予以重定云：「據遣中使出后屍於火，詭云帝屍」。惠帝遜國之說，到此才算大定。萬斯同於徐稿考覈如何？王鴻緒何以於第二次進呈時刪除程濟等列傳，諸待詳確考求。

嘯亭續錄又謂永樂以藩臣奪國，今古大變，王本於燕多恕辭。是以成敗論人，殊非直筆。然則吳鼻、劉安輩亦足褒也，不及史臣厚責之爲愈也。今按文皇本紀，實爲朱彝尊所撰。朱氏篤信實錄，他在上總裁第四書中，既辯成祖之未以天子之禮葬建文，又辯成祖無戮方孝儒十族事，并認野史所載株連之多，不應若是之酷。都可想見其不欲於燕王多所責難。此點不能單獨歸罪於王鴻緒。

明史本於王稿，王稿本於萬稿，這幾乎是歷來研考明史學者不易之論（明史稿考證四節）。因此論斷明史及王稿間的是非得失，無疑的萬斯同傳世的明史稿，是用以比勘取證之最重要的關鍵資料，此在陳守實明史稿考證、張須萬季野與明史等文中，曾詳言之。

萬斯同著明史稿，見諸著錄者，首先是其自述。一則說：「就吾所述，而經緯其文」。再則說：「昔人於宋史已病其繁蕪，而吾所述將倍焉」。（方苞萬季野墓表）。這證明他確有手稿而且極爲繁富。惟溫濬臨南疆繹史序例祇說：「萬子溘然先逝，明史列傳甫脫稿，尚未訂正」。李恕谷撰先生年譜，於其辛巳十月條說：「時季野修明史，紀傳成，表志未竣」。均未著其確數。劉坊撰先生行狀說：有「明史列傳二百卷，存史館中」。方苞撰萬季野墓表說：「季野所撰本紀列傳，凡四百六十卷，惟諸志未就」。全祖望撰萬文貞傳說：有「明史稿五百卷，皆先生手定，雖其後不盡仍先生之舊，而要其底本，足以自爲一書也」。各家紀述，雖似歧異，據張須先生研究，大概是紀傳兩類，四百六十卷，差近實際（參見萬季野與明史）。

季野原史稿，歸藏何處？一般記載都說不知所歸。惟方苞說：「其書具存華亭王氏，淮陰劉永楨錄之過半而未全」。應不誤，證之斯同長子世標手書流散目錄，云：「原稿皆在儼齋先生家」（載國風四卷六期），及山陽縣志云：「劉永楨……曾手抄斯同所著明史三百卷，藏於家」。諸說極相合。現在留存天壤間，據諸家著錄其較重要者，約有

一、北平圖書館購福建王仁堪所藏萬季野先生明史稿三百十三卷（除去抄配明史卅卷，實存二百八十三卷）。
二、北平圖書館藏四百十六卷本明史。
三、朱希祖購藏康熙抄本萬季野先生明史稿列傳一百七十九卷。
四、拜經樓藏明史列傳稿二百六十七卷。
五、中州某君齎呈教育部萬季野明史稿原本十二冊。

上列第一項北平圖書館藏三百十三卷稿本，朱希祖「舊抄萬斯同明史稿跋」，李晉華「明史纂修考」（第七節），嘗及之，信爲眞本。朱希祖且認「拜經樓所藏明史列傳稿，卷數適與此同，其爲萬季

野所撰明矣」。獨侯仁之「王鴻緒明史列傳殘藁」，認爲不足深信。侯氏由諸史稿列傳之比勘及據書法字跡之波磔頓挫，認北平圖書館藏所謂萬稿，尚待論定。

第四項拜經樓藏明史列傳稿，朱希祖僅據其與第一項北平圖書館藏本卷數相同，遽斷爲萬稿，亦待考定。

第五項中州某君齎呈敎育部萬稿十二册，柳貽徵撰明史稿校錄一文，謂「翁（方綱）、丁（杰）之跋皆僞，非可遽斷爲萬先生書。」

其餘第二項、第三項兩稿本，未見專門校勘之作，姑不論。其他如方苞嘗見斯同所修之明史楊廷樞傳、李恭亦見斯同所修明史楊贊傳，以及散刋於他書或藏於學術機關者，倘能將此等傳世之作，搜羅完備，編次刋行，復萬稿之舊觀，則據以與王稿及定本明史勘對，不但於史事眞象，增益瞭解，且可上窺名家數十年用心之經過，使後學者資爲治學之參考。

明史編纂考略

黃雲眉

明史一書，清代學者以其爲欽定之故，率有褒無貶，或箝口不道，以遠疑忌。趙雲崧曰：『近代諸史，自歐陽公五代史外，遼史簡略，宋史繁蕪，元史草率，惟金史行文雅潔，敍事簡括，稍爲可觀，然未有如明史之完善者。以其修於康熙時，去前朝未遠，見聞尙接，故事蹟原委，多得其眞，非同後漢書之修於宋，晉書之修於唐，徒據舊人記載，而整齊其文也。又經數十年參考訂正，或增或刪，或離或合，故事益詳而文益簡，且是非久而後定，執筆者無所徇隱於其間，益可徵信，非如元末之修宋遼金三史，明初之修元史，時日迫促，不暇致詳，而潦草完事也。』竊謂雲崧長於治史，評他史俱極平允，而於明史則不免迴護。余擬將明史文字體例事蹟材料，一一加以勘覈，成明史考一書，以明明史構成之眞相。人事牽挽，因循未遑。茲先揭其編纂始末於此，就正宏達，亦以見趙氏所言之非爲實錄，而明史之不可不重加估定云。

明史創修於淸世祖順治二年五月。

東華錄，順治二年五月，命內三院大學士馮銓洪承疇李建泰范文程剛林祁充格等纂修明史。

大學士馮銓爲總裁，仿通鑑體，僅成數帙，而天啓四年實錄，遂爲竊去。

楊椿孟鄰堂集再上明鑑綱目館總裁書。又朱彝尊曝書亭集書兩朝從信錄後，『熹宗實錄成，藏皇史宬，相傳順治初，大學士涿州馮銓復入內閣，見天啓四年紀事，毀己尤甚，遂去其籍，無完書。』

天啓七年實錄，及崇禎元年以後事蹟亦缺。五年九月，著內外衙門，將所缺年分內上下文移有關政事者，彙送內院。

東華錄，順治五年九月，諭內三院，今纂修明史，闕天啓四年七年實錄，及崇禎元年以後事蹟，著在內六部都察院衙門，在外督撫鎮案及都布按三司等衙門，將所闕年分內，一應上下文移有關政事者，作速開送禮部，彙送內院，以備纂修。

八年閏二月，大學士剛林等奏請重懸賞格，購求天啓崇禎實錄及邸報野史。

東華錄，順治八年閏二月，大學士剛林等奏，『臣等纂修明史，查天啓四年及七年六月實錄，並崇禎一朝事蹟俱缺，宜勅內外各官，廣示曉諭，重懸賞格，凡鈔有天啓崇禎實錄，或有彙集邸報者，多方購求，期於必得，或有野史外傳集記等書，皆可備資纂輯，務須廣詢博訪，彙送禮部，庶事實有據，信史可成。』下所司知之。

然實錄終不可得。十二年二月，少詹事朱之錫請責令學臣購進遺書，於任滿時課多寡爲殿最。

清史列傳，十二年二月，之錫疏言：『自國家定鼎以來，開館纂修明史，因天啓崇禎年間，事實散佚，參攷無憑，遂致停擱，恐歲月漸深，傳聞愈舛。夫實錄不存，則可據者，惟當時邸報，及野乘遺書，宜勅部宣示中外，有以明末邸報來上者，量加旌賚。至求書久奉明旨，而各省奉行怠忽，請責成學臣購進，及任滿時，課其多寡而殿最之，則事有專司，史料亦備矣。』疏入，下所司議行。

國史院檢討湯斌應詔陳言，亦請廣搜遺書，補實錄之缺。

湯子遺書敬陳史法疏，『臣愚，竊以為立法宜嚴，取材貴備，實錄所記，恐有不詳：如靖難兵起，建文易號，永樂命史臣重修實錄，則低昂高下之間，恐未可據：他如土木之變，大禮之議，事多忌諱。況天啓以後，實錄無存，將何所依據焉？一也。二百七十餘年，英賢輩出，有身未登朝而懿行堪著，或名僅閭巷而至性可風，萬一輶軒未採，金匱失登，則姓氏無傳，何以發潛德之光！前代史書，如隱逸、獨行、孝友、列女諸傳，多實錄所未備者，二也。天文、地理、律曆、河渠、禮樂、兵刑、藝文、財賦，以及公侯將相，為志為表，不得其人，不歷其事，不能悉其本末原委，三也。臣謂今日時代不遠，故老猶存，遺書未燼，當及此時開獻書之賞，下購求之令，凡先儒紀載有關史事者，擇其可信，並許參攷，庶幾道法明而事辭備矣。』

而各省采訪不力，館臣無可藉手，史事無形停擱。

聖祖康熙四年，史館復開，御史顧如華仍疏請廣搜稗史，並廣徵海內宏通之士，與詞臣同纂，決去取於滿漢總裁。

東華錄，康熙四年十月，御史顧如華奏，『伏讀上諭禮部廣搜前明天啓以後事蹟，以備纂修明史。查明史舊有刊本，尚非欽定之書。且天啓以後，文籍殘毀，苟非廣搜稗史，何以考訂無遺。如三朝要典同時尚論錄樵史兩朝崇信錄頌天臚筆，及世族大家之紀錄，高年逸叟之傳聞，俱宜采訪，以備考訂。至於開設史局，尤宜擇詞臣博雅者，兼廣徵海內宏通之士，同事纂輯，然後上之滿漢總裁，以決去取，纂成全書，進呈御覽，成一代信史。』章下所司。

於史料而外，又注意史才，宏博之學，顧氏蓋啓其端矣。惟其時修史工作，仍無所聞，僅以滿文迻譯實錄；又會修世祖實錄而罷。

楊椿再上明鑑綱目館總裁書。

此爲明史纂修初期，其成績殆無可稱者。

康熙十八年，從給事中張鵬請，命內閣學士徐元文爲監修，翰林院掌院學士葉方靄，右庶子張玉書爲總裁。徵博學鴻儒一等彭孫遹、倪燦、張烈、汪霦、喬萊、王頊齡、李因篤、秦松齡、周清原、陳維崧、徐嘉炎、陸棻、馮勖、錢中諧、汪楫、袁佑、朱彝尊、湯斌、汪琬、邱象隨，二等李來泰、潘耒、沈珩、施閏章、米漢雯、黃與堅、李鎧、徐釚、沈筠、周慶曾、尤侗、范必英、崔如岳、張鴻烈、方象瑛、李澄中、吳元龍、龐塏、毛奇齡、錢金甫、吳任臣、陳鴻績、曹宜溥、毛升芳、曹禾、黎騫、高詠、龍燮、邵吳遠、嚴繩孫等五十人入翰林，與右庶子盧琦等十六人爲纂修。大規模之修史，蓋始於此。自此至康熙末年，爲明史纂修中期。明史之有相當成績，實卽此期努力之結果。今分三項述之：

一、史料

明史第一難事，厥爲史料之搜集。前此時主不急於汗青，有司多拘於忌諱，故求書三十年，而史館無增蓄。至是欲借修史以牢籠人才，且欲盡知稗野觸忤之面目，始詔官民進呈野史，勿論忌諱，量予賞賚。總裁葉方靄乃於史館未開時，預請刻期購書。

葉文敏集請購書籍疏，『前內閣同翰林院會題疏內，請令禮部行文各直省督撫，不論官員士民，有收藏故明書籍者，不拘忌諱，俱送該地方官量加獎賞，奉有俞旨遵行在案。臣等竊慮地方官職務煩多，雖遵依部文，止於奉行故事，不能極力購求，而藏書之家，又吝惜不肯出獻，稽遲日久，即使各州縣間有呈送，不過以尋常見聞之書，充數塞白，終無裨於實用。今請敕部再行確議，或令直省督撫，責成該管學臣，或遣官專行采訪，不獨專載故明事蹟，有裨史事，即如各郡縣志書，及明代大臣名臣名儒文集傳誌，皆修史所必需，務令加意搜羅，以期必得。其藏書之家，或詳計卷帙多寡，給直若干，或開注姓名送部，俟纂修完日，仍以原書給還；或有抄本書籍，官給雇值，遣人就其家謄寫。總之朝廷曲示旁求，則人心倍加踴躍，奉行既有專責，則部檄不虛文。及今預行購取，待史館開日，續送到館，庶不致掘井於既渴之時，而結網於臨淵之後矣。』

朱彝尊言於總裁，亦以聚書爲史館急務，

曝書亭集史館上總裁第二書，『史館急務，莫先聚書。明之藏書，玉牒寶訓，貯皇史宬，四方上於朝者，貯文淵閣。故事，刑部恤刑行人奉使還，必納書於庫，以是各有書目。而萬曆中輔臣諭大理寺副孫能傳，中書舍人張萱等，校理遺籍，閣中故書，十亡六七；然地志具存，著於錄者，尚三千餘册。閣下試訪之所司，請於朝，未必不可得。又同館六十人，類皆勤學洽聞之士，俾各疏所有，捆載入都，儲於邸舍，互相考索，然後開列館中所未有之文集奏議圖經傳記，以及碑銘志碣之屬，編為一目，或仿漢唐明之遺使，或牒京尹守道十四布政使司力為蒐集，上之史館，於以采撰編次，成一代之完書，不大愉快哉！』

臣下希旨獻勤，四方藏書，頗有捆載入都者。然迄於成史，凡涉神宗末年邊疆之書，民間終汰去不敢上。

戴名世南山集與余生書，『前日翰林院購遺書於各州郡，書稍稍集。但自神宗晚節，事涉邊疆者，民間汰去不以上；而史官所指名以購者，其外頗更有潛德幽光，稗官碑誌紀傳，出於史館之所不及知者，皆不得以上，則亦無以成一代之全史，甚矣其難也！』

且明史基本史料，在實錄與邸報，實錄既難珠還，邸報又多增損。

顧炎武亭林文集與公肅甥書，『憶昔時邸報，至崇禎十一年方有活板，自此以前，並是寫本，而中秘所收，乃出涿州之獻，豈無意為增損者乎？訪問士大夫家，有當時舊鈔，以俸薪別購一部，擇其大關目處略一對勘，便可知矣。』又與次耕書，『自庚申至戊辰邸報，皆曾寓目，與後來刻本記載之書，殊不相同。』

而朱國禎之所鈔，顧炎武之所藏，潘檉章之所聚，又俱隨莊氏史獄而同歸塵土。

亭林文集書吳潘二子事，『莊名廷鑨，其居鄰故閣輔朱公國禎家。朱公嘗取國事及公卿誌狀疏草，命胥鈔錄，凡數十帙，未成書而卒。廷鑨得之，則招致賓客，日夜編輯為明書。』又云，『二子（吳炎潘檉章）所著書若干卷，未脫稿；又假余所蓄書千餘卷，盡亡。』又與次耕書，『吾昔年所蓄史事之書，並爲令兄（檉章）取去，令兄亡後，書既無存，吾亦不談此事。』又答徐甥公肅書，『所藏史錄奏狀一二千本，悉爲亡友借觀，中郎被收，琴書俱盡。』

潘耒遂初堂集，敍檉章國史考異云，『亡兄博極羣書，長於考訂，博訪有明一代之書，以實錄爲綱領，若志乘，若文集，若墓銘家傳，凡有關史事者，一切鈔撮薈萃，以類相從。』又敍松陵文獻云，『亡兄與吳先生（炎）草創明史，先作長編，聚一代之書而分劃之。』

其以勝國遺獻，見聞較切之著述，鈔錄入館者，僅一黃宗羲，

黃秉垕黃梨洲先生年譜，『奉特旨，凡黃宗羲有所論著，及所見聞有資明史者，着該地方官鈔錄來京，宣付史館。李方伯士貞因招季子主一公至署，校勘如干冊，使胥吏數十人繕寫進呈。』

全祖望鮚埼亭集梨洲先生神道碑文，『蓋自漢唐以來大儒，惟劉向著述，強半登於班史，而公於二千年後起而繼之。』

則憑藉之單弱可知矣。

二、史才

盧琦等十六人，因人成事，固不足與五十宏博分庭抗禮，而此五十人者，以詩賦膺薦，

東華錄，康熙十八年三月丙申朔，試內外諸臣薦舉博學鴻儒一百四十三人於體仁閣賜宴，試題，璿璣玉衡賦，省耕詩五言排律二十韻。

使之操筆石渠，亦不能全謂佳選。且處士難進易退，又龍鍾老邁，十餘年間，不祿者達三十人，其轉陞他職與史事完全脫離者，亦前後相望，

毛奇齡西河合集史館興輟錄，『自上開制科，以予輩五十人充明史館官，而數年之間，卽有告歸者，有出使外國者，有作督學院使者，且有破格內陞京堂，並外轉藩臬及州府者。自康熙己未至辛未，在館者不過一二人，餘或陞侍郎，或轉閣學，或改通政使，全不與史事；而舊同館官亦俱闌散，向之爭進者，今亦告退，不惟史不得成，卽史館亦枵然無或至者。在五十人多處士，難進易退，且又老邁，十餘年間，不祿者已三十人矣，第不知同館多人，並不限數，何以一任其興輟若此！』

此可知其與明史無甚深之因緣矣。後宏博而參史事者，則有鄞縣布衣萬斯同等。康熙十九年，徐元文葉方靄又擧姜宸英、萬言、汪懋麟、曹溶、黃虞稷等與修明史。姜宸英籍慈谿，與秀水朱彝尊、無錫嚴繩孫稱江南三布衣。方靄嘗欲薦宸英應宏博不果；汪懋麟、曹溶、黃虞稷皆擧宏博，以丁憂不與試。至是部議：姜宸英、萬言應速行文該督撫移送；汪懋麟服滿，以主事入館修史；曹溶黃虞稷服闋後牒送史館。

見康熙十九年二月東華錄。

汪懋麟以刑部主事入史館，充纂修官，討論嚴密，撰述最多，見清史列傳。黃宗羲南雷文定附錄曹溶書，有『弟衰後始解讀書，薈蕞末年七八種，得之親見，稍異剽聞，終苦雙腕頹唐，不稱頌颺之意，頻思刺舴艋登著作之堂而請焉』等語。其修史關係不可攷。

而黃宗羲子百家，亦於是年由徐元文延入史館。

全祖望梨洲先生神道碑文，徐公延公子百家參史局，公以書答徐公戲之曰，『昔聞首陽山二老，託孤於尚父，遂得三年食薇，顏色不壞，今我遣子從公，可以置我矣。』

百家傳家學，虞稷富藏書，宸英、言長於文；而言又『八年不調，專董其事，』

黃宗羲南雷文定後集萬祖繩七十壽序。

其忠於明史可想。然以成績論，要不過於宏博中朱彝尊諸人相彷彿；其高瞻遠矚，足當史才之稱而無愧者，則萬斯同一人而已。斯同，宗羲弟子，康熙十八年，與兄子萬言，應徐元文薦方靄之徵，入京修史。宗羲以大事記三史鈔授之，並作詩以送其行。

黃炳垕黃梨洲先生年譜。

黃宗羲南雷詩歷送萬季野貞一北上詩：『史局新開上苑中，一時名士走空同。是非難下神宗後，底本誰搜烈廟終。此世文章推婺女，定知忠義及韓通。憑君寄語書成日，糾謬還訪在下風。』『管村彩筆掛晴霓，季野觀書決海堤。三十載繩牀穿阜帽，一篷長水泊藍溪。猗蘭幽谷真難閉，人物京師誰與齊。不於河汾聲價倒，太平有策莫輕題？』『堂堂載筆盡能人，物色何緣到負薪。且莫一詩比老婦，應憐有衷有萱觀。重陽君渡瀘溝水，雙瀑吾披折角巾。莫道等閒今夜月，他年共憶此良辰。』

次年，言入館而斯同固辭，請以布衣參史事，不署銜，不受俸，元文許之，遂至其家。諸纂修官以稿至，皆送斯同覆審。

全祖望萬貞文先生傳，時史局中徵士，許以七品俸稱翰林院纂修官，學士欲授其例以授之，先生請以布衣參史局，不署銜，不受俸，總裁許之。諸纂修官以稿至，皆送先生覆審。先生閱畢，謂侍者曰，『取某書某卷某葉，有某事當補入；取某書某卷某葉，某事當參校。』侍者如言而至，無爽者。

斯同自少能暗誦列朝實錄；長游四方，又汲汲以考問往事，網羅放失爲務，

方苞望溪文集萬季野墓表，『吾少館於某氏，其家有列朝實錄，吾默識暗誦，未嘗有一言一事之遺也。長游四方，就故家長老求遺書，考問往事，旁及郡志邑乘雜家誌傳之文，靡不網羅參伍，而要以實錄為指歸。』

蓋抱遺山之志，而欲以修故國之史報故國者。元文亦深相倚重，在史館史中論事，嘗以其言爲折衷。

黃百家萬季野墓志銘，監修徐元文在史局中論事，嘗曰『萬先生之言如是！』一朝士曰，『萬先生何人？』答曰『季野。』又問『季野何人？』元文怫然曰，『惡！焉有為薦紳而可不識萬季野者！』

及元文罷，而繼任者又延主其家，專委一如元文。斯同友人王源劉繼莊，弟子錢名世等，亦嘗與斯同參訂明史，然名世僅有文辭之助，而源、繼莊皆恢奇人，非能屑意於此者。

王源年四十餘游京師，公卿皆降爵齒與之交。與鄞萬斯同訂明史稿。兵志，源所作也。見清史列傳。又居業堂集有與友人論韓林兒書，友人卽斯同。

全祖望劉繼莊傳，萬隱君季野於書無所不讀，乃最心折於繼莊，引參明史館事。

楊椿再上明鑑綱目總裁書，『王公延鄞縣萬君斯同，吾邑錢君名世於家，以史事委之。椿時年二十餘，見萬君作傳，集書盈尺者四五，或八九不止，與錢君商榷，孰為是，孰為非，孰宜從，孰不宜從，孰可取一二，孰蓋不足取，商既定，錢君以文筆出之。』又全祖望萬貞文先生傳，『先生在京邸，攜書數十萬卷，及卒，旁無親屬，錢翰林名世，以弟子故衰絰為喪主，取其書去，論者薄之。』

惟斯同以一生所學，鞠躬其事，歷二十餘年，不居纂修之名，隱操總裁之柄，宗羲詩有『四方聲價歸明水，一代賢奸託布衣』之句，

南雷詩歷送萬季野北上詩云，『三疊湖頭入帝畿，十年烏背日光飛。四方聲價歸明水，一代賢奸託布衣。良夜劇談紅燭跋，名園曉色牡丹旂。不知後會期何日？老淚縱橫未肯稀。』

蓋實錄也。若宗羲顧炎武等，身係一代掌故，宛轉自遠，不拜新朝之命，

東華錄，康熙十九年二月，吏部遵旨議覆，內閣學士兼修明史徐元文奏，纂修明史，宜舉遺獻，請將揚州府前明科臣李清，紹興府名儒黃宗羲延致來京。如果老病不能就道，令該有司就家錄所著書送館。從之。

結埼亭集梨洲先生神道碑，『康熙戊午，詔徵博學鴻儒，掌院學士葉公方藹先以詩寄公，從史就道，公次其韻，勉其承莊渠魏氏之絕學，而告以不出之意。葉公商於公門人陳庶常錫嘏，曰，『是將使先生為疊山九靈之殺身也』！而葉公已面奏御前，錫嘏聞之大驚，再往辭，葉公乃止。未幾，又有詔以葉公與同院學士徐公元文監修明史，徐公以為公非能召使就試者，然或可聘之修史。

乃與前大理評事與化李公清同徵，詔督撫以禮敦遣。公以母既髦期，己亦老病為辭，葉公知必不可致，因請詔下浙中督撫，抄公所著書關史事者送入京。庚午，刑部尚書徐公乾學，因侍直，上訪及遺獻，復以公對，上曰，『可召之京，朕不授以事，如欲歸，當遣官送之。』徐公對以篤老恐無來意，上因歎得人之難如此。」

又亭林先生神道碑，『方大學士孝感熊公之自任史事也，以書招先生為助，答曰，『願以一死謝公，最下則逃之世外。』孝感懼而止。徐尚書乾學兄弟甥也，當其未遇，先生振其乏，至是鼎貴，為東南人士宗，四方從之者如雲，累書迎先生南歸，願以別業居之，且為買田以養，皆不至。或叩之，答曰，昔歲孤生，飄搖風雨，今茲親串，崛起雲霄，思歸尼父之轅，恐近伯鸞之竈；且天仍夢夢，世尚滔滔，猶吾大夫，未見君子，徘徊渭川，以畢餘年足矣。』

亭林文集與葉訒菴書，『去冬韓元少書來，言曾欲與執事薦及鄙人，已而中止。頃聞史局中復有物色及之者。無論昏耄之資，不能黽勉從事，而執事同里人也，一生懷抱，敢不直陳之左右！先妣未嫁過門，養姑抱嗣，為吳中第一奇節，蒙朝廷旌表，國亡絕粒，以女子而蹈首陽之烈，臨終遺命，有無仕異代之言，載於誌狀，故人人可出，而炎武必不可出。七十老翁何所求，正欠一死，若必相逼，則以身殉之矣！』又答次耕書，『辛亥之夏，孝感特柬相招，欲吾佐之修史，我答以果有此命，非死則逃，原一在坐與聞，鄰人士亦頗有傳之者，耿耿此心，終始不變，幸以此語白之知交。』

此在遺老爲應有之風節，但明史失此數人，未始非一極大遺恨耳。

三、體例之訂定及編纂之方法

明史纂修，自順治二年至康熙十八年間，初無體例之訂定。宏博入館，紛紛呈稿，亦無人注意及此。朱彝尊因以明三百年創見之事，略舉梗概，上書總裁，謂體例本乎時宜，不相沿襲，請先定例發凡，爲秉筆者典式。

曝書亭集史館上總裁第一書，『明三百年事有創見者：建文之遜國革除，長陵之靖難，裕陵之奪門，宜何以書？躋興獻王於廟，存之則為無統，去之則沒其實，宜何以書？志河渠者，前史第載通塞利害而已，明則必兼漕運言之，而又有江防海防禦倭之術，宜何以書？志刑法者，前史第陳律令格式而已，明則必兼廠、衛、詔獄、廷杖晰之，宜何以書？若夫志地理則安南之郡縣，朵顏之三衛，曾入圖版，旋復棄之；又藩封之建置，衛所之參錯，宜何以書？至於土司之承襲，順者有勤王之舉，反側者與征討之師，入之地志則不能詳其事，入之官制則不能著其人，宜何以書？又魏、定、黔、成、英、臨淮、諸國，衍聖一公，咸與明相終始，則世家不可不立；惟是張道陵之後，覥顏受世祿，奉朝，於義何居！然竟置不錄，難乎免於闕漏，宜何以書？蓋作史者必先定其例，發其凡，而後一代之事，可無紕繆。』

於是徐元文兄弟先後成修史條議，

徐乾學憺園文集修史條議序，『明史門局，院長葉公，屬同舍弟中允（秉義）預纂修之役，時舍弟都御史（元文）爲監修，辭於院長，弗允，因日夜蒐羅群書，考究有明一代史乘之得失，隨筆紀錄，以示同館諸公。未幾，中允以疾去，葉公下世，某被命同學士陳（廷敬）張（玉書）二公，侍讀學士孫公（在豐）湯公（斌），暨門人王庶子（鴻緒）爲總裁官，而舍弟罷柏府之職，留領史事。益以向所討論者，詳爲商榷，得六十一條，存之館中，庶幾相與整齊慎覈，以成一代之信史，無負皇上簡命而已。』

王鴻緒繼之，成史例議，雖其間有行有不行，所行者又有載有不載，而明史體例，以此爲兩大骨幹，則無可疑。湯斌之明史凡例議，及本紀條例，雖寥寥數條，亦頗有發明。其餘考覈一紀一傳一志之書法得失者，館內則如朱彝尊之論文皇帝紀，（史館上總裁第四書。）毛奇齡之論梁儲傳等；（西河合集奉史館總裁劄子。）館外則如黃宗羲呂留良之論歷志，

南雷文定答萬貞一論明史歷志書，用晦集答谷宗師論歷志書。

按宗羲雖不赴徵書，而史局大案必咨之，其所辯論，史局常依之資筆削焉。詳全祖望梨洲先生神道碑文。

王源之論王威寧、韓林兒等，

居業堂集與徐立齋學士論王威寧書，與友人論韓林兒書。

亦數見不鮮。而道學一傳，尤爲當時爭執之焦點。此議見於徐元文兄弟之修史條議，

條議中論理學傳者凡四款：

一，明朝講學者最多，成弘以後，指歸各別，今宜如宋史例，以程朱一派，另立理學傳，如薛

敬軒曹月川吳康齋陳剩夫胡敬齋周小泉章楓山呂涇野羅整菴魏莊渠顧涇陽高景逸馮少墟凡十餘人外，如陳克菴張東白羅一峯周翠渠張甬川楊止菴其學亦宗程朱，而論說不傳，且別有建豎，亦不必入。

一，白沙陽明甘泉宗旨不同，其後王湛弟子，又各立門戶，要皆未合於程朱者也，宜如宋史象山慈湖例入儒林傳。白沙門人，湛甘泉賀醫閭陳孝廉其表表者，莊定山為白沙友人，學亦相似。王門弟子，江右為盛，如鄒東廓歐陽南野安福四劉二魏，在他省則二孟，皆卓越一時。羅念菴本非陽明弟子，其學術頗似白沙與王甚別。許敬菴雖淵源王湛，而體驗切實，再傳至劉念臺，益歸平正，殆與高顧契合矣。陽明念臺，功名既盛，宜入名卿列傳，其餘總歸儒林。

一，陽明生於浙東，而浙東學派，最多流弊，王龍谿輩皆信心自得，不加防檢，至泰州王心齋隱怪尤甚，並不必立傳，附見於江西諸儒之後可也。

一，凡載理學傳中者，豈必皆勝儒林，宋史程朱門人，亦多有不如象山者，特學術源流，宜歸一是，學程朱者為切實平正，不至流弊耳。陽明之說，善學則為江西諸儒，不善學則為龍谿心齋之徒；一再傳而後，若羅近谿周海門之狂禪，顏山農何心隱之邪僻，固由弟子寖失師傳，然使程朱門人，必不至此。

彭孫遹亦有請照宋史例將明儒學術醇正，與程朱脗合者，編爲道學傳之奏，（松桂堂集。）館臣以學統所關，齟齬頗久，且因是竟置諸傳於不問。（見毛奇齡奉史館總裁劄子。）及黃宗羲移書史館，駁詰徐議，並斥宋史立道學傳爲元人之陋，明史不當仍其例，南雷文定移史館論不宜立理學傳書，先將徐議四款，逐款駁辨，後言『統天地人曰儒，以魯國而止儒一人，儒之名目，原自不輕，儒者成德之名，猶之曰賢曰聖也。道學者以道為學，未成乎名也，猶之曰志於道，志道可以為名乎？欲重而反輕，稱名而背義，此元人之陋也』云云。

朱彝尊亦適有此議，

史館上總裁第五書，『元修宋史，始以儒林道學析而為兩：言經術者入之儒林，言性理者，別之為道學；又以同乎洛閩者進之道學，異者置之儒林。其意若以經術為粗，而性理為密，朱子為正學，而楊陸為歧途，默寓軒輊進退予奪之權，比於春秋之義。然六經者，治世之大法，致君堯舜之術，不外是焉，學者從而修明之，傳心之要，會極之理，範圍曲成之道，未嘗不備，故儒林足以包道學，道學不可以統儒林。』

湯斌遂出宗羲書示衆而去其目，（梨洲先生神道碑。）

蓋湯斌亦不以立道學傳爲然者。

斌有與黄宗羲書，謂『讀論理學傳書，辨論精詳，至當不易，與鄙見字字相合。四年以來，與同事諸公諄諄言之，主持此事者，皆當代巨公名賢，弟生長僻陋之鄉，學習不足動人，爭之不得，今得先生大篇，益自信所見之不謬矣。此何等事，而以私見行之，可怪也』云云，見南雷文定附錄。湯子遺書不載。

若張烈陸隴其之反對立道學傳，與徐元文之主張立道學傳，其目的皆在排擊王學，

張烈著王學質疑醜詆陽明，著讀史質疑，反對立道學傳，陸隴其極稱道之。隴其有答徐健菴先

生書，『尊道學於儒林之上，所以定儒之宗，歸道學於儒林之內，所以正儒之實，宋史明史相為表裏，不亦可乎！至以諸儒之學言之：薛胡固無間然矣。整菴之學，雖不無小疵，不能掩其大醇，其論理氣處可議，其闢陽明處不可議。薛胡而下，首推整菴，無可疑者。仲木少墟涇陽景逸，守道之篤，衛道之嚴，固不待言，然其精純恐皆未及薛胡。景逸涇陽病痛尤多，其於陽明，雖毅然闢之，不少假借，然充其實，則有未能盡脫其藩籬者。故其大節彪炳，誠可廉頑立懦，而謂其直接程朱，則恐未也。』見三魚堂集。

修史而出以門戶私見，固不足與言史法矣。大抵明史所創新例：在紀則分英宗為前後兩紀，在志則有歷志之增圖，藝文志之斷代，在表則有七卿，在傳則有閹黨流賊土司等，

錢大昕十駕齋養新錄，『其例有創前史所未有者：如英宗實錄，附景泰七年事，稱郕戾王，而削其帝號，此當時史臣曲筆，今分英宗為前後兩紀，而列景帝紀於中，斟酌最為盡善。表之有七卿，蓋取漢書公卿表之意，明時閣部並重，雖有九卿之名，而通政大理，非政本所關，則略之；南京九卿，亦閑局，無庸表也。閹黨前代所無，較之姦臣佞幸，又下一格，特書以儆人臣。土司叛服不常，既不可列於外國，又不可廁於列傳，故皆別而出之，石砫秦良玉以婦人而列武臣之傳，嘉其義切勤王，不以尋常土司例之也。』

四庫總目明史提要，『其間諸志一從舊例，而稍變其例者二：歷志增以圖，以歷生於數，數生算，算法之句股面線，今密於古，非圖則分判不明；藝文志惟載明人著述，而前史著錄者不載，其例始於宋孝王關中風俗傳，劉知幾史通又反覆申明，於義為允，唐以來弗能用，今用之也。表從舊

例者四，曰諸王，曰功臣，曰外戚，曰宰輔；創新例者一曰七卿，蓋明廢左右丞相，而分其政於六部，而都察院糾核百司，為任亦重，故合而七也。列傳從舊例者十三，創新例者三：曰閹黨，曰流賊，曰土司，蓋貂璫之禍，雖漢唐以下皆有，而士大夫趨勢附羶，則惟明人為最夥，其流毒天下亦至酷，別為一傳，所以著亂亡之源，不但示斧鉞之誅也。闖獻二寇，至於亡明，剿撫之失，足為炯鑒，非他小醜之比，亦非割據羣雄之比，故別立之。至於土司，古所謂羈縻州也，不內不外，釁隙易萌，大抵多建置於元而滋蔓於明，控馭之道，與牧民殊，與禦敵國又殊，故自為一類焉。』

皆極有斟酌，具見切要。惟藝文志不載前代書籍，全祖望頗病之，以爲古今四部存亡，無可資以考校，（見鮚埼亭集外編移明史館帖子一。）然著述浩浩，愈後愈增，考亡證佚，當俟專書，必欲責全史志，轉恐貽譏罣漏。至於諸傳之分合得法，趙翼在劄記中論之頗詳。

二十二史劄記，『自魏收李延壽以子孫附其祖父，宋子京以為簡要，其實轉滋瞀惑。明史立傳，則各隨時代之先後，除徐達常遇春等子孫，即附本傳，此仿史記漢書之例，以敘功臣世次，楊洪李成梁等子孫，亦附本傳，則以其家世為將，此又是一例。至祖父子孫，各有大事可記者，則各自為傳，其無大事可記者，始以父附子，以子附父。其他如徐壽輝僭號稱帝，應列羣雄傳，而以其不久為陳友諒所殺，則并入友諒傳，而壽輝不另傳；姚廣孝非武臣，而以其為永樂功臣之首，則與張玉朱能等同卷；黃福陳洽等皆文臣，柳升王通等皆武臣，而以其同事安南，則文武同卷；秦良玉本女土司，而以其曾官總兵，有戰功，則與諸將同卷；李孜省陶仲文各擅技術，應入方技傳，而以其藉此邀寵，則另入佞倖傳，此皆排次之得當者也。自宋史數人共事者，必各立一傳，而傳中又不彼此互見，一若各為一事者，明史則數十人共一事者，擧一人立傳，而同事者即各附一小傳，於此人傳後，即同事者另有專傳，而此一事不復詳敍，但云語在某人傳中，否則傳一人而兼敍同事者；甚至熊廷弼王化貞一主戰，一主守，意見不同也，而事相涉，則化貞不另傳，而幷入廷弼傳內，袁崇煥毛文龍一經略，一島帥，官職不同也，而事相涉，則文龍不另傳，而幷入崇煥傳內，此又編纂之得當也。而其尤簡而括者，莫如附傳之例，未造殉難者，附傳尤多，以及忠義文苑等，莫不皆然。又孝義傳既按其尤異者各為立傳，而其他曾經旌表者數十百人，則一一見其氏名於傳序內；又如正德中諫南巡罰跪午門杖謫者一百四十餘人，嘉靖中伏闕爭大禮者亦一百四五十人，皆一一載其姓名，蓋人各一傳，則不勝傳，而概删之，則盡歸泯滅，惟此法不至卷帙浩繁，而諸人名姓，仍得見於正史，此正修史者之苦心也。』按翼所論諸傳之分合，多出王鴻緒明史稿，然亦有出張廷玉等之手者。

要非溢美之譽。其餘可議處固多，然即此差强人意之成績，亦不能不歸功於萬斯同，蓋明史體例，既以徐元文兄弟及王鴻緒二議爲兩大骨幹，斯同固受徐氏王氏之專委者，當發凡起例時，其大部分必爲斯同所主張，而館臣意見之貢獻，亦可想其泰半取決於斯同。斯同嘗述其修史之方法曰，『凡實錄之難詳者，吾以他書證之，他書之誣且濫者，吾以所得於實錄者裁之。』（方苞萬季野墓表。）而徐氏條議亦曰，『諸書有同異者，證之以實錄，實錄有疏漏紕繆者，又參攷諸書，集衆家以成一是，所謂博而知要也。』斯同修史重專家，方苞萬季野墓表，『昔遷固才既傑出，而又承父學，故事信言文，其後專家之書，才雖不逮，猶未至如官修者之雜亂也。譬如入人之室，始而周其堂寢匽湢焉，繼而知其蓄產禮俗焉，久之其男女少長性質剛柔輕重賢愚，無不習察，然後可制其家事也。官修之史，倉卒而成於衆人，不暇擇其才之宜與事之習，是猶招市人而與謀室中之事耳。』

而王氏例議亦力言分纂之弊。

史例議上，『明史初纂時，將志紀傳各人分開，或一人撰一紀，或一人撰一志，或一人撰數傳，分纂者各務博采，重見疊出，絕少裁斷。昔宋修唐書，歐陽修撰紀志表，宋祁撰列傳，劉羲叟撰天文律曆五行志，梅堯臣纂方鎮百官表，王景彝撰禮義兵志，以數公之才學，經十有七年而成，前人猶謂責任不專，所主各異，紀有失而傳不知，傳有誤而紀不見，取彼例以較此例則不同，取前傳以比後傳則不合，去取未明，書法無準。噫，後之君子，其糾明史之謬，吾不知其凡幾矣！』

此二事雖非指某種體例而言，但即此以觀，亦足證徐王二議中，固有萬氏不少之殘膏賸馥耳。又顧炎武恐在事主監視之下，史臣以曲筆湮沒是非，但請粗具草稿，若劉昫舊唐書之比，存兩造異同之論，以待後人自定，

亭林文集與公肅甥書，『竊意此番纂述，止可以邸報為本，粗具草稿，以待後人，如劉昫之舊唐書可也。』又曰，『今日作書，正是劉昫之比，而諸公多引洪武初修元史故事，不知諸史之中，元史最劣，以其旬月而就，故舛謬特多，然此漢人作蒙古人傳，今日漢人作漢人傳，定不至此；惟是奏章是非同異之論，兩造並存，而自外所聞，別用傳疑之例，庶乎得之。』又與次耕書，『今之

修史者，大段當以邸報為主，兩造異同之論，一切存之，無輕刪抹，而微其論斷之辭，以待後人之自定，斯得之矣。』

此則故國遺臣之別有懷抱，非可與參討體例者同日語已。

至於明史編纂之方法，在十八年以後，亦略有可述：其時纂修霧會，珥筆待撰，工作之分配，不容或緩，於是以五十鴻儒爲主體，析爲五組，先編洪武至正德間事，由總裁與諸纂修酌定鬮派，後又分嘉隆萬爲一編，則錯綜其姓氏而鬮派如前。

尤侗西堂全集明史擬稿敍

但此法在實際上非能完全應用，以五十宏博，既少與史館有長時間之關係，而宏博中實能依題起草，及時完卷者，亦不多見，則隨時必有所出入可知。例如湯斌擬稿二十卷，施閏章七卷，尤侗三百餘篇，汪琬百七十五篇，此多寡之不同也。湯斌撰太祖本紀，徐嘉炎撰惠帝本紀，朱彝尊撰成祖本紀，吳任臣撰天文五行歷志，潘耒撰食貨志，尤侗撰藝文志，汪琬撰后妃諸王開國功臣傳，曹禾撰靖難十六功臣傳，毛奇齡撰流賊土司外國傳，喬萊撰儒林傳，嚴繩孫撰隱逸傳，張烈撰劉健李東陽王守仁秦竑李成梁金鉉史可法諸傳，徐釚撰俞戚劉馬諸傳，此皆出之宏博而爲人所稱述者；但如徐乾學之撰地理志，姜宸英之撰刑法志，王源之撰兵志，徐潮之撰忠義傳，金德嘉之撰文苑傳，則非宏博而分任要題矣。又如天文志，則吳任臣撰之，黃百家又撰之；歷志則吳黃而外，湯斌亦致力焉；其參訂增補者，尚有徐善、劉獻廷、楊文言、黃宗羲、梅文鼎等。

按湯子遺書題明史事疏，『臣與吏部侍郎臣陳廷敬等公議，以明史事體重大，卷帙浩繁，其纂修草藁已完者，先分任專閱，後再互加校訂，臣分任天文志曆志五行志，及正統景泰天順成化宏治五朝列傳，已經删改天文志九卷，曆志十二卷，列傳三十五卷，』今遺書中僅載歷志，不載天文志，則於歷志必嘗致力，非僅於天文志之删改人稿而已。五行志則吳任臣撰之，倪燦又續撰之；藝文志則尤侗撰之，倪燦撰之，黃虞稷又撰之，是同一志目而多人任之矣。

以上多據碑傳集及清史列傳。

徐潮撰忠義傳三十四篇，載中州某君齎呈教育部之明史稿中。

又如王守仁傳，尤侗初鬮得之，而張烈又以王傳誇其是非之不爽，

見毛奇齡折客辨學文，及陸隴其王學質疑後序。

則同一傳目而兩人任之矣。又如毛奇齡撰順成宏正四朝后紀傳，（勝朝彤史拾遺記自序。）湯斌撰高文昭章睿景純七朝后妃傳，（湯子遺書擬明史稿。）則同爲后妃傳，而順成二朝複出矣。大抵史館分題，鬮派與專委兼施，文人刋集，官撰與私著並留，故某志不必屬宏博，而某傳不必備采擇，疊床架屋，良由於此。又其編纂入手之法，監修徐元文總裁葉方藹從朱彝尊議，先編草卷爲筆削之資。

史館上總裁第三書，『伏惟閣下幸勿萌欲速之念，當以五年為期，亟止同館勿遽呈稿，先就館中所有羣書，俾纂修官條分而縷析，瓜區而芋疇，事各一門，人各一删，俟四方書至，以類相從續之，少者抉寸，多者盈丈，立為草卷，而後妙選館中之才，運以文筆删削，卷成一篇，呈之閣下，

擇其善者用之，或事有未信，文有未工，則閣下點定，斯可以無憾矣。』

館臣頗有行此者，如潘耒撰食物志，自洪武至萬歷朝實錄之有關食貨者，共鈔六十餘本，密行細字，每本多至四十餘紙，少亦二十餘紙，他纂尚不在是；又如館臣鈔嚴嵩、張居正、周延儒事各五百餘頁，魏忠賢事千有餘頁，（楊椿上明鑑綱目館總裁書。）其搜集之勤亦有足述者。然此不過就少數努力之館臣而言，卽潘耒之通纂實錄，亦見食貨志之難修而自動出此，觀其言借書纂書鈔書之苦，

遂初堂集上某總裁書，『知識短淺，職任紛雜，身兼三館，強半在署，篝燈搦管，常至夜分，兼之家無藏書，轉展借覓，此有彼無，綴殘補缺，此借書之苦也。節略文句，標識首尾，條分件繫，萬緒千頭，此纂書之苦也。雇募手力，倩乞親友，日不數紙，月不數卷，此鈔書之苦也。』

則固非不學之翰苑所堪任，亦非篤老之鴻儒所願任矣。崇禎朝無實錄，編纂尤難措手，總裁從汪楫議，選館臣六人，先纂長編，倪燦、喬萊俱參斯事，而萬言又以獨立別成崇禎長編一書，由是崇禎一朝，史料差備，其崇禎朝死事諸臣，在長編未成時，許館臣任意搜討，不拘分限題目，以防湮沒。（毛奇齡史館劄子。）明史中期編纂之狀況，大較如是。

考唐以後官修諸史，成於衆手，監修大臣，著名簡端，實無與於史事，讀史者亦不以史之美惡歸之，而明史則有總裁之攘竊人美，冒爲專家。又前代修史，時主多視爲奉行故事，不甚措意，卽晉書稱唐太宗御撰，亦不過欲以以幾卷帝王宸翰，與學者爭一日之短長，初無其他作用，而明史則有時主之明加督責，隱寓箝制。此皆明史特點，述之以爲中期編纂之結束。

一、總裁之攘竊

自康熙十八年後，監修總裁，屢易其人，二十一年，命湯斌徐乾學王鴻緒等爲總裁，李蔚爲監修總裁。二十三年，徐元文罷都御史職，專領監修。二十五年，命王熙、張玉書爲監修，陳廷敬、張英爲總裁，王鴻緒以治母喪回籍。二十九年，徐元文以舊大學士仍領史事。三十一年，陳廷敬丁父憂回籍。三十三年，王鴻緒以王熙張玉書薦，與陳廷敬復召任總裁，張玉書、熊賜履爲監修。綜計十餘年間，漢臣之受任總裁者，已在十人以上，而滿臣之充斯職者猶不與焉。蓋其時明史總裁，多參加實際工作，故以職務去留關係，動輒改委。其間徐元文、葉方藹、張玉書，受命於中期開館之初，蓽路藍縷，固具相當之勞績；而湯斌、徐乾學（此二人本由纂修而任總裁者。）陳廷敬、熊賜履等，亦皆有一部分之效力，與他史之僅以大臣尸名史事者不同。然四十年後，總裁不復委人，任事最久之王鴻緒目覩同館凋謝，史事闌珊，遂生攘竊他人成稿之奸心。其第一次五十三年以二百五卷之傳稿進呈時，

橫雲山人集，康熙五十三年進呈明史列傳稿疏，自蒙恩歸田，欲圖報稱，稍盡臣職，因重理舊編，搜殘補闕，薈萃其全，復經五載，始得告竣，共大小列傳二百五卷，其間是非邪正，悉據已成之公論，不敢稍任私心臆見，臣本乏文采，第以祗承簡命，前後三十餘年，幸遘昌期，不辭蕪陋，謹繕寫列傳全稿，裝成六套，令臣子現任戶部四川司員外郎臣王圖煒恭齎進呈御覽，復冀萬幾餘暇，特賜省觀，並宣付史館，以備參攷。

主編是稿之萬斯同，下世且十二年，

斯同於康熙四十一年，卒於王鴻緒京寓中。方苞梅徵君墓表謂『季野卒於浙東，』誤。

舊任之總裁監修，亦無一人存者，

葉方藹卒於康熙二十一年，李蔚卒於二十三年，湯斌卒於二十六年，徐元文卒於三十年，徐乾學卒於三十三年，王熙卒於四十二年，張英卒於四十七年，熊賜履卒於四十八年，張玉書卒於五十年，陳廷敬卒於五十一年。

已不必顧及指摘；至第二次雍正元年以三百十卷之紀志表傳全稿進呈時，

橫雲山人集，雍正元年進呈明史稿疏，計自簡任總裁，閱歷四十二年，或筆削乎舊文，或補綴其未備，或就正於明季之老儒，或咨訪於當代之博雅，要以恪遵敕旨，務出至公，不敢無據而作，今合訂紀志表傳共三百零十卷，謹錄呈御覽。

則歲月愈邈，公然以多人心血之結晶，歸諸一己之筆削而無所忌憚矣。先是斯同館徐元文家，爲元文核定明史，歷十二年而史稿粗就，凡四百十六卷，

楊椿再上明鑑綱目館總裁書。又碑傳集徐元文行狀，『甲子（二十三年）二月，有旨留公專領監修，明史局置已五年，而書未成，公既不與政，專修史事，據國史參諸家之說，手自編輯，客有熟於前朝掌故者，延致商榷，積年成紀傳十之六七，』又徐乾學憺園集條陳明史事宜疏，『撰成紀傳十已六七，謹先繕寫本紀七卷，列傳十五卷，恭呈御覽，』按客卽萬斯同，乾學之稿，卽元文之稿。楊書又有刪改元文志表之語，則徐稿固不僅紀傳矣。

時在康熙三十年。三十三年，王鴻緒陳廷敬等復召任總裁，公議分類修史，張玉書爲監修，以嘗任總裁，分任志書，廷敬任本紀，鴻緒任列傳，就徐稿加以整理。斯同遂移館鴻緒家，爲鴻緒重訂列傳，合者分之，分者合之，無者增之，有者去之，錢名世俱詳注其故於目下。

楊椿再上明鑑綱目館總裁書。

按方苞雜文明史無任邱李少師傳，『康熙辛未，（三十一年）余始至京師，華亭王司農承修明史，四明萬季野館焉。』則斯同移館鴻緒家，似在康熙三十一年，即徐元文卒後之次年。然鴻緒於康熙二十六年丁憂回籍，二十八年服滿未赴補，即被劾休致。二十三年始以薦由籍來京修書，故知館鴻緒家在是年。辛未云云，方蓋僅指其始至京師之年，而不與鴻緒修史之年相聯也。

漸擴至四百六十卷

見方苞萬季野墓表，全祖望萬貞文先生傳作五百卷。

按中州某君齎呈教育部之明史稿十二册，簽題爲□□野明史稿原本，封面有題記一段，某君謂係季野先生長子萬焜所書，翁方綱有詩及跋，丁杰亦有跋，各册首頁多有季野朱文長方小印。柳翼謀先生謂『翁丁之跋皆僞，非可遽斷為萬先生書，然不問其為萬先生原本，抑他人分任，經萬先生潤色者，持以與明史稿及明史對勘，則異同詳略，不勝枚擧，由玆可以知搆成明史之階段，及前賢屬文修史之矜慎，細至一二字，大至一人一傳之取捨分合，以逮綴述之後先，採輯之繁簡，罔不有以得其用心之所在。』（見江蘇省立國學圖書館第四年刊明史稿校錄）則此稿雖非萬氏原本，以之校勘明史，其價值當不在王稿下，非可因僞跋而貶損之也。

而斯同卒，時在康熙四十一年。熊賜履爲監修，徵鴻緒列傳稿進呈，據楊椿再上明鑑綱目館總裁書，則四十一年進呈之稿，仍爲徐稿，

書云，『四十一年冬，熊公來商於諸公，猶以徐稿進呈，上覽之不悅，命交內閣細看。』

且所進呈者，僅神宗熹宗以下四本，（見康熙四十二年四月東華錄。）意者四十一年之前，三十三年之後，賜履曾一度以鴻緒自撰之列傳稿進呈歟？然其非四百六十卷之稿可決也。集宏博及諸徵士之積年經營，而以史學專家若斯同者梳比而畫一之，此四百六十卷之稿，在前代史著中，其必爲佳選無疑。鴻緒於此事既非內家，而分合有無，妄自立異；又假手於刻薄無知之館客，任意顛倒，是非毀譽，漫無準的，

楊椿再上明鑑綱目館總裁書，『最可議者，王公重編時，館客某，刻薄無知，於有明黨案，及公卿被劾者，不考其人之終始，不問其事之真僞，深文巧詆，羅織爲工，而名臣事蹟，則妄加刪抹，往往有幷其姓名不著，蓋是非毀譽，尚不足憑，不特紀志表傳等自爲異同已也。』按館客不知何人？李富孫鶴徵後錄載逯雲龍嘗應鴻緒聘修明史，不知是其人否？又清史列傳焦袁熹亦預鴻緒修史事，以持論不合，僅月餘辭去，則非其人明甚。俟再考。

而四百六十卷之稿，遂縮爲二百五卷之傳稿。繼又取徐稿河渠食貨藝文地理諸志刪改之，去功臣戚臣宦倖諸表，而改大臣上爲宰輔，大臣中下爲七卿，其他志表則仍其實。又於六十一年多，刪改徐稿本紀，不浹旬而十六朝之紀稿悉具。

見楊椿上書。按四百六十卷之稿，方傳乃兼本紀而言，是鴻緒所刪改者，當爲斯同之稿而非徐

稿；然徐稿亦為斯同所核定，則二五與一十耳。

於是二百五卷之傳稿，復擴爲三百十卷之紀表志傳全稿矣。

橫雲山人集明史稿，本紀十九卷。志七十七卷：天文三，五行三，曆十一，地理五，河渠六，禮十四，樂三，儀衛一，輿服四，選舉三，職官五，食貨六，兵六，刑法三，藝文四。表九卷：諸王世表五，宰輔年表二，七卿年表二。共一百五卷。加列傳二百五卷，為三百十卷。四庫總目明史提要謂『王鴻緒撰明史稿三百十卷，惟帝紀未成，』不知何據？

斯同以史表見稱於世，徐稿中諸表，當全出斯同之手。

朱彝尊曝書亭集萬氏歷代史表序，『鄞人萬斯同，字季野，取歷代正史之未著表者，一一補之，凡六十篇，益以明史表一十三篇，攬萬里於尺寸之內，羅百世於方册之間，其用心也勤，其考稽也博，俾覽者有快於心，庶幾成學之助，而無煩費無用之失者與。』

又撰有志書，四庫提要地理類存目，有明代河渠考一書，視史志所載爲詳，蓋卽斯同河渠志之草卷，

四庫總目明代河渠考提要，『是書採取有明列朝實錄凡事之涉於河渠者，悉按年編次，天啓四年以後，則雜取邸鈔野史以足成之。視史志所載較詳，然頗傷冗難，考斯同嘗預修明史，此本疑卽其摘錄舊聞，備修志之用者，後人取其殘稿錄存之也。』

則他志或亦有稿。鴻緒欲盜一己之名，不惜舉專家之著述而一一竄亂之，抹殺之，史德之敗壞，可謂已極！楊椿謂其書紀表不如志，志不如傳，宏正前之傳，不如嘉靖以後，

再上明鑑綱目館總裁書。

意在揚王稿而抑徐稿，亦以揚斯同而抑鴻緒，然徐稿亦經斯同之覆審，楊說未爲的評。平心而論，四百六十卷之稿，未必一無可議，鴻緒所改，未必一無可取，卽嘯亭雜錄及陶澍魏源等之攻擊明史稿，

魏源古微堂集書明史稿二，『嘗讀故禮親王嘯亭雜錄曰，『康熙中，王鴻緒撰敍輩黨于康親王，而力陷故理邸，故其所撰明史稿，於建文君臣，指摘無完膚，而於永樂及靖難諸臣，每多恕辭，蓋心所陰蓄，不覺流於筆端，從古僉壬不可修史，王司徒言，未可非也。』又聞安化陶文毅公之言曰，『王鴻緒史稿，於吳人每得佳傳，於太倉人尤甚，而於他省人輒多否少可。張居正一傳，蓋沒其功績，且誣以權奸叛逆，尤幾無是非之心，幸乾隆中重修明史，略為平反。』善哉二公之言！或謂明史稿出萬季野名儒之手，其是非不應舛戾，折之曰，史稿於王之寀列傳後，附采夏允彝幸存錄數百言，以折衷東林魏黨之曲直，夫幸存錄，黃南雷詆為不幸存錄，又作汰存錄以駁之。故其前錄則巢氏序謂出夏公身後，冒託其名；後錄稱夏濬古撰，全謝山駁其中『先人備位小宰』一語，其時小宰乃呂大器而濬古父允彝僅官考功，豈有子誤其父之理！蓋馬阮邪黨所僞撰，而竄允彝父子之名以求信於世，豈有季野為南雷高弟，反采錄其言以入正史？其為王鴻緒之增竄無疑。且明太祖平張士誠，惡蘇民為士誠守城不下，命蘇松田畝悉照私租起賦，凡淮張文武親戚，及後日籍沒富民之田，悉為官田。建文二年，降詔減免，每畝止輸一斗，可謂幹蠱之仁政。乃成祖篡立，仍復洪武舊額，至今流毒數百年未已。此事建文是而永樂非，比戶皆知，今史稿止載成祖殺齊泰黃子澄方孝孺，夷其族，執鐵鉉於山東至京殺之，其餘屠戮忠臣數百人，株連夷滅親戚千餘家，妻女發象奴及教坊為娼，皆諱不書；卽蘇松浮糧復額殃民之政，亦為之諱。若非禮親王誅心之論，烏能洞史

臣之肺腑哉！鴻緒身後，其子孫鏤板進呈，以板心雕橫雲山人史稿，遂礙頒發，攘善而不遂其攘，盜名而適阻其名，豈非天哉！』

亦不能全爲鴻緒罪，

例如方苞雜文明史無任邱李少師傳，『季野曰，吳會之人尚文藻，重聲氣，士大夫之終，鮮不具狀誌家傳，自開史館，牽引傳致，旬月無虛，重人多爲之言。他省遠方，百不一二致，惟見列朝實錄，人不過一二事，事不過一二語，郡州縣志，皆略舉大凡，首尾不具。雖知其名，其行誼事蹟，不可鑿空而構，欲特立一傳，無由摭拾成章。故凡事之相連相類者，以附諸大傳之後，無可附，則惟據實錄所載，散見於諸志，此所謂不可如何者也。』則明史稿之吳人多佳傳，非全由鴻緒矣。斯同聲江陵十二大罪，見所著羣書辨疑中，則張居正傳之以罪掩功，亦非全由鴻緒矣。

要求沒人之善，以成一己之名，其處心之險詐，誠無毫末之可恕。李集鶴徵前錄載鴻緒史稿成時，曾就正李因篤，

鶴徵前錄，李因篤授職數月，乞歸養母，後橫雲山人史稿成，欲先生正之，時老病在牀，命二人捧稿朗誦，呼曰改，即加纂易，半載而畢。

因篤之學，非斯同敵，且以其年考之，亦決不及改其全稿，則明史稿之淆亂義例，仍出鴻緒與無知之館客，非可令因篤任其咎也。是非所在，來者難欺，以總裁而有此等攘竊行爲，是固他史所絕無者。特點一。

二、時主之箝制

清帝以異族入主中國，滿漢之見，橫亙胸際，其標榜史事，本以安遺臣之反側，既入其彀，則深恐予奪進退之間受謗書之實害，而思所以箝制之。葉方藹知其如此，因於任事之始，即疏請『時沛綸音，』以『折衷羣言，會歸一是，』

疏云，我朝三十餘年以來，勝國文獻，日就湮沒，又今纂修官約計六十餘員，家異師，人異學，保無傳聞之各別，意見之不齊者乎？臣等學術既陋，素望又輕，欲令折衷羣言，會歸一是，以肩最鉅最難之責，此所謂中夜徬徨，跼蹐靡措者也。竊觀歷代史書之前，不曰奉勅修，即曰奉勅編集，念明史一書，所關甚大，臣等忻遇聖明，不自揣量，仰祈時沛綸音，一加申誡，則在事諸臣，人人各思職掌，儼如天威咫尺，臨之在上，孰敢不化偏畸之見，共歸大公之理？臣等庶得憑藉寵臨，以免隕越之罪。見葉文敏集。

一方預爲總裁卸責之地，一方暗示館臣以修史應取之態度。天威咫尺，東觀徬徨，稍有關礙，含毫莫斷，以此修史，寧復有信史之價值！顧聖祖則諄諄諭之曰：『時代既近，則瞻徇易生，作史昭垂永久，關係甚大，務宜從公論斷。』（康熙二十二年八月東華錄。）又曰：『史書永垂後世，關係甚重，必據實秉公，論斷得正，始無偏詖之失，可以傳信後世。』（康熙二十二年十一月東華錄。）

又曰：『作史之道，務在秉公持平，不應膠執私見，爲一偏之論。』（康熙三十一年正月東華錄。）

又曰：『元人譏宋，明復譏元，朕並不似前人，輒譏亡國也；惟從公論耳。』（康熙三十六年正月東華錄。）

又曰：『事當核實，議必持平，毋膠己見而意涉偏私，毋狃積習而語鄰矯激，務使褒貶適中，是非有準。』（康熙三十六年三月十七日賜王鴻緒勅諭語。）

又曰：『明史不可不成，公論不可不採，是非不可不明，人心不可不服。』

東華錄，康熙四十三年十一月，御製文曰：『班馬異同，左國浮華，古人以為定論；孔子至聖，作春秋，有知我罪我之歎。後世萬倍不及者，輕浮淺陋，妄自筆削，自以為是。朕觀凡天下讀書者，皆能分辨古人之是非，至問以時事人品，不能一字相答，非曰「從來不與人往來，」卽曰「不能深知。」夫目前之事，作官之道，尚茫然不知，而於千百年前無不洞悉，何得昧於當世而明於論古，豈非遠者明而近者闇乎！所以責人重者責己輕，君子不取也。明史不可不成，公論不可不采，是非不可不明，人心不可不服，關繫甚鉅，條目甚繁，朕日理萬幾，精神有限，不能逐一細覽，卽敢輕定是非，後有公論者，必歸罪於朕躬，朕不畏當時，而畏後人，不重文章而重良心者此也。卿等皆老學素望，名重一時，明史之是非，自有獨見，卿等衆意為是卽是也，刊而行之，偶有斟酌，公同再議，朕無一字可定，亦無識見，所以堅辭以示不能也。』

若但舍心論迹，時主之顧忌公論若是，不啻予史臣以直筆修史之保障；然事實則適得其反。史臣惟觳觫救過於時主暗示之下，絕不能有所主張，如謂修史須參看實錄，

東華錄，康熙二十六年四月，上諭大學士等，史事所關甚重，若不參看實錄，虛實何由悉知？

他書或以文章見長，獨修史宜直書實事，豈可輕言文飾乎？俟明史修成之日，應將實錄並存，令後世有所考據。

而實錄謬誤甚多，尤須詳酌，

東華錄，康熙二十九年二月，諭大學士等，朕於明代實錄，詳悉披覽，宣德以前，尚覺可觀，至宣德以後，頗多譌謬，不可不察。又三十一年正月，諭修明史諸臣，朕自沖齡即在宮中披覽經史，明實錄曾閱數過，見其間立言過當，紀載失實者甚多，纂修明史，宜加詳酌。又五十六年八月，諭大學士等曰，朕徧覽明代實錄，未錄實事，即如永樂修京城之處，未記一字，史臣但看野史紀錄，錯誤甚多。

則凡涉及忌諱之實錄，史臣宜知所去取矣。又如史稿進呈，動加指摘，且令改削，乃至張獻忠養子之耳目被割，亦復齒及，

東華錄，康熙三十一年正月，諭大學士等，前者纂修明史諸臣所撰本紀列傳，曾以數卷進呈，朕詳晰披閱，並命熊賜履校讎。熊賜履寫籤呈奏，於洪武宣德本紀，訾議甚多。朕思洪武係開基之主，功德隆盛，宣德乃守成賢辟，雖運會不同，事蹟攸殊，然皆勵精著於一時，謨烈垂諸弈世，為君事業，各克殫盡。朕亦一代之主也，若將前代賢君，搜求其間隙，議論其是非，朕不惟本無此德，本無此才，亦實無此意也。

又四十二年四月，上發出熊賜履呈覽明神宗熹宗以下史書四本，諭大學士等，朕自沖齡即每事好問，明時之太監，朕皆及見之，所以彼時之事朕知之甚悉。太監魏忠賢惡跡，史書僅記其大略而

已，猶未詳載也。又諭，此書所載楊漣左光斗死於北鎮撫司獄中，聞此二人在午門前受御杖死，太監等以布裹屍出之。至於隨崇禎殉難者，乃太監王承恩，因此世祖章皇帝作文致祭，並立碑碣，此書載太監王之心從死，明係錯誤。至於本朝興兵聲討之故，此書並未記載。可問熊賜履王鴻緒等。尋大學士等覆奏，熊賜履奉旨復行詳察，崇禎死難太監，果係王承恩非王之心，應遵照諭旨改正。至於左光斗楊漣，諸書俱云死於北鎮撫司獄中，故照彼書書之。我太祖高皇帝興師之由，詳載太祖本紀，是以明史內未曾載入。上曰，太祖興師之故，雖不詳載，明史記其大略，未始不可。

又五十二年四月，諭大學士等曰，明末去今，為時尚不甚遠，傳聞李自成兵到，京師之人，即以城獻；又聞李自成麾下之將李定國在西便門援城而上，由此觀之，仍是攻取，可云獻乎？此等載入史書，甚有關繫，必得其實方善。張獻忠有養子三人，耳鼻皆被割去，朕曾見之。又明代行兵，多用太監管領，以致敗亡。爾等纂修明史，其萬歷天啓崇禎年間之事，應詳加參考，不可忽略。

此事何關宏旨，而必以己所，炫於史臣，則史臣亦以此例彼，凡涉及忌諱之事，雖小必察矣。此皆時主明加督責，隱寓箝制之明證。莊氏之禍，聞見未遠，凡在史臣，寧有對此而不能默喻者。且外國傳不立建州，豈所以重史實；

明史僅張學顏李成梁等傳，見建州事，其他皆語焉不詳。陳繼儒有建州考一卷，多醜詆滿俗，為軍機處奏準全燬書之一，今在陳眉公集中。

而太祖興師之故，則欲史臣載入明史，強體例以就我；（見上四十二年四月東華錄文。）

至弘光之帝南京，隆武之帝閩越，永曆之帝兩粵與滇黔，地方數千里，首尾十七八年，曾不得備書其事如昭烈帝昺，（見戴南山集與余生書。）以此而猶曰採公論，服人心，其誰敢信！元代亦以異族帝中國，其修宋史，不聞時主有若何表示，而清帝乃弄此等狡獪以控馭史臣，特點二。

有此二特點，而明史乃無信史之價值可言矣。

請更進而述纂修後期：

後期又分兩期：自世宗雍正元年，至高宗乾隆四年爲第一期，其任務爲修改王鴻緒之三百十卷進呈稿。自乾隆四十年至五十年以前爲第二期，其任務爲修改及考證已刋之張廷玉等進呈本。

世宗雍正元年七月，以王頊齡隆科多爲監修，張廷玉朱軾徐元夢覺羅逢泰爲總裁，並令愼選儒臣，以任分修，再訪山林績學之士，忠厚淹通者，一同編輯。

東華錄，雍正元年七月，諭大學士等，有明一代之書，屢經修纂，尚未成書，我聖祖仁皇帝大公至慎之心，旌別淑慝，務期允當，惟恐幾微未協，遂失其真，鄭重周詳，多歷年所，冀得良史之才，畀以編摩之任，朕思歲月愈久，考據愈難，目今去明季將及百年，幸簡編之紀載猶存，故老之傳聞未遠，應令文學大臣，董率其事，慎選儒臣，以任分修，再訪山林績學之士，忠厚淹通者，一同編輯，俾得各展所長，取舍折衷，歸於盡善。著將滿漢大臣等職名，開列具奏。

於是楊椿等二十三人，（此據楊椿上明史館總裁書。）

按明史開列纂修姓名孫嘉淦、喬世臣、汪由敦、楊椿、鄭江、彭廷訓、胡宗緒、陶貞一、蔣繼軾、陸奎勳、梅穀成、楊爾德、閻圻、姚之駰、吳啓昆、韓孝基、馮汝軾、吳麟、藍千秋、唐繼祖、吳龍應、王葉滋、姚焜、金門詔、萬邦榮等二十五人，其中汪由敦、吳麟任事較後，故為二十三人，確否俟更考。

各分數卷，着手編纂。但不久卽他任四出，留館者僅數人。五年多，總裁張廷玉朱軾命楊椿與汪由敦協力成書，而廷玉意在專委由敦，由敦事繁，更約吳麟肩之。六年正月，麟與由敦至館任事。椿分草永樂至正德九朝列傳，胡宗緒草嘉隆萬三朝列傳。其十二朝本紀，及后妃諸洪建天崇列傳，由敦與麟自爲分定。椿受九朝列傳後，卽伏案編摩，日夕無間；又以以筆札口舌，與汪吳論列得失，汪吳從者十二三，不從者十七八。七月中，汪吳本紀未進，椿之九朝列傳五十卷，已謄畢繳館。任事之勤，爲萬氏以後所僅見。然總裁意不屬椿而屬由敦，由敦丁父憂，以修史奉旨在館守制，亦由廷玉奏請也。

以上俱據楊椿上明史館總裁書。

是時館中舊有草卷，不可復得，所存者惟實錄及名人傳記，而傳記亦十無一二，史料甚感缺乏。總裁迎合時主重修之旨趣，惟其褒貶抑揚之間，異同王稿，其他非所計及，故纂修任務，甚爲簡單，僅於王稿紀傳後，綴以贊辭，及以意更其目次，或點竄字句而已。（見楊椿上明鑑綱目館總裁書。）由敦著史裁蠡說，頗有無關忌諱之建議：如欲進魏定成英諸國於世家，收况鍾陳本深於循吏，拒陳繼儒於隱逸，列薛暄於儒林，置周延儒溫體仁於奸臣等，總裁亦不欲盡從，

松泉文集史裁總說，『世家一體，史記五代史而外，他無傳焉。顧有明魏定成英諸國，或絕或續，與有明相終始，典禁衛，督京營，類用勳舊大臣，其關係安危，視諸藩之虛名列士，不得有為

者，相去逕庭，目以世家，良不誣也。傳中敍嗣爵世數，有開國一傳累述而迄於明亡者，名為列傳，實具世家之體矣，何不竟立世家，而必夷之立傳歟？』（按此議已見朱彝尊史館上總裁第一書。）又曰，『黃霸朱邑官至丞相大司農，而列之循吏，苟惠愛在民，固不必官終守令也。如況鍾陳本深等雖列顯要，亦宜收之循吏。』又曰，『有明隱逸，寥寥其人，然如陳繼儒雖名在人口，而迹隱心競，豈所謂絕塵不返者耶！亦何煩翰墨也。』又曰，『文清無他事業，自以儒學為重，宜列儒林，文成以功名顯，顧高以風節稱，則歸之大傳，而門人附見焉。』又曰，『舊稿有奸臣傳，但以周延儒溫體仁合為單傳，不入此類，有佚罰矣！移置奸臣傳中，近與胡嚴為伍，遠與杞檜同科。』

今按明史無世家；況鍾陳本深仍入大傳；陳繼儒仍入隱逸傳。惟薛瑄改入儒林傳，周延儒溫體仁改入奸臣傳，而延儒傳不見其奸邪之迹，蓋目雖改而文仍未改也。見趙翼廿二史劄記。

則若楊椿之不見好於總裁者，自無置喙之餘地矣。

上明史館總裁書，『閣下平日言語嘔嘔，未嘗以聲色加人，人有謁者，輒如其意以去，以故頌閣下者十人而九。椿性鈍拙，未嘗敢借館事造貴人之門，亦未敢甘言相媚，閣下素所知也。前月提調吳君奉閣下諭，傳椿等至閣，閣下盛氣南面立，常熟蔣公，提調吳君左右侍，椿等北面立，閣下嗷咷跳躍，言若不能了了，大約以纂修不勤，在館論議，為椿等罪；其意似又專罪椿者。』

金門詔撰藝文志，就焦竑舊志，

四庫總目提要，『國史經籍志六卷，明焦竑撰，其書叢鈔舊目，無所考核，不論存亡，率爾濫載，古來目錄，惟是書為最不足憑。』金門詔則謂竑所載，皆明代之所見存，信而可徵。見金東山文集明史經籍志總序。

增其未備，更訂敍錄，

類序五十九篇，明史不載，載入文集。

蓋亦主兼修前代者，既不為明史所錄；其所撰忠義孝義隱逸方伎外戚土司流賊諸傳總序，按之明史，亦有同有不同，而傳論則概從屏棄。

忠義傳論十，孝義傳論十四，隱逸傳論三，方伎傳論三，外戚傳論二十，流賊傳論一，俱載文集。惟土司傳分序五篇，收入明史。

高宗踐位之初，全祖望新成進士，獻替史館，移書六通：其一，即藝文志不當斷代，已見上論。其二，本代之書，必略及其大意，始有係於一代事故，典則風會，而不僅書目。（移明史館帖子二。）其三，增立屬國表。

帖子三，屬國表，世多以為契丹起幽雲之地，統領諸藩，故特詳其撰述，似為歷代所無庸，而不知古今皆應有之，蓋屬國之為中國重甚矣，其興廢傳襲瑣屑之迹，雖有列傳可考，而眉目非表不著；又其中有交推而旁見者，尤必於表觀之。有明一代，初則王保保未靖，頻勞出塞之師，其後榆木川之喪，土木之之狩，陽和之困，九重旰食，不一而足，而朝鮮之易姓，交趾之頻失，倭人之內犯，是皆東南大案所當書者也。滇粵亡而投緬甸，閩甌失而竄東寧，以視夫延禧之餘歷，大石之殘疆，約略相同，而日本乞師，安南假道，其與求援高麗，通使回鶻之舉，又無不酷肖者，斯皆當依遼表之例，為之附錄。且夫有明疆場，其既得而復棄者，朵顏之三衛也，有自棄以遺患者，受降城之遺址也，有暫開而復廢者，東江之四島也，廟算邊防，俱得括之於表，夫豈徒夸王會之浮文哉！

其四，增立土司表。

帖子四，秀水朱竹垞檢討，以其事之關於明者繁，乃請別作土司傳，不復附之外國之末，謂其雖非純屬，然已就羈縻，乃引而近之也。土官蠻觸之事，大抵起於世襲，或有司失所以治之，遂成禍端，而前史謂蜀中土司有事多主勦，黔中土司有事多主撫，封疆之議多右蜀，廟堂之議多右黔，是又關其域內軍力之強弱，一時財賦之豐歉而出之者，推之西南諸省，可概見矣。愚故欲仿遼史部族之例，別立為表。

其五，不仕二姓者，宜入忠義傳，不宜入隱逸傳。

帖子五，隱逸一傳，歷代未有能言其失者，少讀世說所載向長禽慶之語，愛其高潔，以為是冥飛之孤鳳也，及考其軼事，則皆不仕新室而逃者，然後知其所謂富不如貧，貴不如賤，蓋皆有所託以長往，而非遺世者流也。范史不知其旨，遂與逢萌俱歸逸民，於是後之作史者，凡遇陶潛周續之宗炳之徒，皆依其例，不知其判然兩途也，惟宋史忠義傳序有云，『世變淪胥，晦迹冥遁，能以貞厲保厥初心，抑又其次，以類附從，』斯真發前人未發之蒙，然而列傳十卷，仍祇及死綏仗節諸君，未嘗載謝翱鄭思肖隻字，如靖康時之褚承亮誓不仕金，而祇列之隱逸，則又何也？夫惟歐公以死節死事立傳，則不能及生者，若概以忠義之例言之，則凡不仕二姓者，皆其人也。

其六，附元遺臣傳於明史。

帖子六，靈壽傅氏明書中有一例可采者，元史於殉難臣僚，業已專傳裒然，而其仗節於順帝遜位之後，尚有多人，史稿成於洪武之初，多失不錄。太祖當干戈草昧之際，即能以扶持名義為念，觀其於擴廓守節，歎賞不置，以為天下奇男子，則附元遺臣傳於明史，亦太祖之所許也。

皆不見採用，是總裁之不欲於義例上有所更張，昭然若揭。且二十三人者，半皆猥瑣之士，視中期纂修人才，不啻天壤。除上述諸人外，其於史事有相當之效力者，僅有鄭江梅瑴成等。江撰明史稿二十四卷，瑴成，文鼎孫，出其家學，與修歷志，此外殆無可考見。故自世宗雍正六年七月，楊椿九朝列傳成後，以至高宗乾隆四年七月，因循十年之久，始上其書，凡三百三十六卷：本紀二十四卷，志七十五卷，表十三卷，列傳二百二十卷，目錄四卷。除目錄外，視王稿僅增二十二卷耳。

本紀增五卷，志減二卷，表增四卷，列傳增十五卷。要而論之：此次修改王稿，爲功甚僅，其勝於王稿者固有，而其改譌王稿及仍王稿之謬而不能改者，亦復不少。若其可信之成分，則且較王稿爲減，以時主之猜忌面目，益呈顯著，文士擧筆，偶一失察，動被誅戮，總裁爲求生命祿位之安全，不得不出於阿諛將順之一途，宰割史文，抹殺情實，實逼處此，非果有慊於名人用心甚久之王稿也。

張廷玉等進明史表云，聚官私之紀載，核新舊之見聞，籤帙雖多，牴牾互見，惟舊臣王鴻緒之史稿，經名人三十載之用心，進在彤闈，頒來秘閣，首尾略具，事實頗詳，在昔漢書取裁於馬遷，唐書起本於劉昫，苟是非之不謬，詎因襲之為嫌，爰即成編，用為初稿。

今日通行之明史，即爲此三百三十六卷張廷玉等之進呈本，其第二期修改及考證之本，則並未頒行。高宗以右文自命，而箝制文字，變本加厲，欲以銷燬史料，

詳陳登原古今典籍聚散考第六章至第八章。

與修改明史，雙管齊下，滅彼此牴牾參差之迹。乾隆四十年五月，諭明史內於元時人地名，對音譌舛，譯字鄙俚，如圖作爲兔之類，既於字義無當，而垂之史册，殊不雅訓，今遼金元史，已命軍機大臣改正另刊，明史乃本朝撰定之書，豈可轉聽其譌謬！見在改辦明紀綱目，着將明史一併查改，以昭傳信。（見東華錄）

改譯之人地名，見王頌蔚明史考證攟逸。

以身爲外族之故，至計較及於外族人地名之鄙雅，以防見輕漢人，則其他違礙之處，更無論矣。四十二年五月，又藉口英宗本紀之疏略，命英廉程景伊梁國治和坤劉墉等爲總裁，將所有明史本紀，逐一考覈添修。（見東華錄）嗣又命于敏中錢汝誠等爲總裁，將全史從事考證，

按光緒時王頌蔚在方略館，得明史列傳考證成本二百十六卷，稿本四十餘册，正本三巨册，參觀互證，成明史考證攟逸四十二卷。其自序曰：『丁丑秋，直入樞院，即屬館中令史張大誥物色是書，果得藍面册明史自卷一百一十六至卷三百三十二，（闕卷一百九十五）凡二百十六卷列傳，首尾略具，案語用黃籤黏原文之上，惟年久潮溼，黏籤散落甚多，且有黴爛成塊，未堪揭動之葉，余屬張令史悉心迻寫，僅得什之泰八，蓋當時奉丁丑詔書，以次繕進，故卷面書臣某官某某恭校，卷中黏籤皆黃色。繼又得稿本四十餘卷，卷面題總裁英閱，總裁于閱，總裁錢閱，及纂修官黃輯，協修官嚴輯，章輯，羅輯等字，案語與進呈本略同，間有爲總裁所删者，則進呈本不錄。最後又搜得正本三巨册，自卷一百十八至卷三百二十八，（闕卷二百五十二至二百五十六）凡二百六卷，每卷題明史卷幾考證，意在分附明史各卷之後，故析卷皆同，每條稱臣某某案，亦與他史考證同式，三本

皆祇列傳。無紀表志。稿本進呈本，不及正本之完備，然亦有稿本考訂鄄塙，而進呈本刪去者，有稿本進呈本俱有，而正本不錄者，且有案語絕無發明，而列入正本者，良由官書成於衆人之手，荃茅同處，搴擇不精，又其時總裁諸公，無淹雅鴻朗之才，故去取未能悉當。』是列傳旣有考證，而本紀之修改，又有明文可據，不應志表獨付闕如，故此謂考證全史也。

宋銑劉錫嘏方煒黃壽齡嚴福羅修源章宗瀛等七人爲纂修及協修。實則明史經王鴻緒張廷玉等之一再刪削，已無何等傷觸之可指，修改殊非必要。而時主必更加爬剔，以驗書中或有萬一之罅漏；又恐明史不附考證，後人或據秦火未及之稗野，持於彼不利之異同，故亦望及身鑒定而後安。而甲申以後，續載福王之號，乙酉以後，並錄唐王桂王諸臣，（四庫總目明史提要。）則反視前主爲寬厚。旣湮一代之史實，又餌萬世之公論，賊哉高宗，用心乃至是乎！然其時總裁纂修，皆非淹雅之才，考證案語，絕鮮發明，此觀王頌蔚所得之明史列傳考證，可見其概。第明季史料，什九銷毀，憑藉已失，又刼於暴力，不敢有所表見，亦爲事實。故就考證本身論，並不足爲明史輕重。所可怪者，今殿本遼金元三史，俱經改譯，卷末亦附考證，三史成於乾隆四十七年，明史考證或差後，亦當成於五十年以前，

王頌蔚明史考證攟逸自序，改譯遼金元三史，成于乾隆四十七年四月，而明史考證告成年月不可考，今所存稿本，題總裁于閱英閱者甚多，于文襄卒於乾隆四十四年十二月，英文肅卒於乾隆四十八年八月，此書告成，疑當在五十年以前也。

獨不見重刊頒行，豈列傳成於乾隆五十年以前，其他考證，則終乾隆之世尚無成稿歟？又邵懿辰簡明目錄稱『明史三百六十卷，大學士張廷玉等奉撰勅，其中考究未詳者，近又承命刋正，今謹以新定之本著

於錄。』是新定本又多二十四卷，然列傳考證卷第，與今通行本明史同，

明史考證攟逸自序，正本卷第，與今通行本明史同，張令史續得卷三百十六至卷三百三十二刊本考證一册，係初刊樣本，中有黏籤校改處，其卷第亦與正本同，當卽所謂新定本也。惟新定本雖有改譯，有增删，合諸目錄四卷，仍是乾隆四年三百三十六卷之舊第，與簡明目錄卷數不符，蓋不得閣本對勘，終未易釋此疑耳。

四庫總目提要著錄明史三百三十六卷，皇朝通考亦謂爲承命改正之新定本，則簡明目錄稱三百六十卷，殆數字之偶誤耳。

附錄慈谿馮孟顓先生來書

在本篇末脫稿時曾函吾友馮孟顓先生詢明史稿事覆書到日鄙文已成亟錄於後以資證發中有數語涉及其他著述亦不删去見吾友於校印鄉哲遺書甚致力焉　雲眉

子亭吾兄足下：昨展手箋，快如晤面。知足下比有明史編纂考之作，意甚盛也。辱問篋中所蓄明史地理志稿爲季野寫定本，取斠橫雲稿異者極少（惟每布政司多天文數語耳），且無序跋。季野明史稿，聞藏故鎮江府知府王可莊仁堪家（蕭穆敬孚類稿），繆藝風云，王橫雲與興化李淸相友善，李所交多明季魏黨一流人物（李爲閹黨李思誠之子），所言多回護閹，萬氏則無此失。吳興劉翰怡嘉業堂藏有明史列傳

稿（翰怡面告弟者），不審與可莊藏本同出一源否？章太炎言，明史稿流傳頗衆，吾見數本多寫官鈔者，略無修改不得稱稿也。丙寅三月貞羣過松江圖書館向其館長雷君彥假讀明史稿二册爲靖難功臣及文苑傳，云自王橫雲家散出者凡八册，半贈藝風老人矣（聞藝風藏書又流出），其史事本之實錄參以野史（吾學編今言續藏書名臣言行錄弇州史料獻徵錄諸書）墓志行狀遇文家舖敘處，或其事不足傳者一律抹去，凡經五人修改，筆分五色，傳後往往有此效漢書某傳敘法，問之君彥所批名氏亦莫能詳也。中州某所獻明史稿，陳叔諒曾經見告，決非萬氏原本也。劉翰怡有明史例案一書，於修明史體例一切述之頗詳，足下曾見之否乎？慈湖遺書昔年經族人理先毋自歎齋刻成，未印去冬由貞羣紹介書賈爲之印布，距板刻成已歷三十餘年矣（又姜西溟全集亦新印出）。鄞人張詠霓擬再爲刻入四明叢書。慈湖易傳張氏於春間刻成，經貞羣覆校約明春可以出書也。季野遺著錄如別乞檢入邵南江年譜，倘殺青後，乞賜寄數册，俾得先睹爲快不勝翹首之至，午夜書此，聊當面談！並頌

撰福

弟貞羣再拜十二月十五日

原載金陵學報第一卷第二期　民國二十年十一月出版

明史纂修考

李晉華

目次

九、欽定明史與三修明史人地名改譯表

十、附錄

一　四朝（順康雍乾）詔諭

隋書經籍志，始有「正史」之名，至宋定爲「正史」十七部，明刋監版，合宋遼金元四史爲二十一史。然遷固以來，皆以私家修史爲世業，無預於朝廷。自唐貞觀中，令狐德棻請修梁陳周齊隋五史，始以前代史事由帝王敕修，由是始有監修纂修總裁等官之分職，有紀志表傳之分撰焉。其後晉劉昫等之修唐書，宋歐陽修宋祁等之修新唐書，薛居正等之修五代史，元脫脫等之修宋遼金三史，及明宋濂王禕等之修元史；率循前代舊規，一朝亡後，新朝繼統，於修前朝之史，斯爲當務之急矣。明祚既終，滿人入主中夏，雖聲教不倫，然修史爲一朝大政，自亦不能廢，故自順治二年之後，即有開館修史之命。惟有明三百年，事蹟繁雜，非短期間所能纂述，由順治至乾隆歷四朝數十年之久，始告完編。其間史館之興輟狀況，及時主嚴防忌諱，干涉言論之事實，均與明史構成有關，並可以四朝詔諭中見之。茲先以四朝修史詔諭，鈔其全文如下：

順治二年五月癸未，命內三院大學士馮銓、洪承疇、李建泰、范文程、剛林、祁充格等，纂修明史。（東華錄順治四卷）

順治五年九月庚午，諭內三院：「今纂修明史，闕天啓四年七年實錄，及崇禎元年以後事蹟。着在內六部都察院衙門，在外督撫鎭按及都布按三司等衙門，將所闕年分內一應上下文移有關政事者，作速開送禮部，彙送內院，以備纂修。」（東華錄順治十一卷）

考熹宗實錄成，藏皇史宬，相傳順治初，大學士涿州馮銓復入內閣，見天啓四年紀事，毀已尤甚，遂去其籍，無完書。（見朱彝尊曝書亭集書兩朝從信錄後）

以上順治朝詔諭

康熙十八年三月甲子，諭吏部：「薦擧到人員，已經親試。其取中一等：彭孫遹、倪燦、張烈、汪霦、喬萊、王頊齡、李因篤、秦松齡、周清源、陳維崧、徐嘉炎、陸棻、馮勖、錢中諧、汪楫、袁佑、朱彝尊、湯斌、汪琬、邱象隨；二等：李來泰、潘耒、沈珩、施閏章、米漢雯、黃與堅、李鎧、徐釚、沈筠、周慶曾、尤侗、范必英、崔如岳、張鴻烈、方象瑛、李澄中、吳元龍、龐塏、毛奇齡，錢金甫、吳任臣、陳鴻績、曹宜溥、毛升芳、曹禾、黎騫、高詠、龍燮、邵吳遠、嚴繩孫：著纂修明史。（東華錄康熙二十三卷）

康熙二十二年八月丁卯，上問學士牛紐、張玉書、湯斌等：「爾等所修明史如何？」牛紐等奏曰：「嘉靖以前已纂修過半。萬曆朝事迹甚多；天啓朝實錄有殘缺；崇禎朝無實錄：今就所有邸報編纂事蹟，方可分作紀傳。所以萬曆以後，成書較難」。上曰「時代愈近，則瞻徇易生，作史昭垂永久，關繫甚大，務宜從公論斷，爾等勉之！」（東華錄康熙三十二卷）

康熙二十二年十一月丁丑，上召大學士等問曰：「所修明史若何？」李霨奏曰：「草本已有大略。自萬曆以後三朝，事繁而雜，尚無頭緒，方在參酌。」上曰：「史書永垂後世，關係甚重，必據實秉公，論斷得正，始無偏詖之失，可以傳信後世。爾等將此諭傳示修史各官知之。」（東華錄康熙三十二卷）

康熙二十六年四月己未，諭大學士等：「爾等纂修明史，曾參看前明實錄否？史事所關甚重，若不參看實錄，虛實何由得知。他書或以文章見長，獨修史宜直書實事，豈可空言文飾乎？如明代纂修元史，限期過迫，要務多漏，且議論殊乖公正。俟明史修成之日，應將實錄並存，令後世有所考據。」

（東華錄康熙三十九卷）

按：正史材料，自當于實錄中求之，豈有修明史而不參看明實錄者乎？康熙帝此問，雖自作聰明，然亦可知其淺陋矣。

康熙二十九年二月乙丑，諭大學士等：「爾等所修明史，朕已詳閱，遠過宋元諸史矣。凡編纂史書，務宜考覈精詳，不可疏漏。朕于明實錄詳悉披覽，宣德以前尚覺可觀，宣德後頗多譌謬，不可不察！」

（東華錄康熙四十五卷）

康熙三十一年正月丁丑，諭大學士等：「前者纂修明史諸臣所撰本紀列傳，曾以數卷進呈。朕詳悉披閱，並命熊賜履校讐。熊賜履寫籤呈奏，于洪武宣德本紀訾議甚多。朕思洪武係開基之主，功德隆盛；宣德乃守成賢辟；雖運會不同，事蹟攸殊，然皆勵精著於一時，謨烈垂諸奕世，爲君事業，各克殫盡。朕亦一代之主也，銳意圖治，朝夕罔懈，綜理萬幾，孳孳懋勉，期登郅隆。若將前代賢君，搜求其間隙，議論其是非，朕不惟本無此德，本無此才，亦實無此意也，朕自反厥躬，于古之聖君既不能逮，何敢輕議前代之令主耶？若表揚洪武宣德，著爲論贊，朕尚可指示詞臣，撰文稱美；儻深求刻論，非朕意所忍爲也。至開刱時佐運文武諸臣，各著勳績列傳之中；若撰文臣事實優于武臣，則議論失平，難爲信史。纂修史書雖史臣職也，適際朕時纂成明史，苟稍有未協，咎歸于朕矣。明代實錄及紀載事蹟諸書，皆當蒐羅藏弆，異日明史告成之後，新史與諸書俾得並觀，以俟天下後世之公論焉。前曾以此旨面諭徐元文，爾等當知之！」（東華錄康熙四十九卷）

康熙三十一年己卯，諭修明史諸臣：『朕自沖齡，卽在宮中披覽經史，明實錄曾閱數過，見其間立言過當，紀載失實者甚多。纂修明史，宜加詳酌。如宏治中，太后思念崇王，欲令入朝，此亦情理之常；且所封之地，初不甚遠。而一時大臣及科道官員，交章爭執，以爲不可，至云「人民騷擾，國勢動搖」。時已有旨召崇王矣，竟因人言而止。書言「以親九族，九族旣睦」，若藩王就封，必不可召見，則自古帝王，所云睦族之道謂何？又正德實錄載：「午朝罷後，於御道得匿名文簿一卷，傳旨詰問，百官皆跪於丹墀；時仆而暴死者數人，暍而死者尤衆」。夏月雖天時炎熱，何至人多暴卒？且行間將士，每披堅執銳，勠力于烈日之中，未聞因暑而致死，豈朝堂之上，病暍若斯之甚耶？所云「盡信書，不如無書」，此之謂矣。至於宦官爲害，歷代有之；明如王振、劉瑾、魏忠賢輩，負罪尤甚。崇禎之誅鋤閹黨，極爲善政。但謂明之亡于太監，則朕殊不以爲然。明末朋黨紛爭，在廷諸臣置封疆社稷於度外，惟以門戶勝負爲念，不待智者，知其必亡。乃以國祚之顚覆，盡委罪于太監耶？朕於宮中太監，止令供灑掃奔走之役，一嚬一笑，從不假借，所以數十年以來，太監俱極貧乏，有不能自給者；爾諸臣想亦悉知。朕非信用太監之主，惟朕可爲此言。作史之道，惟在秉公持平，不應膠執私見，爲一偏之論。今特與諸臣言之，宜共知此意！」（東華錄康熙四十九卷）

按：此所引宏治正德朝事，均無關輕重。明亡之間接原因爲朋黨，而直接原因則爲閹宦，事實彰彰可考。乃置閹宦于不問，豈可謂平？而又哆言自身非信閹宦之主，去題遠矣。

康熙三十六年正月甲戌，諭大學士等：「朕觀明史，洪武永樂所行之事，遠邁前王；我朝現行事例，因之而行者甚多。且明代無女后豫政，以臣凌君等事，但其末季，壞於宦官耳。且元人譏宋，明復譏元；朕並不似前人，輒譏亡國也，惟從公論耳。今編纂明史，著將此諭增入修明史勅書內。」（東華錄康熙五十八卷）

康熙四十二年四月戊戌，上發出熊賜履呈覽明神宗熹宗以下史書四本，諭大學士等：「朕自沖齡，卽每事好問。明時之太監，朕皆及見之，所以彼時之事，朕知之甚悉。太監魏忠賢惡迹，史書僅記其大略而已，猶未詳載也。明末之君，多有不識字者，遇講書則垂幔聽之，諸事皆任太監辦理，所以生殺之權盡歸此輩也」。又諭：「此書所載楊漣，左光斗死於北鎭撫司獄中。聞此二人在午門前受御杖死，太監等以布裹屍出之。至于隨崇禎殉難者乃太監王承恩，因此世祖章皇帝作文致祭，並立碑碣。此書載太監王之心殉難，明係錯誤。至於本朝興兵聲討之故，書並未記載，可問熊賜履，王鴻緒等，」尋大學士等覆奏：「熊賜履奉旨復行詳察崇禎死難太監果係王承恩，非王之心，應遵照諭旨改正。至於左光斗、楊漣，察考諸書俱云死於北鎭撫司獄中，故照彼書書之。我朝高皇帝興師之由，詳載太祖本紀，是以明史內未曾載入。」上曰：「太祖興師之故，雖不詳載明史，記其大略，未始不可。」（東華錄康熙六十四卷）

按：明神宗在位四十餘年，初年張居正、呂調陽、王錫爵、申時行、葉向高等當國，尚有輔弼之方，當不致「之」「無」不辨；光宗在位不及一月而崩；莊烈帝為英明之主，文質彬彬可稽；若論晚明庸劣之主，亦只熹宗一人而已。所云「明末之君，多有不識字者」，不知何據？滿洲起兵，雖有數十年歷史，然未入關之前，與明廷本無甚關係，其後攫取北京，亦由漢奸召之，並無謨烈可記；乃欲于明史中詳其興師之由，可謂敗壞史例者矣。

康熙四十三年十一月，諭：「明史關係極大，必使後人心服乃佳。宋史成於元，元史成於明，其中是非，失實者多，至今人心不服。有明二百餘年，其流風善政誠不可枚舉。今之史官，或執己見者有之，或據傳聞者亦有之，或用稗史者亦有之，任意妄作，此書何能盡善。孔子聖人也，猶言：「知我者其惟春秋乎？罪我者其惟春秋乎？」孟子又言：「盡信書，則不如無書。」當今之世，用人行政，規模法度之是非，朕自任無容他諉；若明史之中，稍有一不當，後人將歸責於朕，不可輕忽也。是以朕爲明史作文一篇，爾等可曉諭九卿大臣。」御製文曰：

「朕四十餘年，孜孜求治；凡一事不妥，卽歸罪於朕，未嘗一時不自責也。清夜自問：移風易俗未能也，言行相顧未能也，躬行實踐未能也，知人安民未能也，家給人足未能也，柔遠能邇未能也，治臻上理未能也。自覺愧汗，何暇論明史之是非乎？況有明以來二百餘年，流風善政，豈能枚擧？其中史官舞文杜撰，顚倒是非者，槪難憑信。元人修宋史，明人修元史，至今人心不服，議論多歧者，非前鑑耶？朕實無學，每讀朱子之書，見「相古先民，學以爲己；今也不然，爲人而已」之句，罔不心悅誠服。又讀孟子，「盡信書則不如無書」，益見史官上古不免訛傳，況今人乎！班馬異同，左國浮華，古人以爲定論，孔子至聖，作春秋有「知我罪我」之嘆。後世萬倍不及者，輕浮淺陋，妄自筆削，自以爲是！朕觀凡天下讀書者，皆能分辨古人之是非；至問以時事人品，不能一字相答，非曰從來不與人往來，卽曰不能深知。夫目前之事，作官之道，尚茫然不知，而于千百年前無不洞悉，何得昧於當時而明於論古，豈非遠者明而近者闇乎？所以責人重者責己輕，君子不取也。明史不可不成，公論不可不採，是非不可不明，人心不可不服，關係甚鉅，條目甚繁。朕日理萬幾，精神有限，不能逐一細覽，即敢輕定是非，後有公論者必歸罪於朕躬，朕不畏當時而畏後人，不重文章而重良心者此也。卿等皆老學素望，名重一時，明史之是非，自有燭見。卿等衆意爲是即是也，刋而行之；偶有斟酌，公同再議。朕無一字可定，亦無識見，所以堅辭以示不能也。」（東華錄康熙七十四卷）

康熙五十二年四月丁卯，諭大學士等曰：「明末去今，爲時尚不甚遠。傳聞李自成兵到，京師之人即以城獻。又聞李自成麾下之將李定國，在西便門援城而上。由此觀之，仍是攻取，可云獻乎？此等載入史書，甚有關係，必得其實方善。張獻忠有養子三人，耳鼻皆被割去；朕曾見之。又明代行兵，多用太監管領，以致敗亡。爾等纂修明史，其萬曆天啓崇禎年間之事，應詳加參考，不可忽略。」（東華錄康熙九十卷）

以上康熙朝詔諭

雍正元年七月甲午，諭大學士等：「史書務紀其眞，而史才古稱難得，蓋彰善癉惡，傳信去疑，苟非存心忠厚，學識淹通，未能定得失於一時，垂鑒戒於久遠也。有明一代之史，屢經修纂，尚未成書，我聖祖仁皇帝大公至愼之心，旌別淑慝，務期允當，惟恐幾微未協，遂失其眞，鄭重周詳，多歷年所，冀得良史之才，畀以編摩之任。朕思歲月愈久，考據愈難，目今相去明季，將及百年，幸簡編之紀載猶存，故老之傳聞未遠，應令文學大臣，董率其事，愼選儒臣，以任分修，再訪山林績學之士，忠厚淹通者，一同編輯，俾得各展所長，取舍折衷，歸于盡善，庶成一代信史，足以昭示於無窮。著將滿漢大臣

等職名，開列具奏。」（東華錄雍正一卷）

雍正元年七月壬寅，以隆科多，王頊齡爲明史監修官，徐元夢，張廷玉，朱軾，覺羅逢泰爲總裁官。（東華錄雍正一卷）

以上雍正朝詔諭

乾隆四十年五月甲子，諭：「昨因明紀綱目，考覈未爲精當，命軍機大臣將原書另行改輯，候朕鑒定。因思綱目三編，雖曾經披覽，但從前進呈之書，朕鑒閱尚不及近時之詳審。若通鑑輯覽一書，其中體例書法，皆朕親加折衷，一本大公至正，可爲法則。此次改編綱目，自當仿照辦理。又明史內，於元時人地名，對音譌舛，譯字鄙俚，尙沿舊時陋習。如「圖」作爲「兎」之類，旣於字義無當，而垂之史册，殊不雅馴。今遼金元史，已命軍機大臣改正另刋。明史乃本朝撰定之書，豈可轉聽其譌謬？見在改辦明紀綱目，着將明史一併查改，以昭傳信。朕非於此等音譯字面有所偏袒，盖各國語音不同，本難意存牽合，即如滿洲蒙古文譯爲漢文，此音彼字，兩不相涉。乃見小無識之徒，欲以音譯之優劣，强爲分別軒輊，實不值一噱。朕每見法司爰書，有以犯名書作惡劣字者，輒令改寫；而前此書「回部」者，每加犬作「⿰犭回」，亦令將犬旁删去；誠以此等無關褒貶，而適形鄙陋，實無足取。况當海隅同文之世，又豈可不務爲公溥乎？將此通諭知之，所有原頒明史及綱目三編俟改正時，並著查繳。」（東華錄乾隆八十一卷）

乾隆四十二年五月丁丑，諭：「前因明史內，于蒙古人地名音譯未眞，特命館臣照遼金元三史例查覈改訂，並就原板扣算字數刋正。其間增損成文，不過數字而止，于原書體制，無多更易。茲閱所進籤之英宗本紀，如正統十四年巡按福建御史汪澄棄市，並殺前巡按御史柴文顯，同時殺兩御史，而未詳其獲罪之由，不足以資論定。又土木之敗，由於王振挾主親征，違衆輕出；及敵軍已迫，猶以顧戀輜重，不卽退軍，致英宗爲額森所乘，陷身漠北。乃紀中於王振事不及一語，尤爲疏略。雖本紀爲全史綱領，體尙謹嚴，而於帝王刑政征伐之大端，關係國家隆替者，豈可拘泥書法，闕而不備，致讀者無以考鏡其得失。蓋緣當時紀事，每多諱飾，又往往偏徇不公。而明史修自本朝，屢淹歲月，直至朕御極以後，始克勒成一書；其時秉筆諸臣，因時代旣遠，傳聞異辭，惟恐涉冗濫之嫌，遂爾意存簡括，於事蹟要領，不能臚紀精細，於史法尙未允協。前因明紀綱目所載，本末未爲賅備，降旨另行改輯。所有明史本紀，並著英廉，程景伊，梁國治，和珅，劉鏞等，將原本逐一考覈添修，務令首尾詳明，辭義精當。仍以次繕進，候朕親閱鑒定，重刊頒行，用昭傳信。」（東華錄乾隆八十五卷）

以上乾隆朝詔諭

二　朝野學者之建議

史館旣開，百度初張，彭孫遹等五十鴻博入館，分任纂修之職，各以其所見聞，以其才識，多所獻替可否於史館；而在野遺賢如顧亭林黃黎洲等，雖不拜新朝之命，然以史事關係至大，恐是非得失之不能盡當，不足以昭垂萬世，亦直接間接致其意於史館。由是總裁折衷諸說，而定例發凡，並訂編纂方法，然後綱擧目張，規模畢具，而於勝朝事蹟之去取，千秋事業之編摩，始有所率從焉。茲以當時朝野學者所建議，擇其尤要者，依類敘之：

（一）購求遺書：

一、順治八年閏二月，大學士剛林等奏：「臣等纂修明史，查天啓四年及七年六月實錄，並崇禎一朝事蹟俱缺，宜勅內外各官，廣示曉諭，重懸賞格，凡鈔有天啓崇禎實錄，或有彙集邸報者，多方購求，期于必得；或有野史外傳集記等書，皆可備資纂輯，務須廣詢博訪，彙送禮部，庶事實有據，信史可成。」下所司知之。（東華錄順治三卷）

二、順治十二年二月，少詹事朱之錫上疏言：「自國家定鼎以來，開館纂修明史，因天啓崇禎年間，事實散佚，參考無憑，遂致停擱。恐歲月漸深，傳聞愈舛。夫實錄不存，則可據者惟當時邸報，及野乘遺書。宜勅部宣示中外，有以明末邸報來上者，量加旌賚。至求書早奉明旨，而各省奉行怠忽，請責成學臣購進，及任滿時課其多寡而殿最之，則事有專司，史料易備矣。」疏入，下所司議行。（見清史列傳）

三、康熙四年十月，御史顧如華奏：「伏讀上諭禮部，廣搜前明天啓以後事蹟，以備纂修明史。査明史舊有刋本，尙非欽定之書。且天啓以後，文籍殘毀，苟非廣搜稗史，何以考訂無遺。如三朝要典，同時尙論錄，樵史，兩朝從信錄，頌天臚筆，及世族大家之紀錄，高年逸叟之傳聞，俱宜采訪，以備考訂。至於開設史局，尤宜擇詞臣博雅者，兼廣徵海內宏通之士，同事纂輯，然後上之滿漢總裁，以決去取，纂成全書，進呈御覽，成一代信史。」章下所司。（見東華錄康熙一卷）

四、國史院檢討湯斌敬陳史法疏：「臣愚，竊以爲立法宜嚴，取材貴備。實錄所紀，恐有不詳；如靖難兵起，建文易號，永樂命史臣重修實錄，則低昂高下之間，恐未可據；他如土木之變，「大禮」之議，事多忌諱；況天啓以後，實錄無成，將何所依據焉？一也。二百七十餘年，英賢輩出，有身未登朝，而懿行堪著，或名僅閭巷，而至性可風，萬一輶軒未採，金匱失登，則姓氏無傳，何以發潛德之光？前代史書如隱逸，獨行，孝友，列女諸傳，多實錄所未備者。二也。天文，地理，律曆，河渠，禮樂，兵刑，藝文，財賦，以及公侯將相，爲志爲表，不得其人，不歷其事，不能悉其本末原委。三也。臣謂今日時代不遠，故老猶存，遺書未燼，當及此時開獻書之賞，下購求之令，凡先儒紀傳，有關史事者，擇其可信，並許參考，庶幾道法明，而事辭備矣。」（見湯子遺書）

五、翰林院掌院學士兼明史館總裁葉方靄請購書籍疏：「前內閣同翰林院會題疏內，請令禮部行文各直省督撫，不論官員士民，有收藏故明書籍者，不拘忌諱，俱送該地方官量加獎賞，奉有諭旨遵行在案。臣等竊慮地方官職務繁多，雖遵依部文，止于奉行故事，不能極力購求；而藏書之家，又吝惜不肯出獻；稽遲日久，卽使各州縣間有呈送，不過以尋常見聞之書，充數塞白，終無裨于實用。今請勅部再行確議，或令直省督撫，責成該管學臣，或遣官專行采訪，不獨專載故明事蹟，有裨史事，卽如各郡縣志書，及明代大臣名臣名儒文集傳誌，皆修史所必需，務令加意搜羅，以期必得。其藏書之家，或詳計卷帙多寡，給值若干；或開注姓名送部，俟纂修完日，仍以原書給還；或有抄本書籍，官給僱值，遣人就其家謄寫。總之朝廷曲示旁求，則人心倍加踴躍；奉行既有專責，則部檄不慮虛文。及今預行購取，待史館開日，續送到館，庶不致掘井于既渴之時，而結網于臨淵之後矣。」（見葉文敏公集）

六、翰林院檢討兼明史纂修官朱彝尊史館上總裁第二書：『史館急務，莫先聚書。漢之陳農，唐之李嘉佑，明之歐陽佑，黃盅，危於憸，呂復，前代率命采書之官，括圖籍于天下。矧明史一代之典，三百年之事迹，詎可止據實錄一書，遂成信史也邪！明之藏書，玉牒寶訓貯皇史宬，四方上于朝者貯文淵閣，故事：刑部恤刑，行人奉使還，必納書於庫，以是各有書目。而萬曆中輔臣諭大理寺副孫能傳，中書舍人張萱等，校理遺籍，閣中故書十亡六七，然地志具存，著于錄者尚三千餘册。閣下試訪之所司，請于朝，未必不可得。又同館六十人，類皆勤學洽聞之士，必能記憶所閱之書，凡可資采獲者，俾各疏所有，捆載入都，儲於邸舍，互相考索。然後開列館中所未有，文集，奏議，圖經，傳記，以及碑銘志碣之屬，編爲一目，或倣漢唐明之遺使，或牒京尹守道十四布政使司，力爲蒐集，上之史館，其文其事，皎然可尋，於以采撰編次，本末具備，成一代之完書，不大愉快哉！昔者元修宋遼金史，袁桷列狀，請搜訪遺書，自實錄正史而外，雜編野記，可資證援參考者，一一分疏其目，具有條理。語有之：「前事之不忘，後事之師也」，閣下其留意焉！』（見曝書亭集）

按：朝野學者請求搜集遺書之疏數上，朝廷亦間有采納，降旨勤求，故四方藏書，亦多捆載入都者。然涉及神宗末年邊疆之書，及稗官，碑誌，記傳，出于史館之所不及知者，仍不得以上。（見戴名世南山集與余生書）且邸報實錄，至崇禎十一年後始有活板，以前並是寫本而中祕所收，乃出涿州（馮銓）之獻，多經增損，前後事蹟，自多不能符合之處。（見顧亭林文集與公肅甥書，又與次耕書）他如勝朝勳舊如朱國楨，遺老如顧炎武等，所聚先朝史籍，又多輾轉散佚，雖朝廷購求遺籍，三令五申，所得當亦無幾矣。

（二）訂定體例：

順治初詔修明史，以時方多故，在朝又乏文章之士，十數年間，無成績可言。康熙十八年，史館重開，選宏博五十人入館，分任纂修，規模粗具。自朱彝尊上書總裁，請先定例發凡後，徐乾學定修史條議，湯斌上明史凡例議，施閏章沈珩均上修史議，潘耒上修明史議，王鴻緒上史例議，顧炎武黃宗羲等，亦各以其所見，有所陳述，本末精粗，無不具備，體例參訂，有所由矣。茲以朱彝尊上總裁請定體例書附下：

「歷代之史事不齊，體例因之有異：班固書無世家而有后戚傳，已不同于司馬氏矣；范蔚宗書無表志，後人因取司馬彪續漢書志以爲志，又不同于班氏矣。蓋體例本乎時宜，不相沿襲。故漢之光武，唐之孝明，宋之眞宗，皆嘗行封禪之禮，作史者不必效史遷，而述封禪之書也。德星慶雲，醴泉甘露，器車龍馬，嘉禾瑞麥，一角之獸，連理之木，九莖之芝，不絕于世，作史者不必效北魏南齊而述符瑞之志也。此志之不相襲也。班史第古今人表，上及于皇初；歐陽子紀宰相世系，下逮于子姓；遼之游幸，金之交聘，他史無同焉。此表之不相沿襲也。史記列傳有滑稽，日者，五代有家人，義兒，伶官，宋有道學，他史無之。此傳之不相沿襲也。至若皇后一也，尊之則附於帝紀，抑之則冠於臣傳。公主一也，或爲之傳，或爲之表。釋老一也，或爲之志，或爲之傳。餘如天文五行，或分爲二；職官氏族，或合爲一。然則史蓋因時而變其例矣。明三百年事有創見者：建文之遜國革除，長陵之靖難，裕陵之奪門，宜何以書？躋興獻王於廟，存之則爲無統，去之則沒其實，宜何以書？志河渠者，前史第載通塞利害而已，明則必兼漕運言之，而又有江防海防禦倭之術，宜何以書？志刑法者，前史第陳律令格式而已，明則必兼廠衞詔獄廷杖晰之，宜何以書？若夫志地理，則安南之郡縣，朶顏之三衞，曾入版圖，旋復棄之，又藩封之建置，衞所之參錯，宜何以書？至於土司之承襲，順者有勤王之擧，反側者興征討之師，入之地志則不能詳其事，入之官制則不能著其人，宜何以書？凡此皆體例之當先定者也。又魏，定，黔，成，英，臨淮諸國，衍聖一公，咸與明相終始，則世家不可不立；惟是張道陵之後，靦顏受世祿，奉朝請，於義何居，然竟置不錄，難乎免於闕漏；宜何以書？此亦體例之宜審量者也。蓋作史者必先定其例，發其凡，而後一代之事，可無紕謬也。」（見曝書亭集）

其討論本紀體例者有：

一、湯斌明史凡例議：「明太祖四代考妣，當於本紀內載明，不必另作附紀。漢高祖父太公，身爲太上皇，光武父南頓君，身爲邑令；兩漢書皆不作紀。況四祖已先歿，又無事可考，唐宋史亦無此例。興宗當稱懿文太子，睿宗當稱興獻王，仍載入諸王下。必君臨天下方稱紀，則統系分明。」又本紀條例十餘則，亦多所發明。（見湯子遺書附潛菴擬明史稿）

按：今本明史太祖四世考妣不另作附紀，興宗仍稱懿文太子，睿宗仍稱興獻王，是已采用湯氏議也。

二、朱彝尊史館上總裁第四書：「太祖崩後，燕王未嘗入朝，建文元年燕王來朝之說不足信。文皇從王景言，以天子之禮葬建文之說不足信。北京金山口景陵之北，相傳有「天下大師之塔」，謂是建文帝墳，此尤無據。從亡隨筆及致身錄，備載建文出亡之事不足信。九族實本宗一族，無以弟子友朋爲十族者，方孝孺十族之誅不足信。………」（見曝書亭集）

按：朱氏撰文皇帝本紀，適同館之撰建文帝本紀者具書「燕王來朝」一事，恐于書法相違，故有上總裁第四書。然關於建文遜國事，或有或無，各持一說，仍無所證實。朱氏文皇帝本紀，今無存稿，不知如何叙述（然亦可知其不信遜國之事）；王鴻緒明史稿，則云「帝崩于火」，但張廷玉等改定明史，則云「宮中火起，帝不知所終」是以帝出亡事，猶留餘地。尤侗亦以五十鴻博而任纂修者，其所著擬明史樂府有遜國怨一首，言之鑿鑿，且信「牢落西南四十秋」之詩，及正統時建文帝囘朝之事，是則當時同館中，亦多與朱氏異議者。其他稗官野史述遜國事者，指不勝屈，我輩當別作一問題而研究之，不當以明史書法已定，遂不敢置問也。

討論列傳體例者，有：

一、徐元文兄弟修史條議「一，明朝講學者最多，成弘以後，指歸各別；今宜如宋史例，以程朱一派另立理學傳。如薛敬軒，曹月川，吳康齋，陳剩夫，胡敬齋，周小泉，章楓山，呂涇野，羅整菴，魏莊渠，顧涇陽，高景逸，馮少墟凡十餘人外，如陳克菴，張東白，羅一峯，周翠渠，張甬川，楊止菴，其學亦宗程朱，而論說不傳，且別有建竪，亦不必入。一，白沙，陽明，甘泉，宗旨不同，其後王湛弟子又各立門戶，要皆未合于程朱者也；宜如宋史象山慈湖例，入儒林傳。白沙門人，湛甘泉，賀醫閭，陳孝廉，其表表者；莊定山為白沙友人，學亦相似。王門弟子：江右為盛，如鄒東廓，歐陽南野，安福四劉二魏，在他省則二孟，皆卓越一時。羅念菴本非陽明弟子，其學術頗似白沙，與王甚別。許敬菴雖淵源王湛，而體驗切實，再傳至劉念臺，益歸平正，殆與高顧契合矣。陽明念臺，功名既盛，宜入名卿列傳，其餘總歸儒林。一，陽明生于浙東，而浙東學派，最多流弊。王龍谿輩皆信心自得，不加防檢，至泰州王心齋隱怪尤甚，並不必立傳，附見于江西諸儒之後可也。一，凡載理學傳中者豈必皆勝儒林，宋史程朱門人亦多有不如象山者，特學術源流，宜歸一是，學程朱者爲切實平正，不至流弊耳。陽明之說，善學則爲江西諸儒，不善學則爲龍谿心齋之徒，一，再傳而後，若羅近谿周海門之狂禪，顏山農何心隱之邪僻，固由弟子寖失師傳，然使程朱門人，必不至此。」（見憺園集）

二、黃宗羲移史館論不宜立理學傳書：「統天地人曰儒，以魯國而止儒一人，儒之名目，原自不輕。儒者成德之名，猶之曰賢曰聖也。道學者以道爲學，未成乎名也，猶之曰「志于道」，志道可以爲名乎？欲重而反輕，稱名而背義，此元人之陋也。」（見南雷文定）

三、朱彝尊史館上總裁第五書：『傳儒林者，自司馬氏，班氏以來，史家循而不改。逮宋王禹偁撰東都事略，更名儒學而以周張二程子入之。元修宋史，始以儒林道學析而爲兩，言經術者入之儒林，言性理者別之爲道學。又以同乎洛閩者進之道學，異者置之儒林。其意若以經術爲麤而性理爲密，朱子爲正學而楊陸爲歧塗，默寓軒輊進退予奪之權，比于春秋之義。然六經者治世之大法，致君堯舜之術，不外是焉。學者從而修明之，傳心之要，會極之理，範圍曲成之道，未嘗不備。故儒林足以包道學，道學不可以統儒林。夫多文之謂儒，特立之謂儒，以道得民之謂儒，區別古今之謂儒，通天地人之謂儒，儒之爲義大矣，非有遜讓于道學也。且明之諸儒，講洛閩之學者，河東薛文清公而外，寥寥數人。薛公立傳，當在宰輔之列；今取餘子標爲道學，上不足擬周程張朱，下不敵儒林之盛，則莫若合而爲一，於篇中詳敘源流所自，覽者可以意得。此彝尊前書所云「體例不必沿襲」者也。』（見曝書亭集）

四、湯斌明史凡例議：「漢史以後，止有儒林傳，獨宋史儒林傳外，特立道學傳，以其時周程張朱繼洙泗之傳，不可同于諸儒，故特立一傳，以表正宗。康節南軒，則羽翼程朱者也。象山之學未大彰，從之者寡，自難與朱子並列；蔡季通，仲默，呂東萊，胡文定，眞西山，學術最正，著述最有功，皆不得列于道學；而黃直卿，李敬子，陳安卿，張元德，李公晦，黃商伯，獨得以門人附朱子之後，可見當時史臣特表程朱之統系，而未嘗一一較量其學術之高下也。元之許魯齋，吳草廬，金仁山，許白雲，未嘗不可以稱道學，而元史不立道學傳，宋王兩先生于此蓋斟酌之詳矣。今日修史，如依宋史道學傳例，則當以薛文清，曹月川，呂涇野，胡敬齋，蔡虛齋，羅整菴等爲一卷，王文成，鄒東廓，羅念菴等爲一卷，顧涇陽，高景逸，馮少虛，劉念臺等爲一卷，道學傳不必多用人，諸公以道學爲重，亦不必入前大傳矣。大約成弘以上，文清之派爲盛；嘉隆以降，文成之派爲盛；萬曆以後，高顧諸君子終焉。平序一代之學統，而序中論其學術之同異，稍稍言及流弊，固無妨也。如不立道學傳，止稱儒林傳，則薛以相臣，王以勳封，俱入大傳。儒林則以曹月川，陳白沙，陳克菴，胡敬齋，羅念菴，王龍谿，羅近溪諸公，可得一二十人，與注釋經傳者先後並列焉。如漢之董江都，唐之韓昌黎，宋之司馬文正公，皆在大傳，固不碍其爲大儒，從祀孔廟也。總之修史與專家著述不同，專家著述可據一人之私見，奉旨修史必合一代之公評，未可用意見，肆譏彈也。」（見湯子遺書附潛菴擬明史稿）

五、陸隴其答徐健菴先生書：「尊道學于儒林之上，所以定儒之宗；歸道學于儒林之內，所以正儒之實。宋史明史相爲表裏，不亦可乎？至以諸儒之學言之，薛胡固無間然矣。整菴之學，雖不無小疵，不能掩其大醇，其論理氣處可議，其闢陽明處不可議；薛胡以下，首推整菴，無可疑者。仲木，少虛，涇陽，景逸，守道之篤，衞道之嚴，固不待言；然其精純，恐皆未及薛胡。景逸，涇陽，病痛尤多，其于陽明，雖毅然闢之，不少假借，然充其實，則未有能脫其藩籬者。故其大節彪炳，誠可廉頑立儒，而

謂其直接程朱，則恐未也。」（見三魚堂集）

按：自徐元文兄弟倡立道學傳後，附和者有彭孫遹等，反對者有黃宗羲、朱彝尊諸人，若湯斌陸隴其介于兩可之間者也。此外張烈有王學質疑，汪由敦有史裁蠡說（汪說在雍正時），于立道學傳亦持異議。館臣以學統所關，齟齬頗久，且因此竟置諸傳于不問矣。（見毛奇齡西河合集奉史館總裁劄子）

又按：今本明史無道學傳，徐元文雖以監修而倡立道學傳，終格于衆議不果行也。

討論隱逸傳者有：

一、嚴繩孫隱逸傳序：「明興當兵革之後，太祖用法嚴急，故其時蘊志嫉俗，不可得致者甚衆。迨中葉承平，聲敎淪浹，遯世無聞者亦多其人。其後士習漸漓，或布衣而談門戶，標榜風流，用相誇飾，矜清節者或寡矣。夫隱亦不一其轍，固有言用當世，身立本朝，而不在其位者，外是寧始顯而終晦，毋前舍而後用。至乃階高蹈以詭祿仕，又銜寵而凌俗焉，若宋种放之徒，不以著於篇。」（見秦松齡嚴繩孫傳）

二、汪由敦史裁蠡說：「有明隱逸，寥寥其人。然如陳繼儒雖名在人口，而迹隱心競，豈所謂絕塵不返者耶！亦何煩翰墨也。」（見松泉文集。按汪說著于雍正時）

三、全祖望移明史館帖子五：「隱逸一傳，歷代未有能言其失者。少讀世說所載向長禽慶之語，愛其高潔，以爲是冥飛之孤鳳也。及攷其軼事，則皆不仕新室而逃者，然後知其所謂富不如貧，貴不如賤，蓋皆有所託以長往，而非遺世者流也。范史不知其旨，遂與逢萌俱歸逸民，於是後之作史者，凡遇陶潛，周續之，宗炳之徒，皆依其例，不知其判然兩途也。向使諸君子遭逢盛世，固不甘以土室繩牀終老，而滄海揚塵，新主改步，獨以麻衣苴履，章皇草澤之間，則西臺之血何必不與萇弘同碧，晞髮白石之吟何必不與采薇同哀？使必以一死一生遂歧其人而二之，是論世者之無見也。惟宋史忠義傳序有云：「世變淪胥，晦迹冥遁，能以貞厲保厥初心，抑又其次，以類附從，」斯眞發前人未發之蒙。然而列傳十卷，仍祇及死綏仗節諸君，未嘗載謝翺，鄧思肖隻字；如靖康時之褚承亮誓不仕金，而祇列之隱逸，則又何也？夫惟歐陽公以死節死事立傳，則不及生者，若槪以忠義言之，則凡不仕二姓者，皆其人也。」（見鮚埼亭集。按全說在乾隆時）

其他若方象瑛與施愚山論于忠肅書（見健松堂集），毛奇齡奉史館總裁論粱儲傳（見西河合集），王源與徐立齋學士論王威寧書，與友人論韓林兒書（見居業堂集），黃宗羲答萬貞一論明史曆志書（見南雷文定），呂留良答谷宗師論曆志書（見晚村文集），全祖望移明史館帖子請增立屬國表，土司表，及附元遺臣傳於明史，（見鮚埼亭集），皆朝野學者於體例有所商榷，或用或否，雖不能盡同，要之均與明史纂修有密切關係者也。

至云「文苑必著述成家者方列入」，「酷吏與奸臣，相去甚遠；史家分限甚嚴，未可以酷吏爲奸臣末減地」，「宦官傳當分別邪正未可專論時代」各端，雖無甚發明，然于訂定體例亦不無少補也。（見湯子遺書附潛菴擬明史稿）

（三）分類纂修：

一、潘耒上總裁修史議：「明更三百年，未有成史，今欲扨爲一書，前無所因，視昔之本東觀而作後漢，改舊書以修新唐者，其難百倍。宜搜采博而考證精，職任分而義例一，秉筆直而持論平，歲月寬而卷帙簡」。（見清史列傳）

二、沈珩與湯潛菴侍講言史法書：「宋修唐書，紀志出自廬陵。紀極簡嚴，得春秋家法；志極弘備，得由臺大小戴家法。紀猶之綱也，志猶之目也，所以詳略各得，本末互見，目例雖分，總是一篇文字，此史之所以得體也。唐修晉隋史，以顏孔該博屬紀傳，于李顥家屬諸志，雖各支冗，猶各見所長。至元修宋史，衆手不倫，所以彼此舛互，蕪穢刺目。由是觀之，史之得失可知矣。又如列傳之體，其將相列卿之屬，猶得以年分校，若道學，儒林，文苑，卓行，方技，循吏，宦官，佞倖之屬，尤爲全書吃緊生色處，其間自有源委脈絡：要在貫穿參驗，見人才盛敗，世變盛衰得失之由，或一傳而載一二百年之人，或一傳而釐成數卷。若裁年逐段分輯，將手筆參差，首尾跲盩，豈史法乎？然則此數項篇目，另當推尊一二巨手如明公者，統會一代始末，特筆專爲之，無已分題可也，分年必不可也。」（見耿巖文選）

三、朱彝尊史館上總裁第三書：「昔干寶勅晉紀，先立凡例；凡例旣立，然後紀傳表志相符。貞觀撰晉書，體例出于敬播，於是李淳風于志寧等則授之以志，孔穎達等則授之以紀傳。治平撰通鑑，先編叢目草卷，草卷責之范夢得，積至四丈，截爲一卷，於是兩漢則授之劉攽，三國六朝隋則授之劉恕，唐五代十國則授之范祖禹，以故事無闕漏，而文不繁複，是史家之遺法也。」（見曝書亭集）

因館臣頗有主分類專責纂修者，故明史初纂時，將紀志傳各人分開，或一人撰一紀，或一人撰一志，或一人撰數傳，皆憑拈派而專責成矣。（見王鴻緒史例議上）

雖然，「兩都開剏之大略，累朝因革之源流，綜括之難；道統治術，上法虞周，下超漢宋，謨訓典制之淵崇，禮樂度數之察密，聞述之難；三百年中將相卿士，功名學術之同異，縷析之難；名臣耆儒之作述，條貫翦裁之難。」（見沈珩耿巖文選）因此紀，志，列傳之分撰，雖稍有定議；而將三百年間事，分期纂修，亦應有所裁定也。

考康熙十八年五月，詔修明史，其時以監修徐元文未至，至十二月十七日始開館。十九年正月，先將景泰，天順，成化各朝，分爲一期；拈派分撰。二十年六月，又分天啓，崇禎兩朝爲一期。二十一年四月，再分隆慶，萬曆兩朝爲一期。（見方象瑛明史分稿自序。）弘治，正德兩朝，亦經第一期分撰。（毛奇齡史館奉總裁劄子，自云：「初間拈分傳題，在弘正之間。」）洪武至正統各朝，當亦在第一期之列，因朱彝尊分撰文皇本紀，其同館某（指徐勝（嘉炎），見朱氏明史提綱跋）撰建文帝紀（同見曝書亭集），而湯斌則撰太祖本紀（見潛菴擬明史稿），均爲第一期之事。而尤侗明史擬稿序有云：「鴻博五十人，分爲五班；自洪武至正德，編次亦如之。予班第五，所纂者弘正時事也。」又云：「將卒業，又分嘉，隆，萬爲一編，泰，啓，禎爲一編，則錯綜其姓氏，而拈派亦如前。」由此推之，可知所分時間爲三：（一）洪武至正德各朝爲第一期（十九年正月至二十年六月），泰啓禎三朝爲第二期（二十年六月至二十一年四月），嘉隆萬三朝爲第三期（二十一年四月以後）。而每期又以紀志表傳等類，分五班撰述。此纂修時分期分類之大略情形也。

至纂修各官，分撰篇目，亦頗有可考者：

尤侗分撰弘正諸臣列傳，外國傳，藝文志等篇。（見第六編）

毛奇齡分撰弘正二朝紀傳及諸雜傳，另有勝朝彤史拾遺記，武宗外紀，後鑒錄，蠻司合誌等篇。（見第六編）

湯斌分撰天文志，曆志，五行志，及正統，景泰，天順，成化，弘治五朝列傳，太祖本紀，后妃傳等篇。（見第六編）

方象瑛分撰景帝本紀，及景泰，天順，成化，隆慶，萬曆，天啓，崇禎各朝臣傳共八十六篇。（見第六編）

朱彝尊分撰文皇帝本紀，及洪武朝臣傳三十篇。（見第六編）

施閏章分撰景泰，天順各朝列傳。（見第六編）

汪琬分撰各朝列傳百七十五篇。（見第六編）

沈珩分撰列傳十餘篇，及各朝本紀論贊。（見第六篇）

徐嘉炎分撰建文帝本紀。（見曝書亭集明史提綱跋）

按：嘉炎撰建文帝本紀，力爭當從遜國羣書，具述其事，頗爲朱彝尊所詬病。先正事略謂：「在史館中著作多不與人同」，蓋指此也。

陸棻分撰文皇帝紀，及漕河，水利，藝文，選舉諸志。（見毛奇齡所撰神道碑銘）

按：文皇帝紀，朱彝尊已撰之，藝文志尤侗已撰之，陸氏又分撰此二篇，不知誰爲拈得之題，待考。

倪燦分撰藝文志序。（見清史列傳）

潘耒分撰食貨志兼他紀傳，自洪武以下五朝稿，皆所訂定。（見清史列傳）

徐釚分撰俞（大猷），戚（繼光），劉馬諸大傳。（見鄭方坤小傳）

嚴繩孫分撰隱逸傳。（見秦松齡傳）

喬萊分撰崇禎長編。（見朱彝尊墓表）

姜宸英分撰刑法志。（見清史列傳）

吳苑分撰禮志。（見潘耒墓誌銘）

黃虞稷分撰列傳及藝文志。（見陳壽祺傳）

王源分撰食貨志。（見學菴類稿）

徐乾學分撰大禮議，三案，東林諸事蹟。（見清史列傳）

按：此分撰之題，乃總裁與各纂修官酌定拈派，雖有名卿鉅儒，心所慕好者，不敢越俎而問焉，故所傳者寥寥數人而已。（見尤侗明史擬稿自序）然各題已拈派矣，而又有二人或數人所擬之題相同者，如方象瑛已撰于忠肅傳，湯斌又撰之；毛奇齡撰順成弘正四朝后妃傳，而順成二朝后妃傳，湯斌亦撰之；朱彝尊與陸棻則同文有皇帝紀，尤侗張烈同有王守仁傳（毛奇齡且有王文成傳稿一卷）；如此重複，殊令人莫明其妙。大概分撰各題，已由拈派，有己所欲撰者不能拈得，而他人所撰又無當于己意，則以己意別撰一篇，此蓋非眩其長，亦非望史館之採納，乃嘉其人而欲為之傳也；或以其所論列失之翔實也。（如毛奇齡撰武宗外紀，則以同館之撰武宗本紀者不忍斥言其過凡實錄所載諸可鑒事皆軼而不錄故再爲撰外紀也。）然如湯斌所撰列傳篇目多與方象瑛所撰同者，則以湯曾為總裁，删改方稿而入之潛菴史稿中耳，非二人同撰一題也。（見第七篇）此外則以館例所定，凡史官入館，先搜搆其鄉大臣事蹟之在羣書者，而後拈分其題以成之；如王守仁為毛奇齡之同鄉，故毛氏先為撰一傳稿，其後尤侗拈得王文成傳，則毛氏之稿僅供尤氏之參考材料矣。（見毛奇齡王文成傳本附註。）至張烈亦有王文成傳稿，則不詳其故，待考。

三　纂修中之三時期

自順治二年五月，詔修明史，至雍正十三年十二月成書（雍正十三年十二月，明史書成，見于東華錄。世多以爲明史成于乾隆四年七月，其實此時乃武英殿刋刻明史告成之時，非成書之時），其間經過，將近百年，依其成書之程序，可區分爲三時期：第一期自順治二年至康熙十七年，共三十四年。第二期自康熙十八年至六十一年，共四十四年。第三期自雍正元年至十三年，共十三年。其各期概況，略述如下：

（甲）順治初，史館初開，以馮銓，洪承疇，李建泰，范文程等任其事，徒有虛文，未見實事，久淹歲月，頭緒紛然。推厥原因，約有四端：（一）人才缺乏。滿族竊位之初，有志之士不忘故主，奔走遐荒，思圖復國，而于新朝之命，雅不欲拜。朝廷既無文士，于修史大政，自難擧行。（二）任非其人。當時奉旨纂修諸臣如馮，洪，李輩，俱爲貳臣，既已反顏事仇矣，尙何心論述舊朝之事！范文程雖爲開國第一儒臣，能效命于清廷者，然此時已老邁，（康熙四年以疾卒）亦無能任修史重務。（三）大局多事。明社既屋，忠臣義士擁幼君而偏安一隅者，旋仆旋起，三藩之禍，又接踵而來，尤使清廷窮于應付。（四）史料不備。鼎革之際，內廷典籍多散亡，而異族入主中夏，聲教不倫，民心恐遭忌諱，卽故家遺族頗有存書，亦相率避匿，不敢公于世；故清廷雖屢有詔，購求遺書，而上之者寥寥。三百年間之事，纂述非易，既無史料可憑，更無從着手。有此數因，則第一期全無成績可言，殆必然之事也。（康熙四年，史館復開，其成績亦僅以滿文迻譯實錄而已，又會修世祖實錄遂罷。見楊椿上明鑑綱目館總裁書）。

（乙）康熙十八年三月，召試博學鴻儒，中式一等彭孫遹等二十人，二等李來泰等三十人，分授編修檢討各官，同纂明史。始討論方法，訂定體例，並依類分題，以專責成，由是有規模之纂述，乃可得而言焉。

史館重開之後，第一步工作卽將明三百年事分期纂述，而每期又依類鬮題分撰；其先着手纂修者，則洪武至正德各朝事也。五十鴻博受命之始，孜孜矻矻，殆無暇晷。尤西堂年譜圖詩有云：「賤子濫竽分編纂，目不停下手頻叉。兀兀窮年補百一，辟以尺土塡深窪。隃糜（墨名）椽燭安可得，祇餐白飯澆淸茶。閒來欠伸循牆走，瀛州亭下看周遮」（見西堂餘集）。朱彝尊喬萊墓表云：「史館初設在東安門內，肩輿不得進，君體肥，窘于步趨，騎驘一頭，晨入申出。」奉職之勤，于此可見。至一篇之成，是非之互相商榷，文章之互相品評，尤爲史官應有之事。觀于方象瑛之言曰：「顧從事此中，具極苦心，事業考之羣書，是非衷之公論，文章質之同館諸賢，據事敍述，其人自見。雖不敢希信史，然職掌所在，或者其無負乎？」（見明史分稿自序）。由是益可見纂修諸臣，互相觀摩之苦心焉。

基于纂修諸臣努力之結果，第一期分撰洪武至正德各朝史稿，竟由十九年正月至二十年六月完篇（見方象瑛明史分稿自序），其成績亦可稱矣。二十年六月起，分撰泰，啓，禎三朝事，以崇禎朝無實錄，編纂尤難措手。總裁從汪楫議，選館臣六人，先撰長編，倪燦喬萊俱參斯事。而萬言又以獨力別成崇禎長編一書。由是崇禎一朝，史料差備。其崇禎死事諸臣，在長編未成時，許館臣任意搜討，不拘分限題目，以防湮沒。（見毛奇齡史館奉總裁劄子，朱彝尊喬萊墓表）。同時朱彝尊亦有關于此項之論述，其上總裁第七書云：

「明史成書，莫難于萬歷之後，稗官踳駁，是非易以惑人。至崇禎一朝，無實錄依據，尤難措手。日者閣下選同館六人，先纂長編，可謂得其要矣。長編成于李燾，其旨寧失于繁，毋失于略，故國史官文書而外，家錄野紀靡不鈎索，質驗旁互而參審焉，無妨衆說並陳，草創討論而會于一。今則止據十七年邸報，綴其月日，是非何以明？同異何以別？挂一而漏萬，失燾之體例矣。家錄野紀雖未足盡憑，然亦當錯綜銓次，而後是非不可揜，本末具見。閣下奚不取諸史館四方所上之書，凡涉崇禎朝事，俾纂修者一一穿聯之」。（見曝書亭集）

是則當時所撰崇禎長編，乃僅據十七年邸報，綴其月日而彙成者，其所憑據，猶甚單弱。故朱氏欲總裁將四方所上之書，參之家錄野紀，以補闕失，蓋欲其事之信也。迨長編草成，各人鬮得之題，已屬稿而未完，或有疑而未決者，均得互相參訂，程功可待。計自二十年六月至二十一年四月，不及一年，泰，啓，禎三朝史稿又完篇矣。第成之倉卒，而長編又多漏略，寫成諸稿，尚未臻完善耳。（方象瑛明史分稿自序云：「啓禎以後，書傳無徵，間有紀載，未可遽信，雖綴成篇，尚多舛漏，不敢自以爲是」，可知之也）。

二十一年四月，再分撰嘉，隆，萬三朝之事。世宗，神宗，祖孫相繼，幾及百年，年代久遠，纂述甚繁；且嘉靖時祀典太濫，而大禮之議，是非難定；萬歷時秕政孔多，而黨爭繼起，忠奸難辨；此三朝史事之不易措手，亦不下于崇禎朝之無實錄可憑者。然歷一載，各人鬮得之題，亦多已完篇，次第上之史館。（在三期中，方象瑛分撰八十六傳，均已進呈；惟以防遼征廣禦倭諸大吏政績，年月考據未確故于癸亥春（康熙二十二年）借得穆神兩廟實錄于丹徒張公處，再爲改定（見明史分稿自序）。可知嘉，隆，萬三朝史稿，至二十二年春已完篇矣）。

自十九年正月，開始修史，至二十二年正月，史稿粗成，中間經過時期僅三年耳，不論其成績之優劣，其成功之速，亦難能矣。然考徐元文事略云：「明年春（二十三年）詔留公專領史局。故事，監修官不與編纂。公以書久未成，手自排纂」（見先正事略）。似在二十三年，史稿尚未有成者。尤侗于二十二年四月乞假歸，至辛未（三十年）撰明史擬稿自序云：「予還九載，而此書尚未成」（見西堂餘集）。似在三十年，史稿猶未成者。其實不然，自十九年至二十二年，此三數年間，纂修諸臣將其撰成之稿，紛紛上之史館（如尤侗三百餘篇，毛奇齡二百餘篇，湯斌百餘篇，汪琬百餘篇，方象瑛八十餘篇，朱彝尊三十餘篇均是）。其未成者，如尤侗所鬮得嘉，隆，萬，及泰，啓，禎各朝之題，纂未及半，以病假歸（見明史擬稿自序）；汪琬在史館六十日，杜門稱疾一年以疾免而歸（見汪琬墓誌銘）；及施閏章先卒于二十二年，奉職未終，纂述自未能完篇耳。故所謂未成書，蓋緣總裁屢易，而五十鴻博又或歿或歸，全書尚未有成，並非纂修諸臣無一稿之成也。（方象瑛明史分稿自序云：「今衰病乞歸，所上諸傳稿，或用或否，或改易，或增芟，事在總裁。」可知書成與否乃繫于總裁）。

然纂修各官分撰之題已多完篇，而久未勒成全書者，總裁屢易，固爲原因之一；而各人以有限之歲月，相率以數百篇或數十篇之稿上之史館，雖各人皆學問博洽，亦未免過求急就，其草率處及挂漏之弊在所難免。朱彝尊上總裁第三書有云：

「伏望閣下：幸勿萌欲速之念，當以五年爲期，亟止同館諸君勿遽呈稿。先就館中所有羣書，俾纂修官條分而縷析，瓜區而芋疇，事各一門，人各一册。俟四方書至，以類相從續之，少者扶寸，多者盈尺，立爲草卷。而後妙選館中之才，運以文筆刪削。卷成一篇，呈之閣下，擇其善者用之；或事有未信，文有未工，則閣下點定。斯可以無憾矣。不然，朝呈一稿焉，夕當更；此呈一稿焉，彼或異：若築室于道，聚訟于庭，糠覈雜揉，嵌鎛分裂，記述失序，編次不倫，閣下且不勝其勞，雖欲速，而汗青反無日也。」（見曝書亭集）。

當時纂修官，好多務得，以短促期間紛紛呈稿，其「糠覈雜揉，嵌罅分裂，記述失序，編次不倫」，誠有如朱氏所言者。是則總裁之難于裁定，已可想見，而全書勒成之不易，亦事實使然也。

十九二十年間，工作初張，纂修官尚無呈稿，此時總裁雖已派定葉（方靄），張（玉書）二人，實無工作可言。至二十年六月之後，第一期分撰之題多已完篇，故二十一年，湯（斌），徐（乾學），王（鴻緒）等，相繼爲總裁，始有分類改定各纂修官呈稿之議。湯斌題明史事疏云：

「臣與吏部侍郎陳廷敬等公議：以明史事體重大，卷帙浩繁，其纂修草稿已完者，先分任專閱，後再互加校訂。臣分任天文志，歷志，五行志及正統，景泰，天順，成化，弘治五朝列傳。已經刪改天文志九卷，歷志十二卷，列傳三十五卷」。（見湯子遺書）

由此可知二十一年之後，總裁卽開始爲刪改草稿之工作。至二十三年，徐元文重領史局之後，書尚未成，積成草稿有待刪定，乃延萬斯同任其事。萬氏史才卓絕，而又熟於明代掌故，因得徐公之知遇，極願竭其心力，思有所報于勝朝，故此時期之成績甚有可言。韓菼徐元文行狀云：

「甲子（二十三年）二月，有旨留公專領監修。明史史局置已五年，而書未成。公既不與政，專意史事，考據國史參用諸家之說，年經月緯，手自編輯。客（指萬斯同）有熟于前朝典故者，公奉書幣延致賓館，遇有疑誤，輒通懷商榷，常至夜分，積年纂紀傳十之六七，尋繕呈紀七卷，傳十五卷。」（見碑傳集）

按：楊椿再上明鑑綱目總裁書云：「斯同館元文家，爲元文核定明史，歷十二年而史稿粗成，凡四百十六卷」（見孟鄰堂文鈔）。此云「成紀傳十之六七」，而未及志表，然則合紀，志，表，傳計之，當五百餘卷矣。（參看第七篇），楊椿謂「萬氏館元文家歷十二年」，蓋自十九年徐元文為監修時起也。然歷十二年後，即為康熙三十年，元文卒于三十年七月，則萬氏館元文家直至元文卒時，主賓相得如此其久，亦難能也。

徐元文卒時，核定史稿已達四百十六卷（志表不在內），惟全書尚未成。至康熙三十三年，再命大學士于翰林員內，舉奏文章學問超卓者，來京修書。于是王鴻緒，徐乾學，高士奇同爲王熙，張玉書所薦舉。但是年四月，徐乾學卒，高士奇亦未至，被任爲總裁者僅王鴻緒一人；後再派陳廷敬同預其事。鴻緒分任核定列傳（見下），稔知萬斯同嘗館徐元文家，爲元文刪定草稿，是時元文已卒，乃延致斯同于其家，即以核定列傳事委之。（方望溪文集卷十八明史無任邱李少師傳：「康熙辛未三十年，余始至京師，華亭王司農承修明史，四明萬季野館焉。」蓋指三十二年，王鴻緒任總裁時事，爲方苞入京之第三年也）。列傳之外，本紀則陳廷敬任之，志書則張玉書任之（玉書此時爲監修，本不預其事，但因十八年玉書亦曾任總裁之故）。歷數年，已彙分成帙。王鴻緒于康熙五十三年，進呈明史稿疏云：

「臣舊居館職，奉命爲明史總裁官，與湯斌，徐乾學，葉方靄互相參訂，僅成數卷。（不言及萬斯同爲徐元文核定之四百十六卷，其居心可知。）及臣回籍多年，恩詔重領史局，而前此纂輯諸臣罕有存者。惟大學士張玉書爲監修陳廷敬爲總裁，各專一類：玉書任志，廷敬任本紀，臣任列傳。因臣原銜食俸，比二臣得有餘暇，刪繁就簡，正謬訂譌，如是數年，彙分成帙。（三十八年，鴻緒授工部尚書，或于此時已彙分成帙矣）。」（見清史列傳）

至三十八年，熊賜履重領監修（三十三年，賜履曾任監修見清史列傳），檄王鴻緒之列傳諸稿，備錄奏進

（見王鴻緒上明史稿疏），雖自云：「尙多舛誤」，而明史全稿，大體已核定矣。

康熙四十年後，史館主要人物相繼凋謝（王熙卒于四十二年，張英四十七年，熊賜履四十八年，張玉書五十年，陳廷敬五十一年），王鴻緒以附和內大臣阿靈阿，侍郎揆敘等議，奏改立皇太子事，奉旨切責，亦于四十八年休致（見清史列傳）。其回籍時，竟將史館草稿盡數攜去，以數年之力，點竄全部列傳稿，增損爲二百五卷，（斯同爲元文核定紀傳四百十六卷，其館鴻緒家亦歷八年之久（四十一年卒），雖再爲釐定，當亦不至減卷數之半，蓋鴻緒以己意妄刪無疑），于康熙五十三年進呈。其進明史稿疏云：

「自蒙恩歸田，欲圖報稱，因重理舊編，搜殘補闕，薈萃其全，復經五載，成列傳二百五卷。其間是非邪正，悉據已成公論，不敢稍逞私臆。但年代久遠，傳聞異辭，臣不敢自信爲是。謹繕寫全稿，齎呈御覽，宣付史館，以備參考。」（見清史列傳）。

其所云云，直將全稿冒爲己有矣。不特纂修諸臣慘淡經營之成績歸于烏有，卽斯同二十餘年不辭勞瘁，提要鉤玄之苦心，亦幾枉費矣。

然鴻緒猶以爲未足也！既增損列傳二百五卷爲己有矣，以紀，表，志俱未有，乃又取徐稿舊志河渠，食貨，藝文，地理刪改之，其他仍舊。表則去功臣，戚臣，宦幸，而改大臣上爲宰輔，大臣中下爲七卿，惟諸王表仍舊。六十一年冬，又刪改徐稿本紀，不浹旬而十六朝本紀悉具。（見楊椿上明鑑綱目館總裁書）于雍正元年進呈，計本紀十九卷，志七十七卷，表九卷，並五十三年所進列傳二百五卷，共成三百十卷，卽相傳至今之橫雲山人明史稿也。其在六十一年進呈明史稿疏云：

「四十八年春，奉旨以原官解任回籍，遂發列傳史稿，細加刪潤。於五十三年進呈，蒙諭旨宣付史館。隨于五十四年春，特召來京修御纂詩經告竣，又蒙先帝點充省方盛典總裁。今書業編成多卷，俟公閱後啓奏外，惟明史止存臣一人，而本紀，志，表，俱未有成稿。臣夙夜纂輯，彙成全史，以仰副先帝之明命。計自簡任總裁，歷四十二年，或筆削夫舊文，或補綴其未備，或就正于明季之老儒（據鶴徵前錄云：「橫雲山人史稿成，欲先生（李因篤）正之」，未知確否），或咨訪于當代之博雅，要以恪遵敕旨，務出至公，不敢無據而作。今合訂紀，志，表，傳，共三百十卷，謹錄呈御覽。」（見橫雲山人明史稿）。

經此次彙成全書奏進，鴻緒作僞工夫遂告成矣。然作僞者心勞而日拙，由來如此。鴻緒身後，其子孫鏤板進呈，以板心雕橫雲山人史稿，遂碍頒發。攘善而不遂其攘，盜名而適阻其名，豈非天哉！（見魏源書明史稿）

按：王鴻緒明史稿之前，尚有萬季野明史稿三百十三卷，又有四百十六卷本明史，王稿乃据而刪改成書，並非王氏能撰成全部史稿；特其不明言依据他人之稿，失之忠實耳。（參看第七編）

（丙）雍正元年七月，諭大學士等，愼選文學之士，續修明史。（詔諭見第一編）。於是楊椿等二十三人（見第四編），同被薦舉，各分數卷，着手編纂。但不久卽他任四出，留館者僅數人。五年冬，總裁張廷玉，朱軾命楊椿與汪由敦協力成書；而廷玉意在專委由敦，由敦事繁，更約吳麟分任。六年正月，麟與由敦至館任事。椿分草永樂至正德九朝列傳；胡宗緒草嘉，隆，萬三朝列傳。其中十二朝本紀，及后妃，諸王，洪建天崇列傳，則由敦與麟自爲分定。椿受九朝列傳後，卽伏案編摩，日夕無間，又時以筆札口舌與汪吳論列得失：汪吳從者十之二三，不從者十之六七。七月中，汪吳本紀未進，椿之九朝列傳五十卷已謄畢繳館（見楊椿上明史館總裁書）。雖此時纂修多屬增損成稿，然其任職之勤亦足稱矣。惟總裁之意，不屬于椿而屬由敦耳。

是時館中舊有草卷，不可復得（蓋多爲王鴻緒攜去）。所存者惟實錄及名人傳記，而傳記亦十無一二，史料甚感缺乏。總裁迎合時主重修之旨趣，惟期褒貶抑揚之間異同王稿，其他非所計及，故纂修任務甚爲簡單，僅於王稿紀傳後綴以贊詞，及以意更其目次，或點竄字句而已。張廷玉等進明史表云：

「聚官私之紀載，核新舊之見聞，籤帙雖多，牴牾互見。惟舊臣王鴻緒之史稿，經名人三十載之用心，進在彤幃，頒來秘閣，首尾略具，事實頗詳。在昔漢書取裁于馬遷，唐書起本于劉昫，苟是非之不謬，詎因襲之爲嫌。爰即成篇，用爲初稿。」（見欽定明史）。

是則此次續修，乃據王稿而修改，總裁已明言之矣。汪由敦因爲總裁朱軾弟子，又得張廷玉屬意，故雖爲纂修官，頗有所建議：其所言雖有用有否，要亦於此次纂修工作頗有關係。其致明史館某論史事書云：

「王本列傳，聚數十輩之精華，費數十年之心力，後來何能追躡萬一。若存輕詆之見，非愚則妄。但就其中如韓林兒四人爲一傳，張士誠四人爲一傳，似專以卷帙多寡而分，非別有義例也。

去冬高安師面諭，即謂韓郭不應同傳。退而思之，太祖實曾用龍鳳年號，似不必爲諱。

且用龍鳳年號稱宋後，亦何損于太祖得天下之正。今議其不當用可也，以爲不足存而刪之，則事之非義者概當概刪耶？似非所以傳信也，昨因重費商量，謬擬羣雄混合之說，亦因王本韓郭既與徐陳同傳，亦無不可與張方諸人同傳，雖曰調停，實仍舊貫。今若以韓林兒與羣雄同列，而子興獨爲一傳，或與高安意允協。蓋滁陽封王立廟，原與林兒不同，亦有義例，非敢模稜也。統惟年伯裁定。當開館時，侄揣愚陋，私有蠡說數條，中謂明代文苑人物蕪雜不倫潛溪一代宗主，當爲弁冕，而遵巖震川三數公附其後，斯足增重藝林。既知所見之隘，遂棄去不敢質諸宗匠。及昨修傳時，謬議文臣佐命，李劉並列，遂析四先生爲一傳，復用舊說，實自愚發，不敢諉過他人。但愚意借以推崇文學，而同事者因而薄視潛溪，則迹同而意乃相悖矣。楊憲奸險小人，王本以官爵列李善長傳後；然人實不倫，應否別附，均候裁定。劉宋傳當即擬贊稿呈削，或俟閱章葉兩傳後，再酌合衆論，以成一是，恃鴻鈞陶冶耳。王稿視名山藏明書諸本，不啻遠勝。

今若無所依據，信筆增損，則其行文疵謬頗少，讀至終篇，一無可議；然但略改文法，益足形其淺陋。惟有考證事實，或有脫漏互異，及前後倒亂之處，補其不逮，庶爲王氏功臣。非獨以依樣葫蘆，不足仰塞詔旨，而苟爲立異也。但稗官野史，脞說叢談，無足徵信者，而實錄編年繫日，事蹟釐然，雖是非褒貶不足爲憑，而一人之出處，及所建之言，所任之事，首尾具在，明白無疑。故查實錄以改原文，視臆斷較有把握；亦非不知「叩頭乞哀」，實錄原有曲筆，而一一墨守瞀趨也。（按：湯斌明史凡例議，有「實錄何可盡信；如以爲實錄可盡信也，則方正學叩頭乞哀，亦可信乎?」之語。）

外間推崇王本太過，遂謂不可增損。今即以行文而論江陵傳自是神宗朝第一大傳，而王本竟就史料（弇州山人史料）首輔傳删節成文，其中描寫熱鬧處皆弇州筆。弇州逞才使氣，抑揚軒輊之間往往過情，平心觀之自見。且私書不妨裝點，而乃據爲信史，亦令弇州知之，恐未免失笑。神光以後，此類甚多。（見松泉文集）。

觀其推崇王稿之語，與總裁之意甚相吻合；至論韓郭同傳，及楊憲不應附于李善長傳後，亦卑無高論，惟得總裁之知遇，亦自曉曉不休耳。其關於各類體例，亦有所論述，史裁蠡說云：

「世家一體，史記，五代史而外，他無傳焉。顧有明魏，定，成，英諸國，或絕或續，與有明相終始。典禁衞，督京營，類用勳舊大臣，其關係安危，視諸藩之虛名列土，不得有爲者，相去逕庭。目以世家，良不誣也。傳中敘嗣爵世數，有開國一傳累述而于迄明亡者，名爲列傳，實具世家之體矣。何不竟立世家，而必夷之列傳歟？黃霸，朱邑，官至丞相大司農，而列之循吏，苟惠愛在民，固不必官終守令也。如況鍾陳本深等，雖列顯要，亦宜收之循吏。有明隱逸，寥寥其人，然如陳繼儒，雖名在人口，而迹隱心競，豈所謂絕塵不返者耶！亦何煩翰墨也。文淸無他事業，自當以儒學爲重，宜列儒林。文成以功名顯，顧高以風節稱，則歸之大傳，而門人附見焉。舊稿有奸臣傳，但以周延儒，溫體仁合爲單傳，不入此類，有佚罰矣。移置奸臣傳中，近與胡（惟庸）嚴（嵩）爲伍，遠與杞（盧杞）檜（秦檜）同科。」（見松泉文集）。

考今本明史，無世家一體，則由敦欲進魏定成英諸國于世家，亦未爲總裁所許。且況鍾陳本深仍入大傳，陳繼儒仍入隱逸，猶未稍改。惟薛暄改入儒林，周延儒，溫體仁改入奸臣，或從由敦之意而改。然謂薛文淸儒學冠于事功，而入之儒林則可，謂其無他事業則不可也。溫體仁陰險誤國，列之于奸臣不爲過；若周延儒不過一庸相耳，以之入奸臣傳，則未免稍過；既列爲奸臣矣，而傳仍未改，亦無以見其奸邪之迹也。

此次改修王稿，已無甚足述。其稍有關係者，亦僅汪由敦曾有平庸之建議。他如楊椿雖惟此期中史館重要之職而不見好于總裁，亦不欲多持異議。全祖望有移明史館帖子六通，于增立屬國，土司二表；不仕二姓者宜入忠義，不宜入隱逸；及依傅維鱗明書，附元遺臣傳各端，均有所論列，亦未爲總裁所採用。是則總裁亦不欲于義例上有所更張也。

自雍正元年七月，史館續開，至雍正十三年十二月，全書纂成，經十二年之久；史館人才，因循歲月，固爲原因之一，而世宗非右文之主，且以纂奪得位，日事誅鋤，無暇及于庶政，當亦不無關係。乾隆卽位之初，詔以史稿付武英殿鏤板。至乾隆四年七月，全書刋成，計本紀二十四卷，志七十五卷，表十三卷，列傳二百二十卷，目錄四卷，凡三百三十六卷，卽今通行之欽定明史也。

四　歷任纂修各官姓氏

順治二年五月

總裁：內三院大學士馮銓，洪承疇，李建泰，范文程，剛林，祁充格等。

康熙十八年三月

監修：翰林院掌院學士徐元文。

按：徐公後拜文華殿大學士，此時以學士充監修，本非故事，特蒙優渥，故有是命。（見張玉書徐公神道碑）

總裁：庶吉士葉方靄，右庶子張玉書。

按：葉文敏公官至禮部侍郎，張文貞公官至戶部尚書，此就十八年奉勅修史時言耳。

纂修：編修彭孫遹，張烈，汪霦，喬萊，王頊齡，陸棻，錢中諧，袁佑，汪琬，沈珩，李鎧，米漢雯，黃與堅，沈筠，方象瑛；檢討倪燦，李因篤，陳維崧，徐嘉炎，朱彝尊，秦松齡，馮勖，汪楫，邱象隨，潘耒，徐釚，尤侗，范必英，崔如岳，張鴻烈，李澄中，毛奇齡，龐塏，高詠，陳鴻績，毛升芳，嚴繩孫，吳任臣；侍講湯斌，施閏章，李來泰；侍讀邵吳遠，祭酒曹禾；侍郎周清原；及周慶曾，吳元龍，錢金甫，曹宜溥，黎騫，龍燮等。

按：右纂修官五十人，同為應博學鴻詞中式者，授官編修或檢討等，依清史列傳及各傳狀碑志附入。周慶曾以下六人授何官未詳。又考康熙十九年二月乙亥，吏部遵旨議覆：內閣學士兼修明史徐元文奏：「纂修明史，宜舉遺獻，請將揚州府前明科臣李清，紹興府名儒黃宗羲，延致來京；如果老病不能就道，令該有司就家錄所著書送館。並監生姜宸英，貢生萬言，應速行文該督撫移送。其候補主事汪懋麟丁憂，服滿到部，應以原銜食俸，入館修史。原任副使道曹溶，布衣黃虞稷，見在丁憂，俟服闋後咨送到館，告成日一併甄敘」。從之。（見東華錄康熙二十三卷）又考徐元文奏薦李清等六人，下部議不允，特旨從之。有詔召清等，宗羲，溶並以老不至，而各上所著書詔並付史館。（見韓菼行狀）萬言以副貢被召修明史，獨成崇禎長編一書。（先正事略附萬斯大傳）姜宸英于康熙十八年徵博學鴻詞時，葉公方靄，韓公菼，約聯名薦，適葉公以宣召入禁中浹月，既出無及矣。尋以薦纂修明史，食七品俸，仍許與試。（先正事略姜西溟傳）西溟為明史稿刑法志，極言明中葉廠衛之害，淋漓痛切，以為後王殷鑒。（鮚埼亭集西溟墓表）黃虞稷以左都御史徐元文薦修明史，召入翰林院，食七品俸，分纂列傳及藝文志。（陳壽祺黃虞稷傳）汪懋麟以刑部主事入史館，充纂修官，討論嚴密，撰述最多。（清史列傳）

康熙二十一年

監修：大學士李霨。（見清史列傳）

總裁：侍讀湯斌，贊善徐乾學，侍讀王鴻緒。（見清史列傳）

按：徐元文于十九年拜都御史，或不兼明史監修，故有改派李霨之命。至二十三年，元文罷都御史職。仍領明史監修官。

康熙二十五年

監修：大學士王熙，尚書張玉書。（見清史列傳）

總裁：尚書陳廷敬，庶吉士張英，侍讀王鴻緒。（見清史列傳）

按：王鴻緒于二十六年九月，丁父憂回籍。

康熙三十三年

監修：大學士熊賜履，尚書張玉書。（見清史列傳）

總裁：尚書陳廷敬，左都御史王鴻緒。（見清史列傳）

按：康熙二十八年九月，鴻緒將服滿，尚未赴補，左都御史郭琇劾其植黨營私，招搖撞騙，得旨開釋。三十三年命大學士于翰林員內舉奏長于文章，學問超卓者，大學士王熙，張玉書薦鴻緒與

徐乾學，高士奇。並召來京修書。（見淸史館王鴻緒傳）

按：吳文僖公正治曾充監修（見彭定球吳公墓誌銘），宋文恪公德宜亦曾充監修（見徐乾學宋公行狀），均為康熙三十年以前事，但不知何年受命，任職久暫耳。

雍正元年

監修：隆科多，王頊齡。（見東華錄雍正一卷）

總裁：張廷玉，朱軾，徐元夢，覺羅逢泰。（見東華錄雍正一卷）

纂修：孫嘉淦，喬世臣，汪由敦，楊椿，鄭江，彭廷訓，胡宗緒，陶貞一，蔣繼軾，陸奎勳，梅瑴成，楊爾德，閻圻，姚之駰，吳啓昆，韓孝基，馮汝軾，吳麟，藍千秋，唐繼祖，吳龍應，王葉滋，姚焜，金門詔，萬邦榮等二十五人。

按：雍正元年七月，重開史館，至雍正十三年十二月書成。乾隆四年武英殿刊刻明史成，奉旨開列職官，監理官已改命允祿，總裁官除原命四人外，尚有蔣廷錫，鄂爾奇，吳襄，留保，胡煦五人。至纂修官據楊椿上明史館總裁書云二十三人，而明史所列為二十五人，據黃雲眉明史編纂考略謂汪由敦與吳麟任事較後，故楊椿書僅列二十三人。但查汪由敦于雍正二年舉進士，授編修，旋丁父憂，以修明史，奉旨在館守制。而吳麟則由汪所薦，同奉張廷玉之命，專責館事者，楊椿亦曾言之。然則二十三人之後，補入二人，似非汪由敦與吳麟也。

乾隆四十二年

總裁：尙書英廉，程景伊，梁國治，侍郎和珅，內閣學士劉鏞。（見東華錄乾隆八十五卷）

按：乾隆四十二年五月，詔刊正明史，除上派五人為總裁外，又續派大學士于敏中，侍郎錢汝誠二人。纂修官則宋銑，劉錫嘏，方煒，黃壽齡，嚴福，羅修源，章宗瀛等七人。（王頌蔚于光緒二十一年，入直樞院，在方略館續得重改明史稿本四十餘卷，卷面題「總裁英閱」，「總裁于閱」，「總裁錢閱」，及「纂修官黃輯」，「宋輯」，「協修官嚴輯」，「章輯」，「羅輯」，等字案語云云，見明史考證擴逸）。

附萬季野先生傳略

史館一再開，先後總裁纂修各官不下數千百人，各以其所長有所貢獻，以助史稿之完成。然有不列館臣之名而隱然操總裁之柄者，則萬季野一人也。黃梨洲先生送萬季野北上詩有：「四方聲價歸明水，一代賢奸託布衣」之句，觀于此卽可知其與明史之關係矣。茲博引諸家所爲萬先生傳記及墓誌諸文，取其尤有關于明史者彙編爲先生傳略如下：

貞文先生萬斯同，字季野，學者稱爲石園先生，鄞人也，戶部郎泰第八子。少弗馴，弗肯帖帖，隨諸兄所過多殘滅，諸兄亦忽之。戶部思寄之僧舍，已而以其頑閉之空室中，先生竊視架上有明史料數十册，讀之甚喜，數日而畢，又見有經學諸書皆盡之。既出，時時隨諸兄後，聽其議論，一日伯兄斯年家課，先生欲豫焉，伯兄笑曰：「何知」？先生答曰：「觀諸兄所造亦易與耳」！伯兄驟聞而誡之曰：「然則吾將試汝」，因雜出經目試之。汗漫千言，俄頃而就。伯兄大驚，持之而泣，以告戶部曰：「幾失吾弟！」戶部亦愕然曰：「幾失吾子！」是日始爲先生新衣履，送入塾讀書。逾年遣請業于梨洲先生，則置之絳帳中高坐。（見全祖望萬貞文先生傳）

先生生而異敏，讀書過目不忘，八歲在客座中背誦楊子法言終篇不失一字。十四五取家所藏書徧讀之，皆得其大意。餘姚黃太冲（梨洲）寓甬上，先生與兄斯大皆師事之，得聞蕺山劉氏之學，以愼獨爲主，以聖賢爲必可及。是時甬上有五經會，先生年最少，遇有疑義輒片言析之。束髮未嘗爲時文，專意古學，博通諸史，尤熟于明代掌故。（見錢大昕萬先生傳）

順治歲己亥（十六年。按以先生卒于康熙壬午（四十一年），年六十推之，則先生生于崇禎十六年癸未，此時當爲十七歲），先生初謁先遺獻（梨洲）于化安山。丙午（康熙五年，先生二十四歲）丁未（六年）間，余與先生及陳子夔獻讀書于鄞外之海會寺，見先生從人借讀二十一史，兩目爲腫。己酉（康熙八年）以後數年又與先生讀書于越城姜定菴先生家，發其所藏有明列朝實錄，廢寢觀之。余時注意舉業，頗迂先生所爲，先生謂富貴有命今古不可不通也；向晚必爲余詳說一日所觀某事之顚末，某人之是非，出口入耳，使余得粗知一代之梗槪者亦多自先生敎之也。先生于明十五朝之實錄幾能成誦，其外邸報野史家乘無不遍覽熟悉，隨舉一人一事問之，卽詳述其曲折始終，聽者若懸河之瀉。蓋先生無他嗜好，侵晨達夜惟有讀書之一事，而又過目不忘，故其胸中所貯益富，殆記所謂：「博聞强識，敦善行而不怠，」先生其無愧乎斯語哉！（見黃百家萬季野先生斯同墓誌銘）

康熙戊午（十七年），詔徵博學鴻儒，浙江巡道許鴻勳以先生薦，力辭得免。明年開局修明史，崑山徐學士元文延先生往，時史局徵士許以七品俸稱翰林院纂修官，學士欲援其例以授之，先生請以布衣參史局，不署銜，不受俸，總裁許之。（見全祖望傳）司寇健菴先生，宮詹果亭先生，以及京朝諸大老無不敬禮雅重。凡有古典故事未諳出處者質詢于先生，先生以紙條答之曰「在某書某卷某葉」，檢書查閱，不爽錙銖，蓋不能不使人心服也。昔余在京時，見立齋先生（徐元文）論一事曰：「萬先生之言如此」。

一朝士問曰：「萬先生何人？」答曰「季野。」又問：「季野何人？」立齋先生怫然他顧曰：「惡！焉有爲薦紳可不識季野者？」少司寇鄭山公先生曰：「天生季野關係明朝一代之人也。」（見黃百家墓誌銘）

先生爲人和平大雅，而其中介然，故督師（疑指袁崇煥）之姻人方居要津，乞史館于督師少爲寬假，先生歷數其罪以告之。有運餉官以棄運走道死，其孫以賂乞入死事之列，先生斥而退之。（見全祖望傳）

建文一朝無實錄，野史因有遜國出亡之說，後人多信之，先生直斷之曰：『紫禁城無水關，無可出之理，鬼門亦無其地。成祖實錄稱：「建文闔宮自焚，上望見宮中烟起，急遣中使往救，至已不及，中使出其屍于火中還白上，」所謂中使者卽成祖之內監也，安肯以后屍誑其主？而清宮之日，中涓嬪御爲建文所屬意者逐一毒拷，苟無自焚實據，豈肯不行大索之令耶？且建文登極二三年，削奪親藩曾無寬假，以至燕王稱兵犯闕，逼迫自殞，卽使出亡亦是勢窮力盡，謂之遜國可乎？』由是建文之書法遂定。（清史列傳引錢大昕傳）

先生嘗語方侍郎苞曰：『史之難爲久矣，非事信而言文其傳不顯。昔遷固才既傑出，承其父學，故事信而言文。其後專家之書，才雖不逮，猶未至如官修者之雜亂也。譬如入人之室，始而周其堂寢匽湢焉，繼而知其蓄產禮俗焉，久之其男女少長，性質剛柔，輕重賢愚，無不習察，然後可制其家之事也。官修之史倉卒而成于衆人之手，不暇擇其材之宜與事之習，是猶招市人而與謀室中之事耳。吾少館于某氏（姜定菴），其家有列朝實錄，吾默識暗誦，未敢有一言一事之遺也。長遊四方，就故家長老求遺書，考問往事，旁及郡志邑乘雜家誌傳之文，靡不網羅參伍而要以實錄爲指歸，蓋實錄直載其事與言無可增飾也。因其世以考其事，覈其言，平心而察之，則其人之本末可八九得矣。然言之發或有所由，事之端或有所起，而其流或有所激，則非他書不能具也。凡實錄之難詳者吾以他書證之，他書之誣且濫者吾以所得于實錄者裁之，雖不敢具謂可信，而是非之枉于人者蓋鮮矣。昔人于宋史已病其繁蕪，而吾所述將倍焉，非不知簡之爲貴也，吾恐後之人務博而不知所裁，故先爲之極，使知吾所取者有可損，而所不取者必非其事與言之眞而不可益也。子誠欲以古文爲事，則願一意于斯，就吾所述約以義法而經緯其文，他日書成，記其後曰「此四明萬氏所草創也，」則吾死不恨矣！』因指四壁架上書曰：「是吾四十年所收集也，踰歲吾書成，當並歸于子矣。」（見方苞萬季野墓表按此乃丙子（康熙三十五年）秋，方氏將南歸，宿于先生寓，先生因爲其言之，是時先生年五十四矣，欲以身後之事豫爲方氏屬也。）

先生所撰本紀列傳凡四百六十卷，惟諸志未就，其書具存華亭王氏，淮陰劉永楨錄之過半而未全，後有作者可取正焉。（見方苞墓表）明史稿五百卷皆先生手定，雖其後不盡仍先生之舊，而要其底本足以自爲一書者也。（見全祖望傳）乾隆初，大學士張公廷玉等奉詔刊定明史，以王公鴻緒史稿爲本而增損之，王氏稿大半出先生手也。（見錢大昕傳）

先生之初至京師也，時議意其專長在史，及徐尚書乾學居憂，請先生纂讀禮通考自國卹及家禮十四經之箋疏，廿一史之志傳，漢唐宋諸儒之文集說部無或遺者，又以其餘爲喪禮辨疑四卷，廟制折衷二卷，乃知先生故深于經，徐公因請編成五禮之書二百餘卷。當是時京師耆彥雲集，各以所長自見，而先生最闇淡，自王公以下爭相從問古儀法，月再三會，聽講者嘗數十人，錄所聞共講肄，莫不呼曰萬先生，而先生與人還往，其自署祇曰：「布衣萬斯同，」未嘗有他稱也。安溪李厚菴先生最少許可，曰：「吾生平所見不過數子：顧亭林，萬季野，閻百詩，斯眞足備石渠顧問之選者也。」（見全祖望傳）

先生于前史體例貫穿精熟，指陳得失皆中肯綮，劉知幾鄭樵諸人不能及也。馬班史皆有表，而後漢三國以下無之，劉知幾謂：「得之不爲益，失之不爲損，」先生則曰：「史之有表所以通紀傳之窮，有其人已入紀傳而表之者，有未入紀傳而牽連以表之者，表立而後紀傳之文可省，故表不可廢，讀史而不讀表，非深于史者也。」（見錢大昕傳）

先生于康熙壬午（四十一年）四月卒，年六十（錢傳）。卒後，門人私謚曰貞文（全傳）。（按黃百家墓誌銘謂：「先生生于某年月日，以康熙壬午四月初八日卒于京邸，年六十五，」未知孰是，待考）。

先生所著有：歷代史表六十卷（全傳作六十四卷），紀年彙考四卷，廟制圖考四卷，儒林宗派八卷，石經考二卷，皆刊行。又有：周正彙考八卷，歷代宰輔彙考八卷，宋季忠義錄十六卷，六陵遺事一卷，庚申君遺事一卷，羣書疑辨十二卷，書學彙編二十二卷，崑崙河源考二卷，河渠考十二卷，石園詩文集二十卷。（見錢大昕傳）尚有石鼓文考四卷，而明史稿五百卷，讀禮通考一百六十卷，別爲書。（見全祖望傳）

先生在京邸，携書數十萬卷，及卒，旁無親戚，錢翰林名世以弟子故，衰絰爲喪主，取其書去，論者薄之。（見全祖望傳）

按：先生之志，姚人黃百家，閩人劉坊，吳人楊无咎皆爲之，黃志最覈。其後方侍郎爲之表，則尤失考據。至謂先生卒于浙東，則是侍郎身在京師乃不知先生卒于王尚書（鴻緒）史局中，而曰：「欲弔之而無由，」其言大可怪！侍郎生平于人之里居世系多不留心，自以爲史遷之適傳皆如此，乃大疎忽處也。又謂先生與梅定九同時，而惜先生不如定九得邀日月之光，以爲泯沒，則尤大謬。先生辭徵者再，東海徐尚書亦具啓欲令以翰林院纂修官領史局，而以死辭之。蓋先生欲以遺民自居，而卽以故國之史事報故國，較之遺山其意相同，而所以潔其身者則非遺山所及，況定九乎！侍郎自謂知先生，而為此言，何其疎也。（見全祖望傳附語）

黃梨洲先生送萬季野北上詩四首

史局新開上苑中，一時名士走空同。是非難下神宗後，底本誰搜烈廟終。此世文章推婺女，定知忠義及韓通。憑君寄語書成日，糾繆還防在下風。

管村彩筆掛晴霓，季野觀書決海堤。卅載繩牀穿皂帽，一篷長水泊藍溪。猗蘭幽谷眞難閉，人物京師誰與齊。不放河汾聲價倒，太平有策莫輕題。

堂堂載筆盡能人，物色何緣到負薪。且莫一詩比老婦，應憐九袠有萱親。重陽君渡蘆溝水，雙瀑吾披折角巾。莫道等閒今夜月，他年共憶此良辰。

三疊湖頭入帝畿，十年烏背日光飛。四方聲價歸明水，一代賢奸託布衣。良夜劇談紅燭跋，名園曉色牡丹旂。不知後會期何日，老淚縱橫未肯稀。（第一、二、三首，見南雷詩曆。第四首查詩曆未載，此據黃雲眉明史編纂考略。）

五　明史稿與明史通評

明史稿之成，乃康熙十八年以來，諸纂修官之慘淡經營，及萬季野辛勤考覈，總成之結晶品，前已述之詳矣。第各纂修官學力有短長，任職有久暫，故分撰之稿亦不無優劣之分。現欲估定其價值，則其優劣自應還其本身，斷不能歸于王鴻緒；蓋王氏爲竊人稿者，于原稿之撰述非其分內事也。明乎此，然後加以批評，斯有平允之論。明史稿成于諸名人之手，筆法體裁均甚精當，而考覈尤詳，斯其善者。茲略表之如下：

（一）搜集材料力求詳備　如潘耒撰食貨志，自洪武至萬曆朝實錄之有關于食貨者，共鈔六十餘本，密行細字，每本多至四十餘紙，少亦二十餘紙，他纂尚不在是。又如館臣鈔嚴嵩，張居正，周延儒事，各五百餘頁，魏忠賢事千餘頁。（見楊椿上明鑑綱目館總裁書）

（二）考覈事實信而有徵　如毛奇齡撰梁儲傳，奉總裁劄子云：『猶憶某在史館，施侍講閏章謂：「某何以草梁儲傳與舊史乖反？」某曰：「所乖反者野史，非舊史也」。曰：「有說則可」。曰：「夫豈無說而漫爲之乎」？曰：「雖然，當有以說之」。翌日，朱檢討彝尊詢某于午門班次，曰：「梁儲爲秦府請地草敕一事，此大事，聞君作傳，乃竟削之而不書，何居？」曰：「某敢削儲事哉！顧儲實無此事。即此事故有之，顧在嘉靖三年，武宗大行，梁儲去位之後，而爲儲事，寃乎！」曰：「有是哉，不當愼耶！雖然，盍辨諸！」』（見河西合集）

按：秦王惟焯請地，梁儲草勅斥其所請，據通紀列卿錄及名山藏，李氏藏書諸書，均載爲正德十二年事。但武宗實錄無此文，而世宗實錄嘉靖三年始載及秦王請地事。野史乃竊借此事而影射成文者，故西河據實錄削之。

又如朱彝尊論袁崇煥懿安后之死，上總裁第七書云：『是時朝中朋黨堅不可化，封疆將帥率以愛憎廢置，而賢不肖無分焉。若袁崇煥之死，錢龍錫之獲罪，負天下之至寃，而黨人恨不食其肉，非覩太宗實錄，何由知計出於反間乎？蓋以本朝檔子合之崇禎邸報，遠不相蒙是非兼聽並觀，而後可審其功罪。至于甲申寇難，朝野相傳謂懿安皇后不死，然世祖實錄大書「元年五月，葬明天啓皇后張氏于昌平州」，足以洗其寃矣。他若莊烈愍皇帝之謚，定自本朝，而野紀紛紜，或書「思宗烈皇帝」，或書「毅宗烈皇帝」，或書「威宗烈皇帝」，或書「懷宗端皇帝」，宜以後定之謚大書簡端者也。又甲申殉難諸臣，俱經錫謚，應特書于傳後。而內官從死者，或云王之臣，或云王之心，或云王之俊，其實則王承恩，章皇帝有謚祭文，此明徵矣。』（見曝書亭集）

按：改正王承恩殉難事，並見于康熙四十二年四月詔諭。

又如湯斌論本紀條例云：「實錄載至正十六年秋七月己卯朔，諸將奉太祖爲吳國公。而牧齋先生據俞本紀事錄，葉子奇上孫炎書，以爲當在二十一年正月，相去六年。竊以爲當年史臣，與太祖同時，不應舛誤至此。太祖此時，兼總江南行中書省事，則書中丞相之稱，亦無足疑。故仍以實錄爲正。」（見潛菴擬明史稿）

（三）是非之爭必愼裁定　如毛奇齡論「大禮議」，奉總裁劄子云：康熙丙午，老先生典試浙江，曾疏明代禮議諸大事以策秀才：時某避仇江淮間，未之聞也。暨承乏史館，屬題再四，又不及嘉靖年事。第思此禮頗大，前已貿貿百餘年，今當裁定。倘不于此時有所論說，則在老先生自有主見，確不可易，而史館多人，萬一有左右袒者，重起爭執，將自宋明以來貽誤至今者，而今復以貽誤後世。苟有識者起而正之，前則已矣，其以我輩爲何如人？」（見西河合集）

又如朱彝尊上總裁第六書云：「明自萬曆間，顧高諸君子講學于東林書院，士大夫嚮風景從，主持清議，久而漸成門戶。不得其門以入者，分鑣而馳，遷染之塗既殊，相爭如水火，當是時中立不倚者寡矣。究之東林多君子而不皆君子，異乎東林者亦不皆小人，作史者當就一人立朝行已之初終本末，定其是非，別其白黑，不可先存門戶于胸中，而以同異分邪正賢不肖也。」（見曝書亭集）

（四）本紀列傳務求完備　如徐元文疏「請如唐太宗序晉史例，稱制論斷，並出三朝實錄（天聰，天命，崇德及順治）以便參稽。明祚訖于愍皇，福，唐，桂三王大命已傾，覆亡之蹟，不可以不著，請從宋史益衞二王，遼史耶律大石之例，以愍帝終本紀之篇，三王從附傳之例。至明末之臣盡忠所事，考之史例均當采拾，皆報可。（見韓菼徐公行狀）

凡此諸端皆爲構成史稿基礎之一部，卽爲史稿精善之重要原因。然以分撰時用鬮題之故，凡本紀，列傳，諸君子與總裁酌定鬮派，雖有名卿鉅儒，心所慕好者，不敢越俎而問焉。（見尤侗明史擬稿自序）因此於其人其事，我所稔悉者，未能鬮得（如毛奇齡欲作王守仁傳及論大禮議，均不能鬮得），而非已所詳審或不欲爲者，偏又憑鬮派而勉强爲之（王源撰食貨志，金德嘉撰文苑傳等，均非能勝任者）。且五十鴻博多爲處士，而處士難進易退，且又老邁，十餘年間，不祿者已三十人，餘則或轉或調，全不與史事，其在館者，不過一二人而已（見毛奇齡史館興輟錄）有此種種原因，則所成史稿自不免糠麩雜揉，優劣互見。其優點已見於前矣，當再舉其缺點如下：

（一）惠帝遜國事，本在疑似之間：王本力斷爲無，凡涉遜國事皆刪削，不及史臣（張廷玉等）留程濟一傳以存疑也。（見禮親王昭槤嘯亭續錄）

按：撰惠帝本紀者爲徐嘉炎，徐氏力爭當從遜國羣書，具述其事。（見朱彝尊明史提綱跋）但朱彝尊分撰文皇本記，恐言及遜國事，與己書法相違，故極反對徐氏之議。彝尊以為革除年間事多不可信，遜國紀事不啻百家，大約惑於齊東野人之語；尤甚者從亡隨筆，致身錄也。（見朱彝尊姜氏秘史跋）又萬斯同於遜國事，亦斷為不足信，並辯紫禁城無水關，鬼門亦無其地。（見第四編萬季野傳）經朱彝尊駁論於先，而斯同復裁斷於後，由是建文之書法遂定。可知斷定遜國事為無者，非出王鴻緒之手也。

（二）永樂以藩臣奪國，今古大變。王本於燕多恕辭，是以成敗論人，殊非直筆；然則吳濞劉安輩亦足褒耶？不及史臣厚責之為愈。（見嘯亭續錄）

按：撰文皇本紀者為朱彝尊，朱氏篤信實錄，既辯成祖之未以天子之禮葬建文，又辯成祖無戮方孝孺十族事，並謂野史所載株連之多，不應若是之酷云云（見上總裁第四書），均可想見其不欲於燕王多所責難。而萬斯同亦篤信實錄之人，於朱氏所論列自亦無異議。殊不知實錄多史臣曲筆，不可盡信。斯則彝尊斯同等之誤，亦無預於王鴻緒也。

（三）周溫二相為戕削國脈之人，乃不入奸臣傳，而以顧秉謙齷齪輩當之，亦不及史臣本。（見嘯亭續錄）

按：溫體仁居心陰險，專以傾軋為事，於國家大計又毫無策畫，因循誤國，謂之奸相允矣。若周延儒僅一庸相耳。其始入閣未見有敗檢事；及其再出也，蠲逋賦，起廢籍，撤中使，罷內操，救黃道周，頗多可稱，以之入奸臣傳，則未免稍過矣。（見廿二史劄記）。由是則謂史稿之不盡公允可也，全無曲直則非也。

（四）聞安化陶文毅公之言曰：「王鴻緒史稿於吳人每得佳傳，於太倉人尤甚，而於他省人則多否少可。張居正一傳，盡沒其功績，且誣以權奸叛逆，尤幾無是非之心。幸乾隆中重修明史，略為平反。」（見魏源古微堂集書明史稿）

按：神宗以沖齡繼位，張居正為首輔，隱操人主大權，專擅之過誠有之；然神宗初年善政甚多，自不能抹煞張氏輔弼之功。史稿以權奸叛逆加之；殊不宜然。但考萬斯同羣書疑辨，有聲江陵十二大罪之文，不知江陵傳之嚴加斧鉞，是否出諸斯同之意？然王鴻緒身為總裁，其後又擅改原稿，似不應胸中全無涇渭，斯則王氏之罪也。（汪由敦謂江陵傳，皆據弇州之筆，未知確否？見第三編）

（五）「或謂明史稿出萬季野名儒之手，其是非不應舛戾！折之曰：史稿於王之宷列傳後，附采夏允彝幸存錄數百言，以折東林魏黨之曲直。夫幸存錄，黃南雷詆為不幸存錄，又作汰存錄以駁之。故其前錄巢氏序謂出夏公身後，冒託其名；後錄稱夏淳古撰，全謝山駁其中「先人備位小宰」一語，其時小宰乃呂大器，而淳古父允彝僅官考功，豈有子誣其父之理？淳古十五從戎，十七受命，孝烈貫金石，視匪黨如糞壤，豈有堪挂其齒之理？蓋馬阮邪黨所偽撰，而竄允彝父子之名，以求信於世。其書專以扶邪抑正為事，雖以孫承宗，熊廷弼之功業忠烈，且曲加汚衊，一則曰「聞其不能無欲」，一則曰「惟知善罵以避封疆之責」，而於邪黨楊維垣，張捷，馬，阮，皆曲為解脫，乃南雷所深惡，豈有季野為南雷高弟，反采錄其言以入正史？其為王鴻緒之增竄無疑」。（見魏源書明史）

按：東林與魏黨之曲直，稍有識者皆能判定；而明史為一代之書，尤應采取公論，務得其平，而足以垂後。乃抑揚頓挫之間，別有所用意，姑勿論其筆之出於誰手，王氏亦不能辭其咎也。

考楊椿再上明鑑綱目館總裁書有云：「最可議者，王公重編時，館客某刻薄無知，於有明黨案及公卿被劾者，不考其人之始終，不問其事之真僞，深文巧詆，羅織為工；而名臣事迹，則妄加刪抹，往往有并其姓名不著。蓋是非毀譽尚不足憑，不特紀志表傳等自為異同已也。（見孟鄰堂文集）夫如是，則東林與魏黨之曲直，蓋難言矣！

王稿缺點，大概如是。至列傳未免太濫；食貨，兵政諸志，均失之疏略；魏源嘗論之。然關係尚輕，殊不必多加抨擊。于下當再言明史。

明史據王稿而增損，其勝于王稿者固有，而其改譌王稿，或仍王稿之謬而未改者，亦復不少，優劣亦互見焉。茲並述之如下：

（一）表志列傳有因有創　其間諸志一從舊例，而稍變其例者二：曆志增以圖，以曆生于數，數生算，算法之句股面線，今密于古，非圖則分刌不明。藝文志惟載明人著述，而前史著錄者不載（全祖望移明史館帖子一，以爲古今四部存亡無以考校，未免求全責備），其例始于宋孝王關中風俗傳，劉知幾又反覆申明，于義爲允；唐以來弗能用，今用之也。表從舊例者四：曰諸王，曰功臣，曰外戚，曰宰輔；新例者一，曰七卿。蓋明廢左右丞相，而分其政于六部，而都察院糾劾百司，爲任亦重，故合而七也。列傳從舊例者十三，創新例者三：曰閹黨，曰流賊，曰土司。蓋貂璫之禍，雖漢唐以下皆有，而士大夫趨勢附羶，則以明人爲最夥，其流毒天下亦至酷，別爲一傳，所以著亂亡之源，不但示斧鉞之誅也。闖獻二賊，至于亡明，勦撫之失，足爲炯鑒，非他小醜之比，亦非割據羣雄之比，故別立之。至於土司，古所謂「羈縻州」也，不內不外，釁隙易萌，大抵多建置於元而滋蔓于明，控馭之道與牧民殊，與敵國又殊，故自爲

一類焉。（見四庫提要）

又錢大昕十駕齋養新錄云：「其例有創前史所未有者，如英宗實錄附景泰七年事，稱郕戾王，而削其帝號，此當時史臣曲筆。今分英宗爲前後兩紀，而列景帝紀于中，斟酌最爲盡善。土司叛服不常，既不可列于外國，又不可厠于列傳，故別而出之；石砫秦良玉以婦人而列武臣之傳，嘉其義切勤王，不以尋常土司例之也。」其論七卿表及閹黨列傳，則與四庫提要略同。

（二）編纂得當　自宋史數人共事者必各立一傳，而傳中又不彼此互見，一若各爲一事者，非惟卷帙益繁，亦且翻閱易眩。明史則數十人共一事者則舉一人立傳，而同事者卽各附一小傳於此人傳後；卽同事者另有專傳而此一事不復詳叙。但云「語在某人傳中，」如孫承宗有傳，而柳河之役則云「語在馬世龍傳中」，祖寬有傳，而平登州之事則云：「語在朱大典傳」是也。否則傳一人而兼叙同事者，如陳奇瑜傳云：「與盧象昇同破賊烏林關等處」，象昇傳亦云「與奇瑜同破賊烏林關等處」是也。甚至熊廷弼，王化貞，一主戰，一主守，意見不同也，而事相涉，則化貞不另傳而併入廷弼傳內，袁崇煥，毛文龍，一經略，一島帥，官職不同也，而事相涉，則文龍不另傳而併入崇煥傳內。此編纂之得當也。（見趙翼廿二史劄記）

（三）立傳多存大體　龍興慈記載：「徐達病疽，帝賜以蒸鵝；疽最忌鵝，達流涕食之，遂卒。」是達幾不得其死，此固傳聞無稽之談。然解縉疏有劉基徐達見忌之語（解縉傳），李仕魯疏亦謂徐達劉基之見猜，幾等于蕭何韓信（李仕魯傳），此二疏係奏帝御覽，必係當日實情，則帝于達基二人疑忌可知也。今明史達基二傳，則帝始終恩禮，毫無纖芥，蓋就大段言之；而平時偶有猜嫌之處，固可略而不論。且

其時功臣多不保全，如達基之令終已屬僅事，故不復稍著微詞；不參校他書，不知修史者斟酌之苦心也。(見廿二史劄記)

(四) 附傳亦具義例　(一)父祖子孫各有大事可記者不附傳，如張玉張輔父子，一著功于「靖難」，一著功于征交，則各自爲傳。他如周瑄與其子金，耿九疇與其子裕，李遂與其子材，陳以勤與其子于陛，鄭曉與其子履仁，王忬與其子世貞世懋，劉顯與其子綎，楊廷和與其子愼等莫不皆然。(二) 其人其事之相類似者則附于一人傳後，如擴廓傳附蔡子英等，陳友定傳附靳義等，方孝孺傳附盧原質等，以其皆抗節也。柳升傳附崔聚等，以其皆征安南同事也。李孜省傳附鄧常恩等，以其皆以技術寵幸也。此則其簡括得宜也。(三) 其例外者，如徐達常遇春等子孫各附本傳，此仿漢書之例，以敍功臣世次；楊洪李成梁等子孫，亦附本傳，則以其家世爲將；而張居正傳之附其曾孫同敞，馬芳傳之附其子林及其孫爌，是又以見張居正之有賢子孫，而馬氏則三世死國難也。其與李延壽魏收之以子孫附其父祖，不免代人作家譜者有別矣。(見廿二史劄記及陔餘叢考)

(五) 原文之有關重要者必載　明史于諸臣奏議，凡切于當時利弊者多載之。如蔣欽之劾劉瑾也，沈鍊，楊繼盛之劾嚴嵩也，吳中行，趙用賢，鄒元標之劾張居正也，楊漣之劾魏忠賢也，皆載其全文，不遺一字，此正修史者表彰深意。嘉靖中，大禮之議，毛澄等之主考孝宗者，張璁，桂萼，方獻夫等之主考興獻王者，各有一是，則並存其疏，使閱者彼此參觀而是非自見。此外如李善長傳末載王國用爲善長訟冤一疏，以見善長被誅之枉；于謙傳末載成化中復官賜祭誥詞，以見謙被害之冤；熊廷弼傳末載韓爌請給其首歸葬一疏，文情愷切，議論公平，廷弼功罪于此而定，更非漫焉抄入者。此可以見作史者之用

意也。（見陔餘叢考）

（六）裁斷是非至為允當　明史傳贊，持論雖本忠厚，而皆協是非之公。如嘉靖中大禮之議，天下後世萬口一詞，皆是楊廷和（楊主考孝宗者）而非張璁等（張主考興獻王者）。明史傳贊獨謂「廷和等徒泥司馬光程頤濮園之說，英宗（宋英宗）長育宮中，名稱素定（應考仁宗），世宗（明世宗）奉詔嗣位，承武宗後，事勢各殊（應考興獻王）。諸臣徒見先賢大儒成說可據，而未準酌情理以求至當，爭之愈力，失之愈深」。此論眞足破當時循聲附和之謬。世徒以考興獻者多小人，考孝宗者多正人，遂忘其立論之是非，折衷于至當，此豈得為篤論乎？自明史傳贊出，而此事之是非始定矣。（見陔餘叢考）

凡上所述皆其犖犖大者；明史紀志表傳各極其善，概可知矣。若統其全書評之，猶可舉趙翼之言如下：

『近代諸史，自歐陽公五代史外，遼史簡略，宋史繁蕪，元史草率，惟金史行文雅潔，叙事簡括，稍為可觀；然未有如明史之完善者。蓋自康熙十七年，選博學宏詞諸臣分纂明史，至乾隆初，始進呈，蓋閱六十年而後訖事，古來修史未有如此之日久而功深也。惟其修于康熙時，去前朝未遠，見聞尚接，故事迹原委多得其眞，非同後漢書之修于宋，晉書之修于唐，徒據舊人記載而整齊其文也。又經數十年參考訂正，或增或刪，或離或合，故事益詳而文益簡。且是非久而後定，執筆者無所徇隱于其間，益可徵信。非如元末之修宋遼金三史，明初之修元史，時日迫促，不暇致詳，而潦草完事也。』（見廿二史劄記）

綜合後人之批評，明史蓋有褒而無貶矣。其果盡然乎？則亦殊難斷定。禮親王昭槤有云：「至于奏牘多于辭令，奇蹟罕于庸行，則二史（並王稿言之）病處相同，殊有愧于龍門；惟視宋元二史爲差勝耳！」（見嘯亭續錄）是誠篤論，然發其病處，或容有未盡耳！

又考方苞明史無任邱李少師傳云：『乾隆六年，余將告歸，任邱李法孟以其高祖少師公神道碑墓表乞爲傳，余已諾而未暇爲。及歸檢篋笥惟法孟書尚存，中言少師邊功著明史韃靼傳，生平大節則同邑孫文正公贈公子恒麓序可徵。余考明世邊患與國相始終，而韃靼部最劇；韃靼之患，正嘉間最劇。惟萬曆初俺答歸順，苟安者二十年。及奢力克有貳心，而套部，海部，松部，並起，雜番數十種皆乘間猖狂，出沒塞下，西甯以東，甘，涼，洮，岷，歲無寧居，關中人心搖搖。自二十三年少師總制三邊，諸部入寇者必挫傷，大失所欲，再出師分道襲擊，復松山故地，山陝恃以無恐者近十年，其規爲方略必有可爲後法者。文正公稱公「功成身退，以出處繫天下安危，」則立身之本末，進退之時義，必可與古賢爲伍。又曰「奉身如奉玉」，則又謹于小物而百行具完。今見于韃靼傳者不過「命某將禦某寇」，「出某處擊某部，」其克敵制勝之謀猷無一見焉，是乃季野當日所僅得于實錄，雖欲摭拾，莫由成章，而嘆爲「不可如何」者也。』（見方望溪文集卷十八）

然則明史亦不無缺點矣，惟其缺點或爲當時所不及察，或已知之而亦莫可如何者，不可一例言之耳。究其優劣之成分如何？其眞正之價值如何？尚有待于吾人之愼爲考覈而估定之也。

附　明史小評

明史因修纂時間過長，從順治二年數起有九十五年，如從康熙再開史局數起也有六十幾年。中間不知道更換了多少總裁，多少批纂修。不由一手始終其事，所以紀傳志表，往往牴牾。并且卷帙過多，替它逐一審校一過也不是一件容易的事。我們如將一切明代史籍，淸人傳述，和湯斌，尤侗，汪琬，朱彝尊，楊椿，毛奇齡一班人所撰的史稿，黃宗羲，全祖望，王夫之一般人所撰的詩文集，和明史一一互校，便可發見明史有若干部份有脫文斷句，有若干部份有譌字誤文，有若干部份重複，有若干部份漏落。這些小問題向來不被人注意，粗心一下讀過去也就算了。可是我們如要可信的史實，要利用這些史料時，便非先費一番功夫，作幾次辛苦的校讀工作不可。

爲要引起一般學者對這一小問題的興趣，以下試約略舉出幾條明史中較爲顯著的錯誤，作爲例證。

（一）脫文　卷二百八十五趙壎傳附烏斯道傳：「傅恕字如心，鄞人，與同郡烏斯道鄭眞皆有文名……斯道字繼善，慈谿人……子緝亦善詩文，洪武四年舉鄉試第一，授臨淮教諭，入見賜之宴，賦詩稱旨，除廣信敎授，自號榮陽外史」。這一段小傳，我們如不參校旁書，便一輩子也不會明白它的錯誤，以爲榮陽外史卽是烏緝的別號，「子緝」下一段都是烏緝的傳文了。但試一檢王鴻緒明史稿的傳文，烏緝又作烏熙，「子緝亦善詩文」下「洪武四年舉鄉試第一」上有「眞字千之」四字。這樣一來，「洪武四年」以下一段便都成爲鄭眞的小傳，和烏氏父子毫不相干了。按張時徹甯波府志文學傳烏斯道傳「子熙光，字緝之，爲國子監丞，亦以詩文擅名」。慈谿縣志文苑傳所載完全相同。由此可知斯道子名緝光，字緝之，明史作名緝固然錯了，明史稿作名熙也不能算不錯。明史稿「眞字千之」四字是承上文「與同郡烏斯道鄭眞皆有文名」說的。明史疏忽，落此四字，便張冠李戴，鬧了笑話。

（二）錯誤　卷三太祖本紀三：「十五年十一月戊午，置殿閣大學士，以邵質，吳伯宗，宋訥，吳沉爲之」。故宮出版乾隆四十二年重纂明史本紀文同。按宋訥卽宋納，納爲訥之譌文。卷一三七有吳訥傳。吳伯宗吳沉傳同見卷一三七。王鴻緒明史稿本紀三只說：「十一月戊午倣宋制置殿閣學士」。邵質不見明史及其他諸書，竟不知他到底是什麼人。考王氏明史稿太祖本紀的撰人是湯斌。檢擬明史稿卷三：「戊午初置殿閣學士，以禮部尚書劉仲質爲華蓋殿大學士，翰林學士宋訥爲文淵閣大學士，檢討吳伯宗爲武英殿大學士，典籍吳沉爲東閣大學士」。據此，邵質原作劉仲質。證以明史卷一百十一七卿年表，「洪武十五年二月壬戌劉仲質任禮部尚書，十一月改大學士」，再考北平圖書館所藏太祖高皇帝實錄，「洪武十五年十一月始倣宋殿閣之制，置大學士官，同拜命者宋訥，吳伯宗，吳沉，劉仲質四人」，都足證明明史本紀所說的邵質實卽劉仲質。仲質傳附見明史卷一百三十六崔亮傳：「劉仲」「邵」三字毫無瓜葛，這斷不能委爲當時手民之誤。並且有七卿年表的本證在，我們實在想不出錯誤的由來。

（三）事誤　卷一百三十六陶安傳：「安坐事謫知桐城，移知饒州。陳友定兵攻城，安召吏民諭以順逆，嬰城固守。援兵至，敗去」。按安傳出汪琬手，陳友定兵攻城一事，汪氏傳家集鈍翁續稿卷三十八陶安傳作「信州盜蕭明攻饒安」。湯斌擬明史稿卷一，太祖本紀一：「至正二十五年冬十月癸丑，信州賊蕭明犯饒州，知府陶安敗之」。這一件事，明史本紀削去不書。考當時情勢，陳友定據有八閩後，只有一次派兵攻明方的處州，被胡深打敗，從此就關門守己，自顧還來不及，那兒還有能力來向外發展，并且是越浙攻饒！朱國禎開國功臣傳亦作「信州賊蕭明攻饒安」，就是汪琬撰史稿的根據。明史改作陳友定，顯然是一個嚴重的錯誤。

（四）重出　鄭定事蹟見卷二百八十六林鴻傳：「鄭定字孟宣，嘗爲陳友定記室。友定敗，浮海亡交廣間，久之還居長樂，洪武中徵授延平府訓導，歷國子助教」。卷一百二十四陳友定傳又說：「鄭定字孟宣，好擊劍，爲友定記室。及敗，浮海入交廣間，久之還居長樂。洪武末累官至國子助教」。這兩篇傳文相差不過幾個字，並出朱彝尊曝書亭集卷六十三林鴻傳，不過省去歷延平府訓導下「歷齊府紀善」五字而已。

（五）矛盾　胡惟庸得罪被殺，黨案牽連十幾年，被殺的武官文臣智識份子富豪平民有好幾萬，是明初一件大事。不過他的獲罪之由，却傳聞異辭，莫衷一是。明史卷三百二十四外國傳占城傳以爲「洪武十二年貢使至都，中書不以時奏。帝切責丞相胡惟庸汪廣洋，二人遂獲罪」。卷三百二十二日本傳又以爲「先是胡惟庸謀逆，欲藉日本爲助，乃厚結甯波衞指揮林賢，佯奏賢罪，謫居日本，令交通其君臣，尋奏復賢職，遣使召之。密致書其王借兵助己。賢還，其王遣僧如瑤率兵卒四百餘人詐稱入貢，且獻巨燭，藏火藥刀劍其中，既至而惟庸敗，計不行，帝亦未知其狡謀也。越數年，其事始露，乃族賢而怒日本特甚，決意絕之，專意以防海爲務」。這就是說，胡惟庸的罪狀是謀反。其實，細按當時紀載，便可知這一段史跡出於太祖親定的大誥，一面之辭，不可信。況且遍查日本史乘和僧徒傳紀，就根本沒有如瑤這個人。胡惟庸在十二年九月下獄，次年正月處刑。在這短時期中也不能做出這些佈置。日本來華商舶，據日方紀載和名山藏吾學編皇明馭倭錄諸書，他們大抵多是海賊，好就做買賣，不好就沿海搶掠，帶軍器以防海賊爲名，不算是一件違禁的事，用不着把它藏在大燭中。並且南京是當時首都，大都督府所在，四百多日本人也不濟事！胡惟庸卽使太笨，也不致笨到這個地步。卷三百〇八胡惟庸傳又說：「惟庸既死，其反狀猶未盡露，至十八年李存義爲人首告，免死安置崇明。十九年十月林賢獄成。惟庸通倭事始著。二十一年藍玉征沙漠，獲封績……訊得其狀，逆謀益大著」。據此則通倭，通虜，謀反，三事都發見在惟庸死後的幾年中。那末，所謂胡黨的罪案，到底是一些什麼呢？又如封績，明史說他是「故元遺臣」，其實，據當時的口供昭示奸黨錄所載，他不過是一個不識字的奴才，連北方都從來沒有去過。一生沒做過官，硬安排他是遺老，明史館的纂修官未免太「神經過敏」了吧！

（六）簡失　卷二百八十六林鴻傳：「王偁字孟敭。父翰，仕元抗節死，偁方九歲，父友吳海撫敎之。洪武中領鄉薦，入國學，陳情養母。母歿，廬墓六年。永樂初用薦授翰林檢討，與修大典，學博才雄，最爲解縉所重。後坐累謫交阯，復以縉事連及，繫死獄中」——詳說王偁的事跡，於他父親的事只以一語了之。在卷一百廿四陳友定傳又附有王翰的小傳：「王翰字用文，仕元爲潮州路總管。友定敗，爲黃冠，棲永泰山中者十載。太祖聞其賢，强起之，自刎死，有子偁知名」——述王翰事詳悉，於他的兒子王偁，也只帶及一語。按這兩傳都出朱彝尊手。見曝書亭集卷六十三王偁傳，翰傳附及。明史把它分開來，以翰爲元臣仕閩，故附陳友定傳。以偁有文名，故附入文苑傳林鴻傳中。互爲詳略，煞費苦心。可是我們如細讀朱氏原傳，則知明史務爲簡略，頗失史意。如原傳「偁中洪武二十三年鄉試」，明史簡作「洪武中領鄉薦」，把一肯定的史實簡成糢糊，簡得沒有道理。原傳「留永福山中爲道士者十年」，明史作「爲黃冠，棲永泰山中者十載」，把道士譯成黃冠，把年譯成載，雅是雅了，可是有什麼大道理呢！並且明史還把這一句改錯了。林鴻傳中明說「永福王偁」，參以原傳，我們知道王偁以其父入閩故，所以占籍永福，則永泰山中爲永福山中之訛明甚。

（七）互異　關於海盜劉香的下落，明史卷二百六十五施邦曜傳和卷二百六十熊文燦傳不同。施傳說：「劉香李魁奇橫海上，邦曜縶香母誘之，香就禽」。文燦傳則以爲『鄭芝龍合廣東兵擊香於田尾遠洋，香脅（洪）雲蒸止兵，雲蒸大呼曰：「我矢死報國，急擊勿失！」遂遇害。香勢蹙，自焚溺死』。

（八）缺漏　關於兩次纂修元史的纂修官，明史卷二百八十五趙壎傳說：「三年重開史局，仍以宋濂，王禕爲總裁，徵四方文學士朱右，貝瓊，朱廉，王彝，張孟兼，高遜志，李懋，李汶，張宣，張簡，杜寅，殷弼，俞寅，及壎爲纂修官。先後纂修三十人，兩局并與者壎一人而已」。按二年修元史之纂修官，據同傳爲汪克寬，胡翰，宋僖，陶凱，陳基，曾魯，高啓，趙汸，張文海，徐尊生，黃篪，王錡，傅著，謝徽，傅恕，趙壎十六人。合三年之纂修官十四人爲三十人。可是趙壎以一人而參與前後兩次史局，實際上只能算是一人。所以兩次的纂修官的總數，據明史只有二十九人，和三十人之數不合。

按所缺一人爲王廉，朱彝尊曝書亭集卷六十二有傳。「王廉字希陽，青田人，僑居上虞，洪武二年用學士危素薦授翰林編修，明年與修元史。又明年偕典籍牛諒使安南還，改工部員外郎。固辭，出爲澠池縣丞。十四年擢陝右左布政使。無子，卒葬杭州之西山」。大約是當時館臣不留心，偶然忘了王廉的名字，又無法湊成三十人，便把趙壎算成兩人，抵三十人的數額了。

（九）偏據　卷二八五戴良傳：「太祖初定金華，命（良）與胡翰等十二人會食省中，日二人更番講經史，陳治道。明年用良爲學正，與宋濂葉儀輩訓諸生。太祖既旋師，良忽棄官逸去。元順帝用薦者言，授良江北行省儒學提舉。良見時事不可爲，避地吳中，依張士誠。久之，見士誠將敗，挈家泛海抵登，萊，欲間行歸擴廓軍。道梗，寓昌樂數年，洪武六年始南還，變姓名隱四明山，太祖物色得之。十五年召至京師，試以文，命居會同館，日給大官膳，欲官之，以老疾固辭，忤旨。明年四月暴卒，蓋自裁也」。此出黃存吾閑中錄。曝書亭集卷六三良傳與之多異。「元末以薦授淮南江北等處行中書省儒學提舉。時太祖兵已定浙東，良乃避地吳中。久之挈家泛海至膠州，欲投擴廓軍前，不得達，僑居昌樂。洪武六年變姓名隱四明山。十五年徵入京……」。這樣說是戴良在洪武十五年前不但沒有做過明朝的官，并且也沒有見過太祖，始終是元遺臣。十五年後被徵，強迫他投降做官，所以自殺明志。全祖望九靈先生山房記也力辨其仕明之誣，說良在十五年前和明絕無關係。竹垞謝山諳熟明代掌故，所說都有根據。明史却偏信一家之說，引爲信史，這種不闕疑不求眞的態度，實不足取。

（十）字譌　卷二八三湛若水傳：「湛氏門人最著者永豐李懷，德安何遷……懷字汝德，南京太僕少卿」。按李懷，黃宗羲明儒學案卷三八作呂懷，「號巾石，嘉靖壬辰進士，著有律呂古義，歷考，廟議諸書」。明史卷二八二唐伯元傳：「伯元受業於永豐呂懷」。卷二〇八洪垣傳又附有呂懷小傳：「呂懷，廣信永豐人，亦若水高弟子，由庶吉士授兵科給事中，改春坊左司直郎，歷右中允，掌南京翰林院事，每言王氏之良知與湛氏之禮，認天理同旨，其要在變化氣質，作心統圖說以明之，終南京太僕少卿」。這樣，湛若水傳中之李懷可信爲卽洪垣傳中之呂懷，李爲呂之譌。揆以明史傳中涉及另外一人，如這人有專傳時，卽以「自有傳」了之，不更述其字號籍貫行歷之例，這也不能不說是重傳了。

附　修史議

史不可一日無也，良史才則曠世不多覯也。左氏之後，史漢並稱良史。紀表志傳之體，馬遷創始，班固繼作，其法遂不可易。

魏晉以還，唯陳壽之三國志，歐陽修之五代史，差爲近古。然壽之短諸葛也，比于雪怨，而索米見詆，抑又甚焉。歐陽不爲韓通立傳，蘇公亦嘗譏之。夫歲遠則異同難明，代近則恩怨多乖，徵實則有目睫之虞，矯誣則有人鬼之譴，故以昌黎之才亦遜謝不遑，史固難言哉！今國家膺圖秉籙三十餘年矣，明史廢而不修，後將何稽？推而論之，其難有八：一曰考據，後漢紀傳發源東觀，梁陳二書父子繼成，蓋創始者難爲功，因舊者易爲力也。明史如大政記，吾學篇，憲章錄諸書，皆起自洪永，訖于萬曆，啓禎二朝，信史闕然，此考據之難也。二曰裁制，馬遷叙三千年事五十萬言，班固叙二百年事八十萬言，非固詳而遷略，而多寡懸殊。唐書修後，事增于前，文省于舊。按明二百七十年，紀表傳志動須累尺，繁則蕪雜，略虞挂漏，此裁制之難也。三曰核實，所見異詞，所聞異詞，所傳聞異詞，有疑必闕，古聖所稱，前朝載籍佚于兵燹，而子孫志傳類多曲筆，鑒空衡平，吾斯未信，此核實之難也。四曰定論，議禮則予張桂而絀楊羅，講學則禰紫陽而祧新建，百喙爭鳴，幾成聚訟；尤可異者，楊左崔鄭黑白皎如，而三案旋定旋翻，知我罪我，志在春秋，此定論之難也。五曰門戶，甘陵之部分自清流，蜀洛之黨成于賢哲，明季門戶，清濁判然，事異往昔，然張湯以後賢不入酷吏，寒暑筆端，古今同歎，此門戶之難也。六曰牽制，古人修書，出于一人之手，成于一家之學，班馬是也。後此分曹共局，是非牴牾，議論蠭起，腐毫輟翰，相持不下，此牽制之難也。七曰忌諱，事涉本朝，崔鴻匿書不出，因避唐諱，百藥甘受世譏，蓋文字常伏危機，吹毛動成大戾，彼亡虜之佐或以興秦，吠堯之犬本以忠桀棄則失眞，著則觸忌，此忌諱之難也。八曰程限，班椽承其父彪端緒，積思二十餘年，猶待女弟昭以卒業；宋祁出守成都，許以唐書自隨；蓋以事在千古，非可取辦歲月也。若急就之章，繩以八法，疾行之步，律以采齊，當不然矣，此程限之難也。要以作之者數人，議之者千萬人，嫻詞賦者乏史裁，善記問者短筆札，工捃拾者罕定識，嚴綜核者少持平，所謂擅三長而去五失，蓋難之難者也。

按：侍講所論修史八難，甚是卓見。「嫻詞賦者乏史裁，善記問者短筆札……」云云，尤是館臣學問定評，而發人所未發。惟此議不見于四庫本學餘堂集，當是論「忌諱」處卽觸清廷忌諱，爲之删去。前以未見此議，未得列入「朝野學者建議」之下，因補錄于此，以見侍講之才識亦庶幾良史也。

六　纂修各官所擬史稿考略

（一）尤侗明史擬稿（見西堂餘集）

康熙十八年三月，尤先生六十二歲。應召博學鴻詞，授翰林院檢討，纂修明史。列第五班，分纂弘正諸臣列傳。在史局三載，纂列朝諸臣傳，外國傳，共三百餘篇；藝文志五卷。二十二年四月乞假歸。（西堂餘集悔菴年譜下）

明史擬稿六卷：

列傳卷一：王守仁，吳寬（趙寬），王鏊，楊廷和。

卷二：楊守陳，守阯，守隨，茂元，鄒智（李文祥），舒芬，鄭善夫（高啓傳汝舟），顧璘（弟瑮）陸深。

卷三：趙用賢（孫士春），周順昌（朱祖文），李繼貞，杜喬林，呂維祺，黃道周。

文苑卷四：李夢陽，何景明，徐禎卿，邊貢，康海，王九思，桑悅，楊循吉（都穆），唐寅（張靈），祝允明，文徵明（陸師道，陳淳，彭年，周天球，錢穀，居節）蔡羽（王寵），何良俊，楊愼，王廷陳（顏木）。

隱逸，孝行，忠義，獨行卷五：沈周，孫一元（方太古，張詩），何競，傅檝，沈雲祚（趙嘉煒），席本禎。

循吏藝術卷六：董樸（子士毅），姜昂（子龍），狄雲漢，張擧，王勳，吳傑，李維聰，陳文偉，史忠，徐霖，陳鐸，王磐，梁辰魚，郭詡，吳偉。

明史外國傳八卷：

卷一：朝鮮，日本。

卷二：琉球，安南。

卷三：占城（賓童龍靈山崑崙），暹羅，眞臘，爪哇（蘇吉丹，丁機宜，重迦邏，吉里地悶，碟里，日羅夏治，合貓里），三佛齊文郎馬神百花，浡泥南巫里。

卷四：蘇祿，彭亨，柔佛，婆羅，滿剌加（龍牙門，龍牙菩提，龍牙犀角，龍涎嶼，東西竺，九洲山），佛郎機，和蘭（美洛居），歐邏巴。

卷五，蘇門答剌（那孤兒，黎伐），阿魯，錫蘭（覽邦），溜山，柯枝（小葛蘭，木骨都束，卜剌哇），古里（古里班卒，竹步，剌撒），忽魯謨斯，祖法兒，阿丹，古麻剌，西洋瑣里，瑣里，亦兒把罕，淡巴（甘巴里，討來思，打回，白葛達，黑葛達），榜葛剌，（治納撲兒），巴喇西，古剌麻林，阿哇諸國。

卷六：于闐，亦力把力，撒馬兒罕（沙鹿海牙，賽蘭，達失干，渴石，迭里迷，卜花兒，荅里哥，失剌思，納失者罕），哈烈（俺都淮，八剌黑，魯迷），拂林，天方，默得那，阿速（沙哈魯，火剌札，奧力麻兒，敏眞誠，白松虎兒，加異勒），西番。

卷七：哈密，赤斤蒙古，安定阿端，曲先，罕東，土魯番（火州），柳陳城，黑婁。

卷八：蒙古，兀良哈。

明史藝文志五卷（缺）

（二）毛奇齡明史擬稿（見西河合集）

先生應制科（康熙十八年博學鴻詞），授翰林院檢討，充史館纂修官，給筆札纂修明史。乃以拈題草弘正二朝紀傳及諸雜傳，得二百餘篇（見李塨西河先生傳）。又自云「某以不材，承乏史事，曾經分題起草，爲紀傳大小二百餘篇，自啓禎以前，凡已經拈擬草本無不一一完繳在案」（見史館奉總裁先生劄子）。入史館越八九年，以乞病南去（見李天馥西河合集領詞）。

西河合集傳目：

卷一（一名蕭山三先生傳），魏文靖公驥，何孝子競，張大司空時峻。

卷二（一名越州先賢傳），呂訓導不用，楊恭惠公誠，毛忠襄公吉，謝文正公遷，呂侍郎獻，謝狷齋公愉，張中丞元冲。

卷三（一名越州先賢傳），少保吳公君澤，姜光祿永明，給事中周公洪謨，巡撫朱公燮元，姜尙書逢元。

卷四（一名五忠傳），周文忠公鳳翔，少傅祁公彪佳，僉御史志虞，左都御史劉先生蕺山，給事中章公正宸。

卷五（一名分纂同郡循吏孝子節婦雜傳），知府湯公紹恩，按察副使王公孫蘭，呂孝子升，劉孝子謹，孟貞女蘊，徐鼒妻李氏，竇孺人妙善。

卷六（一名崇禎二撫傳），兵部侍郎徐公人龍，蔡忠襄公懋德。

卷七，沈七傳，楊孝子傳，曹大常卿別傳，徵士包二先生傳，毛義門傳，尼演傳，陳老蓮別傳，湖中二客傳，桑山人傳，何顒傳，毛鶴舫傳。

卷八（列傳備傳——凡屬史館所分題，而與史文有異同者），吳寧（史作楊寧）張瑄，潘蕃，吳洪（子山附），白昂（子圻附），周季麟，賀欽。

卷九（列朝備傳），李夢陽，仇鉞，涂禎，王承裕，伍文定，邢珣，徐璉。

卷十（列朝備傳），馬中錫，鄒昊，洪鐘，陳金，俞諫，陳天祥，叢蘭。

卷十一（列傳備傳），郭東山，張士隆，楊旦，俞敦，李紹賢，戚杰（子仲附），焦芳。

王文成公傳本

注云：「此卽史館列傳中草構本也。館例：史官入館，先搜搆其鄉大臣事蹟之在羣書者，而後鬮分其題以成之。文成吾鄉人，因搆此本。其後同官尤展成（侗）鬮得文成傳已取此本作傳訖，而草還故處。今錄此者，以爲其事核，足以徵信，且亦爲未成之史，非秘笈，言之者無罪，可覽觀焉。」

王文成傳本（續補）

遠宗識云：「此後續補本也。先生以文成舊傳多訛謬，史傳又未定，因携館中草本歸，藉以存實，而草本又軼其半，每思續之，而家無藍本，且老病，絕筆久矣。康熙辛卯（五十年），命予與及門張文黻仍採諸譜狀舊傳，而錄其實者呈定綴入，名曰續補，雖與前本大徑庭，顧較時本則稍有間云。」

勝朝彤史拾遺記六卷

注云：「彤史者，後宮女史官名也。其制：選良家女子之知書者充之，使之記宮闈起居，及內庭燕褻之事，用示勸戒，而惜其書不傳！予幼時得先子所藏宮闈記聞一卷，自洪武至萬曆凡十三朝，可謂小備。及承乏史館，又䦨得順，成，弘，正四朝后妃列傳，乃取外史所記與實錄所載后妃册封及崩薨喪葬諸禮節之文而草成之。而拾其餘賸，歸而雜之先子之所藏，復爲斯篇焉。」

卷一：孝慈高皇后馬氏，貴妃孫氏，郭寧妃，皇淑妃李氏，郭氏惠妃，胡妃，（以上洪武朝）；孝康皇后常氏，建文太后，建文后，（以上建文朝）；徐皇后，昭獻皇貴妃，權妃（以上永樂朝）。

卷二：仁宗皇后張氏，（以上洪熙朝）；恭讓胡皇后，繼后孫氏，景泰吳太后，郭嬪（以上宣德朝）；睿皇后，憲宗太后周氏，王貴妃，胡惠妃，（以上正統天順朝）。

卷三：景皇后，唐妃，（以上景泰朝）；廢后吳氏，王皇后，孝穆紀太后，邵貴妃，萬妃（以上成化朝）。

卷四：張皇后，沈選侍，鄭金蓮，（以上弘治朝）；夏皇后，沈賢妃，吳德妃，王妃，馬氏，劉美人，浣衣王滿堂，（以上正德朝）。

卷五：興王妃蔣氏，陳氏皇后，廢后張氏，方后，皇貴妃王氏，杜康妃，李嬪，（以上嘉靖朝）；穆宗皇后李氏，繼后陳氏，孝定皇太后，段恭妃（以上隆慶朝）；皇后王氏，王貴妃，鄭貴妃（以上萬曆朝）；

卷六：光宗后郭氏，王皇后，孝純皇太后劉氏，李妃，東李妃，選侍趙氏（以上泰昌朝）；懿安皇后，裕后張氏，李成妃，馮貴人，胡貴人，（以上天啓朝）；莊烈皇后，皇貴妃田氏，靑霞女子，昭仁宮宮婢，（以上崇禎朝）。

按：湯潛菴䦨得高（洪武），文（永樂），昭（洪熙），章（宣德），睿（正統，天順），景（景泰），純（成化），七朝后妃傳，西河又䦨得順（天順），成（成化），弘（弘治），正（正德）四朝后妃列傳，是天順成化二朝，二人重作矣。彤史拾遺記則自洪武至崇禎各朝后妃悉爲列傳，殆亦后妃之備傳也。

武宗外紀一卷

注云：「武宗外紀者，仿漢武外傳而爲之也。夫漢武外傳與本紀不同，是故外之。今所紀者皆實錄中事，而亦以爲外？曰：予觀于同館之爲史者，其爲武宗紀，不忍斥言人主之過，凡實錄所載諸可鑒事皆軼而不錄。夫史以垂鑒，不諱好惡，而乃以惡惡之短，致本身所行事而皆軼之，是本也而外之矣，因題曰外紀。然而不比次以成文者，曰以實事而比次之卽本紀也，豈敢復爲本紀哉！因錯雜記之，亦曰身受史職，庶以比當日之記注云爾。」

後鑒錄七卷

注云：「予少丁喪亂，往往承故老舊聞。由闖獻而上，遍採二百餘年間所記羣盜，彙積成帙，將以備史文之擇。而承乏編纂，頗見搜錄，則殷鑒在前，毋庸再諱。因仍存故本，而襲以給舍所錄舊名曰後鑒錄，亦曰夫猶是當日之爰書焉爾。」

蠻司合誌十五卷

注云：「蠻司者，土司也。……自洪武暨崇禎一十六朝，二百七十餘年之間，凡（關于土司）沿革向背，大征大役，或得或失，稍見史乘者，略輯其大凡，彙爲一編，名曰合誌，考古者覽焉。」

（三）湯斌明史擬稿（見潛菴先生分纂明史稿。（康熙間刻本））

公于順治九年成進士，授國史院檢討。十三年應詔陳言，請廣搜遺書修明史。且言宋史成于元至正，特傳文天祥之忠；元史修于明洪武，亦著巴顏布哈之義。我朝順治元二年間前明諸臣，亦有抗節不屈，臨危致命者，宜令纂修諸臣，勿事瞻顧。康熙己未，應召博學鴻詞，授侍講，與修明史，復疏請如前。聖祖嘉之，頒之史館為成命，由是明季諸義烈皆得表章。二十年典試浙江，轉侍讀。明年充明史總裁官（見先正事略）。又自云「臣與吏部侍郎臣陳廷敬等公議，以明史事體重大，卷帙浩繁，其纂修草稿已完者，先分任專閱後，再加校訂。臣分任天文志，曆志，五行志，及正統，景泰，天順，成化，弘治五朝列傳。已經刪改天文志九卷曆志十二卷，列傳三十五卷」（見湯子遺書題明史事疏）。今潛菴先生分纂明史稿僅存曆志三卷，列傳十二卷；而多出太祖本紀四卷，后妃傳一卷，天文志則未見焉。（當是自撰與刪改他稿不同。）

擬明史稿二十卷

卷一，二，三，四，太祖本紀。

卷五，六，七，曆志。

卷八：高，文，昭，章，睿，景，純七朝后妃傳。

卷九：王直，王翺，李秉，崔恭，姚夔，尹旻列傳，胡鼐，魏驥列傳，苗衷，馬愉，高穀，陳循，蕭鎡，王文，江淵，王一寧，許彬列傳，曹鼐，張益，鄺埜，王佐，丁鉉，王永和，鄧棨，姚銑，鮑輝，包良佐，黃綬，黃裳，俞鑑，申佑，張瑭，羅如墉，馬豫，李昱列傳，李實，羅綺，王復，趙榮列傳（袁彬，哈銘，沙狐狸附）。

卷十：于謙列傳（朱驥，范廣，王偉附），楊洪，郭登，朱永列傳，徐有貞，楊善，石亨列傳，陳祚，劉球，鐘同，廖莊，章綸，劉釪，孟玘，劉實，楊瑄，列傳。

卷十一：李賢，彭時，商輅列傳，岳正，呂原，劉定之，劉珝列傳，軒輗，耿九疇，耿裕，年富，楊繼宗列傳。

卷十二：周忱，柴車，陳鎰列傳，呂鍾，白昂，李敏，葉洪，李孟暘，李衍，林泮，謝士元，夏塤，邢表列傳，王驥，楊寧，侯璡，王越列傳，李時勉，陳敬宗，謝鐸，魯鐸，趙永，劉鉉列傳。

卷十三：羅通，羅亨信，馬昂，寇深，王來列傳，林聰，葉盛，朱鑑，李侃，沈固，程信列傳，白圭，項忠，原傑列傳，王紘，韓雍，吳琛，朱英，鄧廷瓚，佘子俊，徐廷璋列傳。

卷十四：金濂，張楷，張瓚，孫仁，汪浩，陶魯，孔鏞，毛吉，童軒，張海，列傳，韓青，种興，蔣信，周玉，周璽，董寘，和勇，張欽，神英列傳，蔣貴，任禮，趙安，譚廣，山雲，毛忠，趙輔，李震，王信列傳。

卷十五：錢習禮，周叙，陳音，邢讓，劉儼，錢溥，柯潛，謝一夔，倪謙，傅瀚，黎淳，王華列傳，陳文，萬安，劉吉列傳，方英，毛勝，陳友，曹義，施聚，焦禮，劉聚列傳，石璞，薛希璉，陸瑜，石瑁，薛遠，陳翼，楊鼎，翁世資，林鶚，樊瑩，王槩，陳俊，高明，劉孜，張鵬列傳。

卷十六：練綱，趙歆，周斌，盛顒，張寧，王徽，莊昶，黃孔昭，毛泓，魏元，鄒智，李文祥列傳，孫鏜，衞穎，董興，李文列傳，彭韶，何喬新，周經，列傳。

卷十七：徐溥，邱濬，劉健，謝遷，李東陽列傳，王恕，倪岳，馬文升，許進，列傳。

卷十八：劉大夏，戴珊，張敷華列傳，鄒素學，鄒幹，王質，焦宏，孫原貞列傳，胡拱辰，章敞，李綱，彭琉，張悅列傳，黃潤玉，劉綱，應履平，蔡蒙，楊琚，項騏，吳倬，張昺，楊峻列傳，何文淵，李裕，屠滽，蕭維禎，俞士悅列傳。

卷十九：秦紘，潘榮，孫需，閔珪，史琳，何鑑列傳，周洪謨，楊守陳列傳，張瑄，楊信民，潘番，杜銘，周季麟列傳，王繼，王宇，徐源，韓邦問，徐貫，徐恪，陳泰，陳壽列傳。

卷二十：張文錦，蔡天佑，胡瓚，張瓚，劉源清，楚書，樊繼祖，蘇佑列傳，王大用，翟鵬，史道，王邦瑞，郭宗皐列傳，王忱，商大節，翁萬達，丁汝夔，楊宗謙列傳，劉麟，陳其學，黨以平，許宗魯，劉夔列傳，江東，李文進，龍大有列傳。

按：潛菴所撰正，景，順，成，弘五朝列傳共十二卷，但景泰，天順，成化三朝列傳，方象瑛又經分撰，故三朝列傳重複者甚多。而于忠肅一傳，本由范必英屬得，總裁以范君作徐武功（有貞）傳，不當復作于忠肅傳，故以屬象瑛。待完篇之後，施愚山謂為「毫髮無遺憾，當書一通焚之忠肅祠中，」潛菴亦云「宜亟上史館」，是象瑛所撰忠肅傳，已為施氏所讚美，而潛菴亦已知之，何以潛菴又再為忠肅傳？豈改方象瑛之稿為己有耶！（見健松堂集與施愚山書）

（四）方象瑛明史擬稿（見振綺堂叢書附明史分稿殘本）

明史分稿殘本序，「余自己未五月，奉命修明史，以監修徐公未至，十二月十七日開館。明年正月，分撰景帝本紀，景泰，天順，成化朝臣傳王翺，于謙等。辛酉（二十年）六月，暫分天啓，崇禎朝臣傳顧大章，朱燮元等。壬戌（二十一年）四月，分隆慶，萬歷朝臣傳梁夢龍，許孚遠等。計七十六傳。又陳檢討維崧歿，崑山徐公屬續撰王崇古等八傳。睢州湯公屬補鄧廷瓚胡拱辰二傳。（按：鄧胡二傳，潛菴自己作之矣。何以又屬象瑛補之？）通八十六傳，次第上之史館。……今衰病乞歸，所上諸傳稿，或用或否，或改易，或增芟，事在總裁，非予所敢知……」。康熙丁卯（二十六年）錄藏原稿，又云「啓禎以後，書傳無徵，間有紀載，未可遽信」。故現存殘稿，啓禎兩朝列傳有目無傳，當已親手刪去也。

明史分稿目錄：

景皇帝本紀一卷（缺）

景泰，天順，成化朝臣傳：王翺，崔恭，姚夔（子姚璧附），何文淵，鄒幹，于謙（子冕，同知陳逵附），范廣，朱驥，王偉，林聰，謝一夔，徐貫，錢溥，陳翼，黃鎬，胡拱辰，邢讓，劉儼，鄧延瓚，吳倬，陳泰，朱鑑，夏壎（子夏鍭附），練綱，蔚能，趙敔，彭琉，趙輔，周玉，神英，張欽，周璽，董寶，种興，韓青。

按：以上三朝列傳除黃鎬，蔚能二人外，潛菴史稿中均已別爲之傳。惟范廣，朱驥，王偉三人附入于謙，此則分傳，夏壎作夏塤，稍不同耳。

隆慶萬歷朝臣傳：梁夢龍，徐學謨，翁正春，趙炳然，霍冀，王崇古，方逢時，鄭洛，周世選，凌雲翼，張佳胤，張學顏，薛三才，涂宗濬，舒化，曹邦輔，殷正茂，丁士美，靳學顏，楊起元，許孚遠，洪朝選，方弘靜。

天啓崇禎朝臣傳（此二朝有目無傳）：賀逢聖，崔景榮，黃汝良，薛三省，南企仲（祖南大吉，父南軒，子南居業，南居仁附），南師仲（祖南逢吉，父南軒附），南居益，朱燮元，謝湄，周道直，王三善，傅宗龍，汪喬年，姜習孔，方大鎭，（父方學漸，子方孔炤，孫方以智附），鹿繼善（祖鹿久徵，父鹿正，子鹿化麟附）馬孟禎，申佳胤，胡守恒，許文岐，顧大章弟顧大韶，石有恒，呂天器（王祥，楊展附），詹兆恒。

按：參瑛撰泰順成三朝列傳多與潛菴擬稿相同，但不如潛菴之完備。而撰隆，萬，啓，禎四朝列傳亦僅寥寥數十人，大臣如張居正，申時行，葉向高等且無一傳，不識是否該大臣等傳另有所屬也。

（五）朱彝尊明史擬稿（附入曝書亭集，另有史館稿傳單行本上海神州國光社影印）

康熙十八年，詔舉博學鴻詞科，以布衣試入選者：富平李因篤，吳江潘耒，無錫嚴繩孫，及彝尊四人；皆除翰林院檢討，與所擢五十人，同纂修明史。彝尊之在史館也，凡七上總裁書，論定凡例；訪遺書；請寬其期，毋如元史之迫于時日，多所乖謬；辯從亡，致身錄之不足信；謂方孝孺之友宋仲珩，王孟緼，鄭叔度，林公輔諸人，咸不及于難，則文皇當日無并其弟子友朋爲一族戮之之事，其所謂九族者一族也；謂東林多君子而不皆君子，異乎東林者亦不盡小人，作史者不可先存門戶之見，而以同異分邪正賢不肖。世皆以爲有識（見清史列傳）。又其撰文皇帝本紀，本之實錄，參之野紀，削繁證謬，屛誣善之辭，成稿三卷，上之史館，（見史館上總裁第四書）。分撰列傳三十篇，載入曝書亭集六十二、三、四卷中。

史館藁傳一（曝書亭集六十二卷）

汪克寬，貝瓊（宋禧附），王彝（杜寅，張簡附），趙壎，陳基，高啓（謝徽，傅著附）傅恕，朱右，王廉，朱廉（徐尊生附）。

史館稿傳二（曝書亭集六十三卷）

戴良（王逢附），唐肅（謝肅附），錢宰（張美和，楊軌附），徐賁（宋克，陳則，余堯臣，呂敏附），袁凱（顧祿，管訥附），孫賁（王佑，黃哲，李德，趙貞附），王蒙（郭傳附），林鴻（鄭定，王褒，唐泰，王恭附），孫作（張宣附），王偁，葉子奇（王毅附），王洪（王達，張洪附），高棅（明史附林鴻），王紱（夏㫤附），沈度（夏昺附），劉溥（劉珏附）。

史館稿傳三（曝書亭集六十四卷）。

王冕，楊維楨（錢維善，陸居仁附），徐一夔，劉永之，趙撝謙（趙俶，張昱，吳志淳附），答祿與權。

按：汪克寬，王冕二傳，彝尊手寫稿傳三十篇中已缺去，惟曝書亭集內仍存焉。又曝書亭集六十四卷之末，尚有文淵閣大學士錢公傳（錢龍錫），崔子忠，陳洪綬合傳，李无垢傳，共三篇。錢龍錫因袁崇煥之斬毛文龍而下獄，後雖遇赦，然已含寃莫白，彝尊爲之作傳，或欲以剖其寃也。崔洪同爲崇禎間名畫師，藝同癖同，因合爲一傳。至李无垢乃清初一醫士。以上三傳，當非史館之稿也。

（六）施閏章明史擬稿（見學餘堂集，四庫本不載）

（康熙己未，上初開制科，詔丞相御史及諸郡縣，擧天下學士備顧問者。三相上君名，御試授翰林院侍講，充明史纂修官。明年陞侍讀，奉命纂修太宗文皇帝寶訓。時筆札旣煩，復以哭叔父訃，時過哀毀，神氣澌散。值望日朝下，端坐草馮恭定傳，自午至酉，移案就簷隙。草罷不能起，左右掖之至榻間，「若形存者，然而卒無病。」越數月，「沐浴卒（見毛奇齡翰林院侍讀施君閏章墓表）。在史館覈同異，析是非，無所回枉。二十年充河南鄉試正考官，二十二年轉侍讀。著有明史擬稿七卷（見清史列傳）。

明史列傳目錄：

李賢，彭時，商輅，岳正，呂原，劉定之，余子俊，白圭，項忠，原傑，薛瑄，段堅，陳選，吳與弼，胡居仁，陳獻章，羅倫，陳眞晟，俞士悅，夏寅，何鑑，徐廷璋，霍瑄，李檼，焦源溥，陸培，瞿景淳，諸大綬，劉體乾，高邦佐，楊博，褚鐵，劉有源，葉永盛，周鑣，周于義，萬琛，陶大臨，李邦華，張愼言，王紀，林士章，沐敬，覃吉，陸炳，郭勛，江彬，錢寧。

按：右施閏章明史列傳稿四十八篇，据倫明先生清修明史考稿，云見于學餘堂集。但查四庫本學餘堂集二十八卷，並無此列傳稿（惟存李邦華一傳）。又据毛西河墓表，施侍讀曾草有馮恭定傳，倫先生所見之學餘堂集及四庫本均不載，不知何故？又查四庫本尙有袁業泗，袁繼咸，熊仲龍，蕭正固（子用道附），田文起，汪借菴，張五權，呂心源，兩孫先生（經，緯），袁君啓，汪惟清，吳延支，浮屠智元等傳，未知是否史館傳稿，記此待考。

（七）汪琬明史擬稿（見鈍翁續稿，四庫本不載）

康熙十七年，詔擧博學鴻詞，廷敬疏荐先生；兵部尙書宋公德宜，亦別爲疏，同日以荐。明年詔試，授翰林院編修，與修明史。先生旣以道德文章爲己任，由是有側目之者，益思歸故山。在史館六十日，撰史稿百七十五篇，杜門稱疾者一年，以病免而歸。歸十年而卒（見陳廷敬汪先生琬墓誌銘）。

明史列傳目錄：

公主傳：仁祖二女；太祖十六女（第三，第十，第十三女，早卒，無封號。凡十三公主。）韓林兒（劉福通附），郭子興，明玉珍（子昇附），陳友諒（子理，熊天瑞附），張士誠，陳友定（子海附），哈納出，徐達（子輝祖，增壽，膺瑞附），李文忠（子景隆，增枝附），鄧愈，湯和（曾孫胤績附），沐英（子春，晟，昂附），廖永安，胡大海（養子德濟附），何眞，韓政，楊璟，胡海，張赫（朱壽附），張溫，王弼，孫炎，胡深，何文輝，徐司馬，郭雲，王銘，武德（張鑑附），王溥，李伯昇，宋濂（子璲附），陶安，孔希學（父克堅，從子諤，族孫公恂附），楊元杲（阮宏道，范常附），危素，許存仁（劉永直附），曾魯，鄭湜（弟洧附），徐宗實，荅祿與權，張籌（父翼附），胡子祺，劉士貆，羅子理，劉辰，馮堅，李仕魯（陳汶輝附），韓宜可（周觀政，歐陽韶附），凌漢，葉居升，道同，汪河，羅復仁，蔡哲，傅安（郭驥附），趙秩（沈秩，楊載附），費宏（弟宋附），翟鑾，夏言，李春芳（曾孫信附），倪岳（弟阜附），毛澄，汪俊（弟偉，佃附），吳一鵬（子子孝，胡侍附），朱希周，金獻民，秦金（孫柱，族曾孫耀附），趙鑑，趙璜，何孟春，徐文華，鄒守益，崔銑，馬理，舒芬（崔桐附），朱淛，豐熙（子坊附），安磐，楊言（陳察附），夏良勝，薛蕙，汪應軫，王思（王相，張日韜，張澯附），毛玉，張原，邵經邦，姚淶，韋商臣，馬永，趙時春，曾銑，（李珍附），王象乾（弟象晉，從弟象恒，象春附），李逢時，金士衡，侯震暘（子峒曾，岐曾附），周宗建，周順昌（朱祖文附五人），喬可聘，衞景瑗（族子胤文附），張以寧（石光霽附），胡翰，趙汸（徐尊生附），徐一夔，歸有光（子顧附），來知道，黃淳耀（弟溫耀附），楊維楨，蘇伯衡，張孟兼（吳印附），袁凱，高啓（楊基，張來儀，徐賁，王彝附），宋克，王行，楊循吉（都穆附），唐寅，徐禎卿（黃省曾附），祝允明（桑悅附），文徵明（子彭，嘉，陳道復等附），陳揚王，馬徐王，湯祖契妻，戴思恭（王履附），滑壽，王振，曹吉祥（從子欽附）。

按：四庫提要云「初，琬自裒其文為鈍翁類稿六十二卷，續稿五十六卷。晚年又手刪定為此篇（四庫所收之本）。其門人侯官林佶為手寫而刊之」。右列傳稿在鈍翁續稿內，四庫本堯峰文鈔五十卷不載，蓋已刪去。但續稿所載列傳百二十五篇，與陳廷敬墓誌銘所云「百七十五篇」相差五十篇，疑有缺失。又查堯峰文鈔尚有申甫，乙邦才，劉惟中，邵宗元，江天一，史兆斗，楊彝，顧夢麟兩先生，彭子籛，王御史，華鳳超，王泰徵，岳荐，文震孟，張爾孚，袁氏六俊（陶邦正，謝湖先生，谷虛先生，臥雲公，胥臺先生，志山公），及忘菴王先生等傳，不知是否史館傳稿？待考。

（八）沈珩明史擬稿（見耿巖文選）

康熙戊午，詔舉博學鴻詞，宰相高陽，寶坻，益都三公，合疏荐之。己未御試，授翰林院編修，纂修明史，傳述論贊，有史館三長之目。壬戌以疾乞歸。乙亥七月卒。另纂有明史要略一書（見趙士麟沈君珩傳）。

耿巖文選傳目：

太僕湯公伯閎傳太常侯公以康傳（子恂恪附），司寇徐公石麒傳，奉常葛公寅亮傳，中丞蔡公懋德傳，御史陳公潛夫傳，督府僉書朱公先傳，（孫祖文附），明太僕譚公昌言傳，陸公鯤庭傳（汪渢附），海寧令林公子野傳，孝慶祝公開美傳，漳浦令沈聞大傳。

按：耿巖文選分初二集，而所載傳稿僅十二篇，或以沈珩分撰論贊，列傳稿遂不多撰也。

（九）萬邦榮明史擬稿（見明史列傳分纂，北平圖書館藏）

雍正三年四月十三日，明史館總裁左都御史蔡（當是蔡文勤公世遠）面奏：「河南襄城縣舉人萬邦榮學問好，請授爲明史館纂修官。」奉旨：照准。（見卷首題詞）其所分列傳即孫嘉淦（孫因點學差）所遺也。擬稿多在嘉靖萬曆間，其中最著名者如海瑞，呂坤，吳中行，顧憲成，允成，湯顯祖諸傳，難以悉舉也。自謂：「操管纂修；殫精竭慮，其才力學識胥于是乎在」云云。（見萬六德跋引萬邦榮與劉芳草書）

明史列傳分纂目錄（起明史卷二百二十五，列傳卷一百十三。）

卷一：張瀚，王國光，梁夢龍，楊巍，李戴，趙煥，鄭繼之。

卷二：海瑞，何以尚，邱橓，呂坤，郭正域（移傳）。

卷三：龐尚鵬，宋儀望，張岳，李材（移傳），陸樹德，蕭廪，賈三近，李頤，朱鴻謨，蕭彥（弟雍查鐸附），孫維城，謝杰（移傳），郭惟賢，萬象春，鍾化民，吳達可。

卷四：魏學曾（葉夢熊，梅國楨附），李化龍（江鐸附）。

卷五：劉臺（馮景隆，孫繼先附），傅應楨，王用汲，吳中行（子亮，元，從子宗達附），趙用賢，孫士春，艾穆（喬璧星，葉春及附），沈思孝（丁此呂附）。

卷六：蔡時鼎，萬國欽，王教，饒伸（兄位，及劉元震，元霖附）（移傳），湯顯祖，李琯，逯中立（盧明諏附），楊恂（冀體，朱爵附），姜士昌，宋燾，馬孟楨，汪若霖。

卷七：顧憲成（歐陽東鳳，吳炳附），顧允成（張納陛等附），錢一本（子春附），于孔兼（陳泰來附），史孟麟，薛敷教（吳弘濟，譚一召，孫繼有附），劉元珍（龐時雍附），葉茂才。

卷八：魏允貞（弟允中及劉以蘭附），王國，余懋衡（移傳），李三才（移傳）。

卷九：姜應麟（從子思睿附），陳登雲，羅大紘（黃正賓附），李獻可（舒弘緒等附），孟養浩，朱維京，王如堅，王學曾（涂杰附），張貞觀，樊玉衡（子鼎遇，維城，孫自一附），謝廷讚（兄廷諒附），楊天民，何選（馮生虞，任彥蘖附）。

卷十：盧洪春（范儁，董基，王就學等附），李懋檜，李沂（固弘綸，潘士藻附），維于仁，馬經綸（林熙春，林培附），劉綱，戴士衡，曹學程（子正儒及郭實附），翁憲祥，徐大相。

卷十一：王汝訓，余懋學，張養蒙，孟一脉，何士晋（陸大受，張庭，李倖附）（移傳），王德完，蔣允儀（移傳），鄒維璉（吳羽文附）（移傳）。

卷十二：李植，江東之，湯兆京，金士衡，王元翰，孫振基（子必顯附），丁元薦（于玉立附），李朴，夏嘉遇。

卷十三：傅好禮，姜志禮，包見捷（移傳），田大益，馮應京（何棟如，王之翰，卞孔時附），吳完堯，吳寶秀，華鈺（王正志附）。

卷十四：李成梁（子如松，如柏，如楨，如樟，如梅附），麻貴（兄錦等附）（移傳）。

卷十五：田一儁（沈懋學，懋學從孫壽民附），李汝華，張光前，葉廷秀，湯開遠，陳龍正。

（十）王源明史擬稿（見學菴類稿）

青浦王令詒撰明史食貨志，爲目十二：曰農桑，曰戶口，曰田制，曰賦役，曰漕運，曰倉庫，曰鹽法，曰錢鈔，曰茶礬，曰課稅，曰上供採造，曰會計。其爲書不屑屑追擬明史，而序事有法，贍而不穢，要而能舉，誠良史也。（見明史食貨志朱書序）按原書題明史食貨志，而朱氏序又謂「不屑屑追擬明史，」不知此志曾入明史否？現北平圖書館所藏原書在學菴類稿中，殘缺太多，無從詳考，願將來能得完本一考覈焉。

明史食貨志目錄：

卷一：志序　志上之一（農桑）

卷二：志上之二（戶口）

卷三：志上之三（田制）

卷四：志上之四（賦役附荒政）

卷七：（存第四十二葉，餘缺）

卷十：（缺第一葉，餘全）

卷十一：（缺第一葉前半，餘全）

（其餘各卷俱缺）

右十人所擬史稿或附入文集中，或另自成書，現俱有存本可考，故將其所擬史稿卷目概行錄出，俾便與明史參考。其前後在館纂修各官所擬稿一時未能見到者，想仍不少，俟陸續考得，當再錄之。

七　明史因襲成文之例證

按：明史纂修，先由各纂修官鬮題擬稿，擬成之稿，送呈總裁核定。其或增或損，或用或否之權，則在總裁；蓋總裁乃任核稿之責，而非秉筆擬稿者也。明史于康熙十八年開館重修，屢淹歲月，迄康熙一朝，尚未成書；而諸纂修官或去或卒，歷任總裁亦相繼下世；王鴻緒以總裁之僅存，見同館凋零，乃起異念，取館中全稿為己有，冒署為橫雲山人集，書雖未頒行，然後來張廷玉等重修明史，即依据其書，後世蓋以其書為明史初稿矣。查王氏前後在史館，俱任總裁之職，其不操筆擬稿可知，即纂修官鬮題分撰之稿，總裁認為不當，自告奮勇而另擬之，而一人時間精力有限，亦決無成就全史之理，王氏，自欺欺人，殆顯而易見。

其最成為問題者，則余近在北平圖書館見到四明萬季野先生明史稿一部，又四百十六卷本明史一部，取此二書互勘，已不相同，而與王氏明史稿及張廷玉等明史勘之亦異，可知在王氏明史稿以前，仍有二部明史稿也。

然考王稿以前，未聞明史全稿曾有成書，惟萬斯同館徐元文家十載，為核定明史紀傳四百十六卷，見于楊椿上明鑑綱目館總裁書，而方苞萬季野墓表亦有「季野所撰本紀列傳凡四百六十卷，惟諸志未就」之語。今查萬氏史稿本紀十九卷，列傳二百九十四卷，共三百十三卷，志表俱缺，不知方氏所云四百六十卷者，合志表言之，抑志表尚不在其內也。如志表在內，則三百十三卷之外，尚有一百四十七卷為志表，恐無如此之多；若志表在外，則萬氏史稿全部當至五百餘卷矣，恐亦不合。此書卷首有方苞萬季野墓表一篇，而墓表又有「戊戌夏六月，臥病塞上，追思前言，始表而誌之，距其歿蓋廿有一年矣，（戊戌爲康熙五十七年，季野卒於康熙四十一年，此處恐有誤）」之語，疑此書卽方氏所鈔存者；然無論如何，此書僅有紀傳，而無志表，與方氏所稱「諸志未就」之語尚合，其為萬氏史稿可無疑也。

惟四百十六卷本明史，既不同于萬稿，復不同於王稿張稿；查史館任總裁較久者，王鴻緒之外則為徐元文熊賜履，然徐氏卒時，史稿未成，卽謂萬氏為核定四百十六卷，則徐稿亦卽萬稿，當無他本；而熊賜履進史稿數卷，見于康熙詔諭，亦未聞曾彙成四百餘卷者。今細勘四百十六卷本，其紀傳二部，乃增損萬稿而來，而王稿又從四百十六卷本增損而來，是四百十六卷本乃介于萬稿與王稿之間者也，特為何人所核定，則尚未能斷定耳。

又余嘗怪方象瑛之擬順成弘正各朝列傳，多與潛菴擬題相同，如方氏擬于忠肅傳，施愚山曾稱美之，以為可寫一篇焚之忠肅祠中，及觀潛菴史稿又有于忠肅傳，不知當時何以兩人同擬此題？不知此題誰先鬮得？又不知後來明史成書採用何人之稿？迄今觀之，其疑乃釋。蓋于忠肅傳，乃范必英鬮得之題，由總裁改命方氏擬成者也。（見方象瑛與施愚山書）。潛菴于康熙二十一年擢總裁，與陳廷敬分核紀傳等稿，即以方氏所擬各傳，稍加删潤，彙入潛菴史稿，由是方稿乃變為湯稿矣。明乎此，不特方稿，湯稿重複無可異，而亦可知凡為總裁者，皆欲冒他人稿為己有也。湯氏任總裁不久，卒時全稿尚未成（康熙二十六年罷官旋卒），不能及身操核全稿之權，更不能及身取全稿為己有，斯可憾耳！不然，攘他人之美而為己有者，豈僅王鴻緒而已哉！將見橫雲山人明史稿之前，已先有潛菴明史全稿矣！

由是吾人可知明史全部構成之經過焉。蓋史稿構成，本于實錄，參之稗官野史，而要以實錄為依歸。可知實錄為纂修官所据以構成史稿之主要材料，再由纂修官之稿變為萬稿（有一部分先變爲湯斌等稿），再變為四百十六卷本之稿，再變為王鴻緒稿，再變為張廷玉等稿，其本紀一類，復變為乾隆四十二年英廉于敏中等改稿；以此推之，明史勒成，中間蓋經六七次之改變矣；然後知攘美之譏不必獨加于王鴻緒，而過情之譽亦不能盡歸于張廷玉等。千秋事業，談何容易？而數千百人所費之心血，當不可汨沒也。玆舉太祖本紀一段及王偉傳，合諸稿之文而比較之，即可知其因襲成文之痕迹焉。

（一）太祖本紀（節洪武三十一年之文）

一、太祖實錄　卷二百五十六：三十一年春正月乙卯，暹羅斛國蘇門邦王昭祿羣膺，遣使貢方物，賀正旦。賜其使人鈔帛有差。（湯稿有，他稿無。）

壬戌，大祀天地于南郊。（張稿有，他稿無。）

乙丑，上以山東河南，民多惰于農事，以致衣食不給，乃命戶部遣人材分詣各縣，督其耕種，仍令籍其丁男所種田地與所收穀菽之數來聞。（萬稿張稿四百十六卷稿均有，他稿無。）

二月庚辰，命吏部設學于虎踞關，選儒士十人，教授故武臣子弟之養于錦衣衞者，儒士人給米月二石。（湯稿有，他稿無。）

乙酉，倭夷寇山東寧海州，由白沙海口登岸，殺掠居民，殺鎭撫盧智。寧海指揮陶鐸，及其弟鉞，出兵擊之，斬首三十餘級，賊敗去。鉞爲流矢所中，傷其右臂。先是倭夷嘗入寇，百戶何福戰死，事聞，上命登萊二衞發兵追捕，至是鐸等擊敗之。詔賜鈔帛恤福家。（各稿均有。）

丁酉，浙江都指揮使陳禮言：近者倭賊二千餘人，船三十餘艘入寇海澳寨楚門，千戶王斌，鎭撫袁潤等禦之，賊勢暴悍，斌等力不能勝皆戰死。詔發兵出海追捕，賜鈔帛恤斌潤家。（湯稿有，他稿無。）

庚子，水西阿曠畢所部土酋么不率花，犵阿由那，與西堡滄浪等寨長必莫者等，燒劫屯堡，聚衆作亂，征南將軍都督僉事顧成發兵討之。已而西堡賊阿革傍等，復糾合阿黎寨三千餘人爲寇，成遣安莊衞指揮使陸秉，普安衞指揮顧統等，分道擊敗之，其他悉平，成還京師。（萬稿四百十六卷稿均有，他稿無。）

辛丑，總兵官左軍都督楊文等，奏克平古州林寬餘黨，並俘獲三十岡等處洞蠻二千九百七人，惟潰入山谷者未盡勦絕，近軍士多病，乞分往近地辰溪等處就糧操練，俟秋成進取餘黨。上以餘寇多脅從，不必窮追，遂召文等還京師。（王稿張稿均有，他稿無。）

甲辰，都督僉事徐凱等平卜木瓦寨，執叛酋賈哈剌送京師誅之。賈哈剌麼些土豪也。初王師克建昌，授以指揮，俾領其部落，後與月魯帖木兒叛走，據卜木瓦寨，其地峻險，三面斗絕，下臨大江，江流悍急，不可行舟，惟一道僅可通行人，官軍至，輒自上投石，遂爲所扼不得進。及是凱等至，斷其汲道以困之，寇不得水，日就窮促，凱乃督將士直抵其寨力攻之，寇不能支，遂就擒。（湯稿及他稿均有，惟王稿無。）

三月戊申朔，琉球國中山王察度，遣其臣阿蘭匏押撒都結致每步結致撒都奴侍，貢馬及硫黃胡椒等物，其世子武寧亦如之。先是其國遣女官生姑魯妹在京讀書，至是謝恩來貢。（湯稿有，他稿無。）

己未，晉王棡薨。王上第三子，孝慈皇后所生，十三歲受封，又十七年而之國，聰明英銳，受學于翰林學士宋濂，學書于錄事杜環，眉目聳秀，美鬚髯，顧盼有威容，多智數。至是以疾薨，上哀慟，輟朝三日，賜謚曰恭（冊文省）。（各稿均有，惟張稿無。）

癸亥，賜琉球國中山王察度冠帶。先是察度遣使來朝，請中國冠帶，上曰：「彼外夷能慕我中國禮義，誠可嘉尚，」命禮部圖冠帶之制往示之。至是遣其臣阿蘭匏等來貢，謝恩，復以冠帶爲請，命如制賜之，並賜其臣冠服。（湯稿萬稿四百十六卷稿均有，他稿無。）

甲戌，免鳳陽懷遠縣去年田租。先是耆民胡官一等詣闕言，歲旱稼穡不收，租稅無所出，願以銀鈔布帛代輸。戶部尙書郁新以爲撥對官軍俸糧已定，難聽折收。上曰：「民者國之本也彼旣饑餒，而又責其賦稅，將困踣流亡，豈爲人上之道哉？」命悉免之。（湯稿萬稿四百十六卷稿均有，他稿無。）

四月丁丑朔，琉球國中山王察度，遣其臣阿勒佳稽程復，貢馬及硫黃。（湯稿有，他稿無。）

罷回回欽天監。（湯稿有，他稿無。）

庚辰，五軍都督府及兵部臣奏言：朝鮮國雖奉貢不絕，而疊生釁隙，請討之。上曰：「朕欲止朝鮮生釁者，將以安民也；興師伐之不難，得無殃其民乎？」但命兵部移文責之，彼若不悛，討之未晚

（兵部咨文省）（湯稿張稿均有，他稿無。）

戊子，陞刑部侍郎暴昭爲左都御史，天策衛經歷周璿爲僉都御史，璿以言事稱旨故也。（湯稿四百十六卷稿均有，他稿無。）

丁酉，遣通政使趙彝持節往山西，立晉世子濟熺爲晉王。（湯稿王稿均有，他稿無。）

陞龍江衞經歷黃福爲工部左侍郎，羽林衞經歷邊昇爲右侍郎，俱以言事稱旨故也。（湯稿有，他稿無。）

壬寅，詔免懷安府鹽城山陽二縣田租，時二縣大水傷稼，民因負租，上知之，故有是命。（湯稿萬稿四百十六卷稿均有，他稿無。）

是月，杜澤罷。（四百十六卷稿有，他稿無。）

五月丁未，西平侯沐春進兵擊平緬。先以兵送思倫發于金齒，使人諭刀幹孟不從，乃遣左軍都督何福瞿能等將兵五千往討之。福等踰高良公山直擣南甸，大破之，殺其酋刀名孟，斬獲甚衆。回兵擊景罕寨，寨乘，高據險，堅守不下，官軍糧械俱盡，賊勢益盛，福使告急于春，春率五百騎往救之，乘夜至怒江，詰旦徑度，令騎馳躪寨下，揚塵以驚之，賊乘高望見塵起蔽天，不意大軍卒至，驚懼，遂率衆降。春乘勝復擊崆峒寨，賊夜潰走，刀幹孟乃遣人乞降，事聞朝廷以其詐，復授春征虜前將軍，令侯變以討之。春後病卒，刀幹孟竟不降，乃命都督何福往討，擒刀幹孟以歸，思倫發思得還平緬，踰年卒。（各稿均有。）

辛亥，山東平度州昌邑縣知縣賈貴言：去年十二月大風拔木，海潮泛溢，浸沒民田三百一十餘頃，牟麥不收，今歲苗稼尚未可耕種，恐民失所。詔戶部核實，免其租。（湯稿萬稿四百十六卷稿均有，他稿無。）

占城國遣其臣孫子布婆陋埃烏台夜皮麼，貢方物。詔賜子布等衣鈔有差。（湯稿有，他稿無。）

甲寅上不豫。（各稿均有。）

戊午，敕左軍都督楊文曰：「兵法有言，『貳心不可以事上，疑志不可以應敵』為將者不可不知也。朕子燕王在北平，北平中國之門戶，今以汝為總兵，往北平參贊燕王，以北平都司行都司並燕谷寧三府護衞，選揀馬步精銳軍士，隨燕王往開平隄備，一切號令皆出自王，汝奉而行之，大小官軍悉聽節制，愼毋貳心而有疑志也！」敕武定侯郭英曰：「朕有天下，胡虜遠遁久矣，然萌孽未殄，不可不防。今命汝為總兵，都督劉眞宋晟為之副，啓遼王知之，以遼東都司並護衞各衞所步軍，除守城馬軍，及原留一百存守斥堠，餘皆選揀精銳，統領隨遼王至開平迤北，擇險要屯駐隄備，一切號令，悉聽燕王節制。」（各稿均有，惟湯稿無）

按：此文當是永樂中改修太祖實錄時所竄入者。燕王蓋欲以節制之師，為篡位掩飾，全非信筆。湯稿不以此文入太祖本紀，頗有見識。萬氏頗迴護燕王，再存此文，其後四百十六卷稿及王稿張稿遂相沿不改矣。

丙寅，暹羅國王遣使奈斯勿羅者貢方物，賜使者鈔錠。（湯稿有，他稿無。）

戶部尚書郁新言：「往者山西狹鄉無田之民，募至山東東昌高唐境內屯種給食，今已三年，請如民田例徵租。」上命再復其租一年。（湯稿萬稿四百十六卷稿均有，他稿無。）

丁卯，高郵州泰州水，免其田租。（湯稿萬稿四百十六卷稿均有，他稿無。）

閏五月乙酉，上崩于西宮。上素少疾，及疾作日，臨朝決事不倦如平時，漸劇乃焚香祝天曰：「壽年久近，國祚短長，子孫賢否，惟簡在帝心，爲生民福。」卽遣中使持符召今上還京，至淮安，用事者矯詔卽還，上不之知也。疾亟，問左右曰：「第四子來未？」言不及他，聞雨降，喜形于色，遂崩，壽七十一。遺命，喪葬儀物，一以儉素，不用金玉，孝陵山川因其故無改作，天下臣民出臨三日俱釋服，無妨嫁娶。辛卯，葬孝陵。（各稿均節載此文）

（贊）上以天縱之資，起自田里，遂成大業。當是時，元政陵夷，豪傑並起，大者竊據稱尊，小者連數城邑，恣爲殘虐，糜弊生民，天下大亂極矣。上在民間，憫焉傷之。已而爲衆推戴，拒之益來，乃不得已起義，卽條法令，明約束，務以安輯爲事，故所至撫定，民咸安堵，不十餘年間，盪滌羣雄，戡定禍亂，平一天下，建混一之功，雖曰天命人歸，要亦神武不殺之所至也！卽位之初，稽古禮文，制禮作樂，修明典章，興舉廢墜，定郊祀，建學校，尊孔子，崇儒術，育賢才，注洪範敘九疇，罷黜異論，表章經籍，正百神之號，嚴祭祀之典，察天文，推曆數，定封建，謹法律，愼賞罰，接四夷，海外遠方諸國，皆遣子弟入學。南極炎徼，北逾冰壤，東西際日月之所出沒，罔不率服。昧爽臨朝，日晏忘飧，虛心淸問，從諫如流，神謀睿斷，昭見萬里。退朝之暇，卽延接儒生，講論經典，取古帝王嘉言善行，書置殿廡，出入省覽。斥侈靡，絕遊幸，却異味，罷膳樂，泊然無所好，敦行儉朴，以身爲天下先。凡詔誥命令，詞皆自製，淳厚簡古，洞達物情。戒諭臣下，動引經史，諄切懇至，聽者感動。訓敕子孫，具有成書。貽法萬世，謹宮闈之政，嚴宦寺之防，杜外戚之謁，而家法尤正，紀綱法度彰彰明備。至于禮先代，罷獻俘，存高年，興孝弟，勵農桑，蠲逋負，宥死刑，焚獄具，旌廉能，黜貪酷，摧奸暴，佑良善，寬仁愛人，專務德化，是以身致太平三十餘年，民安其業，吏稱其職，海內殷富，諸富之物，莫不畢致，功德文章，巍然煥然，過古遠矣。傳稱：「唐虞禪，夏后殷周繼，」然成湯革夏，乃資亳衆，武王伐商，爰賴西師；至于漢高，雖起徒步，尚籍亭長，挾縱徒，集所附；上不階尺土，一民呼吸響應而有天下，方冊所載，未之有也，於戲盛哉！況生而臣民，屢有異徵，日章天質，鳳目龍姿，聲如洪鐘，奇骨貫頂，故元時太史言「聖人生江淮」，按讖索之竟不得，蓋天啓大明隆盛之運，實生聖人以膺景命，夫豈偶然！在位三十一年，升遐之日，天下哀慕如喪考妣。永樂元年六月丁巳，尊謚「聖神文武，欽明啓運，俊德成功，統天大孝高皇帝」，廟號太祖。

按：趙翼廿二史劄記云：「太祖本紀，多本之實錄及御製皇陵碑，世德碑，紀夢文，西征記，平西蜀文，周顛仙人傳。此外則皇明祖訓，皇朝本紀，天潢玉牒，國初禮賢錄，及陸深之平胡錄，北平錄，平漢錄，平吳錄，平蜀記，黃標之平夏記，張紞之雲南機務抄黃，高岱之鴻猷錄，唐樞之國琛集，王世貞之名卿績記，顧璘之國寶新編，徐禎卿之剪勝野聞，王文祿之龍興慈記等書，無慮數千百種，類皆資其采擷。」今考太祖本紀初稿為湯潛菴所擬，是否博采上述諸書，尚待分析考證。惟湯稿敘洪武三十一年事，則完全依據實錄，而實錄所記事蹟甚繁，各稿所不採之材料，概行刪去。茲為便于比較起見，先鈔實錄節文于首。

又按：實錄末段之論贊，與湯稿萬稿四百十六卷稿及張稿之太祖本紀論贊，互不相同，而王稿且無之。蓋論贊為全篇之總評，自不可少。惟太祖畢生事蹟甚多，擇其要者立論，是在秉筆者之識力如何？因各稿不同，故並錄之，以便比較。

二、潛菴史稿　卷四，葉二十八：三十一年春正月乙卯，暹羅斛琉球入貢。（萬稿無）二月庚辰，設學于虎踞關，教武臣子弟。（萬稿無）乙酉，倭寇山東，指揮陶鐸擊敗之。丁酉，（倭）寇浙江，千戶王斌，鎮撫袁潤戰死，恤其家。（萬稿無）甲辰，賈哈剌伏誅。三月戊申，琉球入貢。（萬稿無）己未，晉王棡薨。癸亥，賜琉球國中山王察度冠帶，並陪臣冠服。（萬稿文異）甲戌，蠲鳳陽懷遠去年田租。（萬稿文異）夏四月丁丑，琉球國中山王察度遣使謝賜，貢馬及方物。（萬稿無）罷回回欽天監。（萬稿無）戊子，以刑部侍郎暴昭爲左都御史。（萬稿無）庚寅，（應改庚辰）五府兵部請討朝鮮，不許。（萬稿無）丁酉，立晉世子濟熺爲晉王。（萬稿無）擢龍江衞經歷黃福爲工部左侍郎。（萬稿無）壬寅，蠲鹽城山陽田租。（萬稿文異）五月丁未，西平侯沐春擊平緬，大敗之，沐春卒，都督何福執刀幹孟，歸思倫發于平緬。（萬稿文異）辛亥，以昌邑去年海溢沒民田，蠲其租。（萬稿文異）占城入貢。（萬稿無）甲寅，帝不豫。丙寅，暹羅斛入貢。（萬稿無）再復山東流民（漏租字）一年。（萬稿文異）丁卯，高郵泰州水，蠲田租。（萬稿文異）閏五月乙酉，帝崩于西宮，年七十一。遺命：喪葬儀物，一以儉素，不用金玉；孝陵山川因其故無所改；天下臣民哭臨三日皆釋服，無妨嫁娶。辛卯葬孝陵。永樂元年，上尊謚曰「聖神文武，欽明啓運，俊德成功，統天大孝高皇帝，」廟號太祖。嘉靖十七年，加上尊謚曰「開天行道，肇紀立極，大聖至神，仁文義武，俊德成功高皇帝。」（萬稿文稍異）

帝聰明神武，勤于聽斷，昧爽臨朝，薄暮還宮，雖寒暑不廢。士無貴賤，皆得引見。一事裁決未當，中夜弗寐。仰觀天象，見一星失次，即爲惶懼。體察政事，次第劄記，待且行之。侍臣承間以軒皇養性之說進，帝曰：「朕豈不知頤養可以永年？但自古國家，未有不以勤而興，怠而廢者。天命去留，人心向背可畏也，何敢暇逸！」嘗曰：「天人之理無二，人當以心爲天。」指宮中隙地示太子曰：「此非不可起臺榭爲遊觀地，第令內侍種蔬，誠不忍勞民也。」視事東閣，暑甚流汗，侍臣見其更衣，皆經澣濯。御史中丞陳寧等來奏事，帝方免冠櫛髮，見之遂移入幃內，櫛已正冠，始出相見。微時未嘗學問，及攻討四方，與諸儒息馬講藝，援筆爲文，頃刻數千言，並極典贍，無所凝滯。與廷臣論及漢唐以來，女寵外戚，宦官藩鎭，禍及國家，曰：「人君不邇聲色，嚴宮闈之防，女禍何自而生？不牽私愛，惟賢是用，外戚之禍何自而作？供給掃除，不假兵柄，則無宦官之禍。上下相維，中外相制，防壅蔽，謹下移，使財歸有司，兵須合符，安有權臣藩鎭之患？」至於修飭邊備，文德懷柔，來者禦之，去不窮追，則疆圉鞏固，萬世之法戒備矣。（萬稿有論無贊，其文與此大同小異，當卽改此稿而成者。）

贊曰：唐虞禪受尙矣！湯武皆由諸侯而王；漢高起徒步，尙籍亭長，唐宋之興，皆因勢乘便。太祖出自側微，不階尺土一民，而削平僭亂，定有中原，海外君長，奉正朔，受冠帶，功烈之盛，方册所載，未嘗有也！承元之後，制作禮樂，修明舊章，崇儒術，重祀典，求賢賜租之詔無歲不下，禮高年，褒孝弟，勵農桑，旌廉能，重節義，黜貪墨，蓋功德兼隆焉。至其家法謹嚴，后妃不得預政，外戚無請謁之私；五府六部，而朝無專政之臣，置衞屯田，而國無養兵之費；尤其立法之善者。獨是懲元政廢弛，治尙剛嚴，所謂「治亂國用重典」與？然時時越法，有所縱舍，大抵疎於微賤，而詳於貴近，故功臣保全亦異于唐宋矣。至朝鮮安南內亂，惟以璽書告誡，不事征討，又非好大喜功者所可及也。祚幾三百，不亦宜乎！（萬稿無贊，四百十六卷稿及張稿均有論有贊，但與此文不同。）

按：太祖本紀爲潛菴所鬮得之題，乃第一次節取太祖實錄材料而成之稿，故次于實錄之後，以便比較。

又按：潛菴此稿，經于康熙二十年擬成。壬戌（二十一年）春，先生典試浙江事竣，過其家時，曾出此稿示其同里田蘭芳，蘭芳贊曰：「簡。」先生喜曰：「正恐不能當得此字耳！」（見潛菴史稿田蘭芳評）詎知由湯稿順遞變至王稿張稿，愈後愈簡，毋乃太簡乎！以各稿互勘之，其迹自見。

三、萬季野明史稿　卷四：三十一年春正月乙丑，遣人材分詣山東河南州縣課農。（四百十六卷稿同。）二月乙酉倭寇寧海，指揮陶鐸擊敗之。（四百十六卷稿同。）庚子，水西蠻平。（四百十六卷稿同。）甲辰，徐凱俘麼些叛酋賈哈剌送京師伏誅。（四百十六卷稿同。）三月己未，晉王棡薨。（四百十六卷稿同。）癸亥，琉球中山王察度請從中國服制，賜其君臣冠服。（四百十六卷稿文異。）甲戌，蠲懷遠田租。（四百十六卷稿多「旱災」二字）壬寅，蠲鹽城山陽田租。（四百十六卷稿多「水災」二字。）五月丁未朔，沐春大敗平緬兵于南甸。（四百十六卷稿同。）辛亥，蠲昌邑海溢田租。（四百十六卷稿同。）甲寅，帝不豫。（四百十六卷稿同。）戊午，楊文率師從燕王棣備禦開平，郭英率師從遼王植備禦開平迤北，俱聽燕王節制。（四百十六卷稿同。）詔山西民田東昌者，再賜復一年。（四百十六卷稿同。）丁卯，蠲高郵泰水災田租。（四百十六卷稿同。）五月乙酉，帝崩于西宮，年七十一。遺詔：喪葬儀物，一從儉素，毋用金玉；孝陵山川因其故無所改；天下臣民哭臨三日皆釋服，無妨嫁娶；諸王各自臨國中，毋得至京師。六月上尊謚曰高皇帝，廟號太祖，十一月葬孝陵。永樂元年，上尊謚曰「聖神文武，欽明啓運，俊得成功，統天大孝高皇帝。」嘉靖十七年，加上尊謚曰「開天行道，肇紀立極，大聖至神，仁文義武，俊德成功高皇帝。」

帝以天縱之資，起自田里，發謀決策，動若神明，舉兵渡江，銳意大業，延納豪傑，兼攬羣英，故能削平南服，戡定中原，用兵先後，稟受成畫，軍鋒所至，無不得志者。卽位之後，勤于聽斷，每中夜弗寐，存省政事，次第劄記，待旦行之。侍臣乘間以養性之說進，帝曰：「朕豈不知頤養之可以永年？但自古國家，未有不由勤而興，怠而廢，天命人心，去留向背，皆繫于此，何敢卽安！」每仰觀天象，見一星失次，輒責躬惶懼。指宮中隙地示太子曰：「此非不可起臺榭，今第令種蔬，誠不忍勞民也！」視事東閣，暑甚流汗，迭更衣皆經澣濯。御史中丞入奏事，帝方櫛髮，遽入幃，櫛已整冠出見之。歲時召士用人如不及，士無貴賤皆得引見。微時未嘗學問，及征伐四方，與諸臣息馬講藝，援筆成文立就。興禮作樂，定制立程，蓋開創而守國之規模具備矣。

按：萬稿删改湯稿而來，其迹甚明；而萬稿又為四百十六卷稿所本，可以下節對照見之。

四、四百十六卷本明史　卷四：三十一年春正月乙丑，遣人材分詣山東河南州縣課農。（王稿無。）二月乙酉，倭寇寧海，指揮陶鐸擊敗之。庚子，水西蠻平。（王稿無。）甲辰，徐凱存壓些叛酋賈哈剌送京師伏誅（王稿無。）三月己未，晉王棡薨。癸亥，賜琉球君臣冠服，從其國王察度請也。（王稿無。）甲戌，蠲懷遠旱災田租。（王稿無。）夏四月戊子，刑部侍郎暴昭為左都御史。（王稿無。）壬寅，蠲鹽城山陽水災田租。（王稿無。）是月杜澤罷。（王稿無。）五月丁未，朔，沐春大敗，平緬兵于南甸。（王稿文異。）辛亥，蠲昌邑海溢田租。（王稿無。）甲寅，帝不豫。戊午，楊文率師從燕王棣備禦開平，郭英率師從遼王植備禦開平迤北，俱聽燕王節制。（王稿文異。）詔山西民田東昌者再賜復一年。（王稿無。）丁卯，蠲高郵泰水災田租。（王稿無。）閏五月乙酉，帝崩于西宮，年七十有一。遺詔，喪葬儀物，一從儉素，毋用金玉；孝陵山川因其故無所改；天下臣民哭臨三日皆釋服，無妨嫁娶；諸王各自臨國中，無得至京師。六月上尊謚曰高皇帝，廟號太祖，十一月葬孝陵。永樂元年，上尊謚曰「聖神文武，欽明啓運，俊德成功，統天大孝高皇帝。」嘉靖十七年，加上尊謚曰「開天行道，肇紀立極，大聖至神，仁文義武，俊德成功高皇帝。」（王稿文異。）

帝英武明達，具有大度，自率衆度江，延攬賢豪，兼綜羣策，用兵料敵，機變如神，諸將秉受成算，所至無不克捷者。卽位之後，勤于聽斷，每至夜分始罷，隆冬盛暑，未嘗少變。閒卽與羣臣講論不倦，嘗謂侍臣曰：「自古國家，未有不以勤愼而興，怠荒而廢，朕心悚惕，何敢卽安！」每遇災修省，避殿撤樂，軫念生靈疾苦，卽蠲租賑貸無虛日。自奉儉約，非宴享不設盛饌。謹于儀度，對臣工必整衣冠；禋祀必嚴齋宿，秉圭夔夔，祇言誠心；愛民尤矜窮困，語及稼穡艱辛，輒爲流涕。旁求俊乂，不吝爵賞；士無貴賤，皆得引見。崇尚敎化，隆重師儒，禮樂章程，煥然可述。其誡諭臣下，垂訓後昆，援筆成文，思如宿搆。晚年彌勤政理，邊防軍務，飭備益嚴，蓋開創之規模可謂弘遠也矣。（此文與萬稿相類）

論曰：帝由農畝奮興，驅除亂略，十餘年間，廓淸南服，掃羣雄而有之，及定鼎金陵，奠安中夏，遂定建瓴之勢，殆所謂智勇天錫，撥亂世反之正者與！臨御三十一載，孜孜圖治，日昃不遑，敷政任人，立綱陳紀，法制釐然丕備，一時吏畏民懷，四裔賓服，徽猷勳業，史不勝書，求之上古哲君，亦何以加焉。蓋其生長田間，艱難締造，人情世故，熟悉深嘗，諸所措施，絕非尋常意慮所能及。惟是刑罰所加，頗隣嚴急，或者時宜重典，固有不得不然者與？祖訓有之「朕權時處治，特儆奸頑，非子孫所常用，」觀此則帝一時用法之意亦大概可覩矣。不然，貽謀垂裕，懋建無窮之基，是遵何德也哉？（萬稿無贊，王稿則論贊俱删，張稿復論贊並存，而文不同。）

按：四百十六卷稿與萬稿大同小異，其改萬稿而來，迹甚顯明；惟王稿依據此稿，力求簡短，雖删節過多，而因襲痕迹終莫能掩也。

五、王鴻緒明史稿　卷三：三十一年春二月乙酉，倭寇寧海，指揮陶鐸擊敗之。辛丑，古州蠻平，詔楊文還京。三月己未，晉王棡薨。（張稿無。）四月丁酉，晉世子濟熺嗣爲王。（張稿無。）五月丁未，沐春擊刀幹孟大敗之。甲寅，帝不豫。戊午，都督楊文率北平軍從燕王棣，武定侯郭英率遼東軍從遼王植，備禦開平，俱聽燕王節制。閏五月癸未，帝疾大漸。乙酉崩于西宮，年七十有一。遺詔：喪葬儀物，一從儉素，毋用金玉；孝陵山川因其故毋改作，天下臣民哭臨三日皆釋服，無妨嫁娶，諸王臨國中，毋至京師。謚曰高皇帝，廟號太祖。永樂元年，謚「聖神文武，欽明啓運，俊德成功，統天大孝高皇帝。」嘉靖十七年，增謚「開天行道，肇紀立極，大聖至神，仁文義武，俊德成功高皇帝。」

按：王稿删節四百十六卷稿，僅存寥寥數文，且並論贊而去之，殆欲明其非竊之于人者，而筆削已失其當矣。張稿依據王稿，然增入壬戌，乙丑，甲辰，庚辰數文，蓋亦知王稿失之簡矣。

六、張廷玉等明史　卷三：三十一年春正月壬戌，大祀天地于南郊。乙丑，遣使之山東河南課耕。二月乙酉，倭寇寧海，指揮陶鐸擊敗之。辛丑，古州蠻平，召楊文還。甲辰，都督僉事徐凱討平麼些蠻。夏四月庚辰，廷臣以朝鮮屢生釁隙請討，不許。五月丁未，沐春擊刀幹孟大敗之。甲寅，帝不豫。戊午，命都督楊文從燕王棣，武定侯郭英從遼王植，備禦開平，俱聽燕王節制。閏五月癸未，帝疾大漸。乙酉，崩于西宮，年七十有一。遺詔曰：

「朕膺天命三十有一年，憂危積心，日勤不怠，務有益于民。奈起自寒微，無古人之博知，好善惡惡，不及遠矣。今得萬物自然之理，其奚哀念之有？皇太孫允炆，仁明孝友，天下歸心，宜登大位，內外文武臣僚，同心輔政，以安吾民。喪祭儀物，毋用金玉。孝陵山川因其故無改作。天下臣民哭臨三日皆釋服，毋妨嫁娶。諸王臨國中，毋至京師。諸不在令中者，推此令從事。

辛卯，葬孝陵，諡曰高皇帝，廟號太祖。永樂元年，諡「聖神文武，欽明啓運，俊德成功，統天大孝高皇帝。」嘉靖十七年，增諡「開天行道，肇紀立極，大聖至神，仁文義武，俊德成功高皇帝。」

帝天授智勇，統一方夏，緯武經文，爲漢唐宋諸君所未及。當其肇造之初，能沉機觀變，次第經略，綽有成算。嘗與諸臣論取天下之略曰：「朕遭時喪亂，初起鄉土，本圖自全，及渡江以來，觀羣雄所爲，徒爲生民之患，而張士誠陳友諒尤爲巨蠹。士誠恃富，友諒恃強，朕獨無所恃，惟不嗜殺人，布信義，行節儉，與卿等同心共濟。初與二寇相持，士誠尤逼近，或謂宜先擊之。朕以友諒志驕，士誠器小，志驕則好生事，器小則無遠圖，故先攻友諒。鄱陽之役，士誠卒不能出姑蘇一步以爲之援。向使先攻士誠，浙西負固堅守，友諒必空國而來，吾腹背受敵矣。二寇既除，北定中原，所以先山東，次河洛，止潼關之兵不遽取秦隴者，蓋擴廓李思齊張思道皆百戰之餘，未肯遽下，急之則併力一隅，猝未易定，故出其不意，反旆而北，燕都既舉，然後西征，張李望絕勢窮，不戰而克，然擴廓猶力抗不屈。向令未下燕都，驟與角力，勝負未可知也。」帝之雄才大略，料敵制勝率類此，故能戡定禍亂以有天下。語云：「天道後起者勝，」豈偶然哉！

贊曰：太祖以聰明神武之資，抱濟世安民之志，乘時應運，豪傑景從，戡亂摧強，十五載而成帝業，崛起布衣，奄奠海宇，西漢以來所未有也。懲元政廢弛，治尚嚴峻，而能禮致耆儒，考禮定樂，昭揭經義，尊崇正學，加恩勝國，澄清吏治，修人紀，崇風教，正後宮名義，內治肅清，禁宦豎不得干政，五府六部，官職相維，置衞屯田，兵食俱足，武定禍亂，文致太平，太祖實身兼之。至于雅尚志節，聽蔡子英北歸；晚歲憂民益切，嘗以一歲開支河暨塘堰數萬，以利農桑，備旱潦。用此，子孫承業二百餘年，士重名義，閭閻充實，至今苗裔蒙澤，尚如東樓白馬，世承先祀，有以哉！

按：張稿雖本之王稿，然所增損詞句，碻當多矣。而太祖遺詔全文，尤為以前諸稿所不載，蓋諸稿以永樂中重修之太祖實錄不載遺詔全文，遂亦不敢參考他書補入，由是建文嗣位終無明文，而燕王篡奪之迹亦幸而稍掩矣。張稿破以前諸稿拘迂之見，獨存遺詔全文，頗稱卓見。考薛應旂憲章錄載太祖遺詔全文與此相同，張稿或依據薛書而稍改易者也。

七、英廉等改修明史　按：乾隆四十年，諭明史于滿洲蒙古人地名音譯多乖，應照改正；四十二年，又諭明史本紀失之疎漏，應考覈添修。惟查改修之本已刊成書者，僅有明史本紀，其志表列傳有無修改，尚不可知。今以改修之太祖本紀，節三十一年之文與張稿互勘之，其刪改之處甚少，惟張稿「遺詔曰」句，改本作「詔曰」，無「遺」字；張稿「奈起自寒微」句，改本作「顧起自寒微；」張稿「帝天授智勇，統一方夏，緯武經文，為漢唐宋諸君所未及」句，改本刪去「緯武經文，為漢唐宋諸君所未及」十三字；張稿「當其肇造之初能沉機觀變」句，改本刪去「其」「能」二字；張稿「擴廓」凡二見，改本均改譯為「庫庫特穆爾」。其他字句，概仍張稿之舊，不再錄全文。

（二）王偉傳

一、憲宗實錄　卷六十六：成化五年四月丙寅，兵部右侍郎王偉卒。偉字士英，湖廣，攸縣人。隨父伯靈謫戍宣府，年十四，宣廟北巡，獻安邊頌，命補保安州學生。舉正統丙辰進士，改翰林院庶吉士，授戶部主事，甚有時譽。正統己巳，北虜犯順，命偉行監察御史事，糾集民衆守廣平，遷兵部職方郎中。時邊圉多事，文移塡委，偉援筆立就，皆中機會，少保于謙專任之，引使佐己，擢兵部右侍郎，命出視邊，常密具方略以上。虜有小田兒者，本中國人降虜，虜爲邊患多出其計，偉受謙密計，至陽和城見其隨虜入貢，行差後，伏勇士于道，執而殺之，給虜曰：「彼思其親亡去矣，」自是邊患稍息。天順初，偉爲石亨所搆，免官歸；成化三年，復召爲兵部右侍郎。初亨搆于謙等黨逆，鏤板榜示天下，至是偉以爲言，乃並毀之。五年以病乞歸，命還家養疾，疾已復來，道濟寧卒，年五十三，賜祭葬如例。偉性穎敏，善議論，尤熟于邊事，但頗任智數，而急于仕進，在兵部時嘗揚于謙短，謙語人曰：「王士英何憂不得吾此位耶！何用汲汲如此！」

二、方象瑛明史分稿王偉傳　王偉字士英，長沙攸人，隨父伯靈戍宣府，宣宗西（應作北）巡，獻安邊頌，命補保安州學生員。正統元年，舉進士，改翰林院庶吉士，授戶部主事，甚有時譽。己巳之變，行監察御史事，練習民壯守廣平，遷兵部職方司郎中，上疏陳勤政務，專將權二事。時疆圉多事，文檄旁午，偉遇事立應，少保于謙專任之，引使佐己，遂擢兵部右侍郎，出行邊，具陳方略。有田小兒者降也先，數導之入寇，偉受謙密筴，至陽和伏勇士執殺之，紿賊曰：「彼思親亡其矣，」自是邊患稍息。也先旣通好，遣使納哈赤等三十餘人，貢駝馬四萬，駐牧宣府，命偉及孟鑑同經理之。天順復辟，石亨等搆謙死，偉坐免官。成化三年，復召爲兵部右侍郎，五年以病乞歸，至濟寧卒。偉在職方，實緣謙薦得擢用，偉亦深相結，及爲侍郎，嘗伺謙過誤密奏之，帝以示謙，謙頓首引罪，帝曰：「朕知卿，勿憾也！」謙出，偉迎問：「今日聖諭何事？」謙笑曰：「吾有過，子面言之，未必不從，何至于此！」出書示偉，惶媿無地。及再起貳兵部，謙寃已雪，而亨等所錄黨逆榜猶未除，偉以爲言，乃詔毀之。

按：方象瑛閱題得順成弘正各朝列傳，分撰王翺于謙等傳，王偉傳卽方氏所擬，附于于謙傳後者。今以此篇觀之，與憲宗實錄之王偉傳無甚差異，惟記事稍詳耳。然實錄爲皇家要典，王偉以一員卿貳，著其傳略已足斷不能瑣瑣敍其畢生事，自與分傳不同，本無足怪。湯斌爲總裁時，將此稿稍一删改，列入潛菴史稿中，不知者以爲二人同擬此稿，其實方氏之稿乃纂修官草剏之稿也。

三、潛菴史稿王偉傳　王偉字士英，攸縣人，隨父伯靈謫戍宣府，年十四，宣宗北巡，獻安邊頌，命補保安州學生。舉正統元年進士，改翰林院庶吉士，授戶部主事，甚有時譽。景泰監國，命偉行監察御史事，糾集民壯守廣平，遷兵部職方郎中，上言二事：曰勤政務，曰專將權，帝並嘉納。時邊圉多事，文移塡委，偉援筆立就，皆中機會，少保于謙專任之，引使佐己，超拜兵部右侍郎，奉命行邊，嘗密奏方略。時有小田兒者本中國人，降瓦剌，導也先屢爲邊患，偉受謙密計，至陽和城，見其隨北使入貢，伏勇士于道，執而斬之，紿鹵曰：「彼思其親亡去矣，」自是邊患稍息。天順初，偉爲石亨所搆，免官歸，成化三年，復召爲兵部右侍郎。初亨搆于謙等黨逆，鏤板榜示天下，至是偉以爲言，乃並毀之。五年以病乞歸，命還家養疾，疾已北上，卒于道，年五十有三，賜祭葬如例。偉性穎敏，善議論，尤熟于邊事，但頗任智數，而急于仕進，在兵部嘗揚于謙短，謙語人曰：「王士英寧憂不得吾此位耶！何用汲汲如此！」

按：湯稿乃參之實錄而改削方稿所成者，以三篇互勘之自見。

四、萬季野明史稿王偉傳　王偉者，字士英，攸人，隨父謫戍宣府，年十四，宣宗北巡，獻安邊頌，命補保安州學生，舉正統元年進士，改庶吉士，授戶部主事。英宗北狩，命偉行監察御史事，集民壯守廣平，謙重其才，引爲職方司郎中，軍書塡委，處分多中竅會。嘗上疏，「事關機密請聽堂上官面陳，又請專將權，使得自斬，裨將以下爵賞並許便宜從事，毋令中制，」景帝嘉納之。以謙薦，超擢兵部右侍郎，出視邊。小田兒者本中國人，叛出塞爲邊患，謙屬偉圖之，會田兒隨貢使入至陽和城，壯士從道旁突出，斷其頭去，使者不敢詰。偉喜任智數，旣爲謙所引，而朝臣多嫉謙，與謙善者率目爲朋附，偉乃伺謙誤密奏之，帝以授謙，謙叩頭謝，帝曰：「卿，吾自知，何謝爲！」謙出，偉問：「上與公言何？」謙笑曰：「吾有失所，望君面規之，何至爾耶！」出奏示之，偉大慙沮，然偉竟坐謙黨罷歸。成化三年復官，請毀白琦所鏤板，從之。五年病歸卒。

按：四百十六卷稿依據此稿一字未易，惟「小田兒」改爲「田小兒」耳。

五、四百十六卷明史王偉傳　王偉者，字士英，攸人，隨父謫戍宣府，年十四，宣宗北巡，獻安邊頌，命補保安州學生，舉正統元年進士，改庶吉士，授戶部主事。英宗北狩，命偉行監察御史事，集民壯守廣平，謙重其才，引爲職方司郎中，軍書塡委，偉處分交中竅會。嘗上疏「事關機密請聽堂上官面陳，又請專將權，使得自斬，裨將以下爵賞並許便宜從事，毋令中制，」景帝嘉納之。以謙薦，超擢兵部右侍郎，出視邊。田小兒者本中國人，叛出塞爲邊患，謙屬偉圖之，會田兒隨貢使入至陽和城，壯士從道旁突出，斷其頭去，使者不敢詰。偉喜任智數，旣爲謙所引，而朝臣多嫉謙，與謙善者率目爲朋附，偉乃伺謙誤，密奏之，帝以授謙，謙叩頭謝，帝曰：「卿，吾自知，何謝爲！」謙出，偉問：「上與公言何？」謙笑曰：「吾有失所，望君面規之，何至爾耶！」出奏示之，偉大慙沮，然偉竟坐謙黨罷歸。成化三年復官，請毀白琦所鏤板，從之。五年病歸卒。

按：由實錄王偉傳至此篇凡五改易，自王稿因襲此篇後，始成定稿。

六、王鴻緒明史稿王偉傳　王偉者，字士英，攸人，隨父謫戍宣府，年十四，宣宗北狩，獻安邊頌命補保安州學生，舉正統元年進士改庶吉士，授戶部主事。英宗北狩，命行監察御史事，集民壯守廣平，謙重其才，引爲職方司郎中，軍書塡委，處分多中竅會。嘗上疏「事關機密請堂上官面陳，又請專將權，使得自斬，裨將以下爵賞便宜從事，毋令中制，」帝嘉納之。以謙薦，超擢兵部右侍郎，出視邊。田小兒者本中國人，叛出塞爲邊患，謙屬偉圖之，會田兒隨貢使入至陽和城，壯士從道旁突出，斷其頭去，使者不敢詰。偉喜任智數，旣爲謙所引，而朝臣多嫉謙，與謙善者率目爲朋附，偉乃伺謙誤，密奏之，帝以授謙，謙叩頭謝，帝曰：「卿，吾自知，何謝爲！」謙出，偉問：「上與公言何？」謙笑曰：「吾有失，望君面規之，何至爾耶！」出奏示之，偉大慚沮，然竟坐謙黨罷歸。成化三年復官，請毀白琦所鏤板，從之。五年病歸卒。

按：王稿依據四百十六卷稿僅刪去數字耳，其餘字句均同。

七、張廷玉等明史王偉傳　王偉字士英，攸人，年十四，隨父謫戍宣府，宣宗巡邊，獻安邊頌，命補保安州學生，舉正統元年進士，改庶吉士，授戶部主事。英宗北狩，命行監察御史事，集民壯守廣平，謙引爲職方司郎中，軍書塡委，處分多中竅會，遂薦擢兵部右侍郎，出視邊。叛人田小兒爲敵間，謙屬偉圖之，會田兒隨貢使入至陽和城，壯士從道旁突出，斷其頭去，使者不敢詰。偉喜任智數，旣爲謙所引，恐嫉謙者目己爲朋附，嘗密奏謙誤，冀自解，帝以其奏授謙，謙叩頭謝，帝曰：「吾自知卿，何謝爲！」謙出，偉問：「上與公何言？」謙笑曰：「我有失，望君面規我，何至爾耶！」出奏示之，偉大慙沮，然竟坐謙黨罷歸。成化三年復官，請毀白琦所鏤板，踰年告病歸卒。

按：張稿雖仍王稿之舊，但刪去字句頗多，雖過于求簡，然較之王稿已優越多矣。

八、英廉等改修明史　按：改修明史，據王頌蔚明史考證攟逸僅有列傳考證，而未見改修明史列傳，無從查考。

按：就上面所舉太祖本紀一段，及王偉傳一篇，均可見明史最後勒成完書，已經過六七次之刪改；其因襲痕迹，遞變程序，以各稿互勘之，至為明晰。至各稿之優劣，頗難定評；以余論之，則上所舉二例均以張廷玉等之稿為最佳；蓋非張等識見學問優于前人，實因前人多屬草創，而首創難工，繼述者自應盡善也。

又按：明史全稿均為各纂修官所分撰，前已言之；茲查當日纂修官曾有遺稿者，湯斌方象英朱彝尊毛奇齡尤侗汪琬之外，他不多見，就諸人遺稿合各本明史稿校之，甚多可以還其真面目者，特經六七次之刪改，愈後愈失其真耳。然亦有少部分愈後而愈見其真者，如朱彝尊之傳稿三十篇，其林鴻王蒙沈度王紱高棅五傳，萬斯同不取，四百十六卷稿亦依萬稿而未收；至王鴻緒始改易朱彝尊之稿，張廷玉等因之，朱氏所撰五傳遂與明史同不朽矣。然其由同而異，或由異而同之迹，苟以各稿細心對勘，率皆可以考證焉。

又按：太祖本紀，湯稿萬稿四百十六卷稿均分四卷，王稿張稿及英廉等改修稿均分三卷。王偉傳，各稿均附於于謙傳後。

八　明史諸本卷數比較表

篇目	萬季野明史稿卷數	四百十六卷明史稿卷數	王鴻緒明史稿卷數	張廷玉等明史稿卷數
太祖本紀	四	四	三	三
建文帝本紀	一	一	一	一
成祖本紀	上下	二	一	三
仁宗本紀	一	一	一	一
宣宗本紀	一	一	一	一
英宗前紀	一	一	一	一
景帝本紀	一	一	一	一
英宗後紀	一	一	一	一
憲宗本紀	一	一	一	二
孝宗本紀	一	一	一	一
武宗本紀	一	一	一	一
世宗本紀	上下	二	一	二
穆宗本紀	一	一	一	一

神宗本紀	上中下	二	一	二
光宗本紀	附神宗下卷	一	附神宗後	附神宗後
熹宗本紀	一	一	一	一
莊烈帝本紀	二	四	二	二
本紀總卷數	二〇	二六	一九	二四
天文志	諸志俱缺	六	三	三
五行志		五	三	三
曆志		五	十一	九
地理志		六	五	七
河渠志		十	六	六
禮志		二二	一四	一四
樂志		四	三	三
儀衞志		併入兵衞	一	一
輿服志		四	四	四
選擧志		八	三	三
職官志		二	五	五

食貨志		十一	六	六
兵志		二〇 改名兵衛	六	四
刑法志		三	三	三
藝文志		五	四	四
志總卷數		一一一	七七	七五
諸王世表	諸表俱缺	四	五	五
功臣世表		三	無	三
戚臣世表		一	無	一改名外戚
宦幸世表		一	無	無
宰輔年表		併入大臣	二	二
大臣年表		三	分入宰輔七卿	分入宰輔七卿
七卿年表		併入大臣	二	二
表總卷數		一二	九	一三
后妃傳	二	二	二	二
興宗睿宗傳	併入諸王	併入諸王	併入諸王	一

諸王傳	四	三	四	五
公主傳	一	一	一	一
大傳	二三六	二三〇	一四九	一五九
循吏傳	三	三	一	一
儒林傳	三	三	三	三
文苑傳	六	三	四	四
忠義傳	十	七	八	七
孝義傳	三	二改名孝友	一	二
隱逸傳	一	一	一	一
列女傳	上中下	二	一	三
方技傳	二	二	一	一
外戚傳	一	二	一	一
宦官傳	上下	二	二	二
佞倖傳	二	二	一	一
奸臣傳	一	二	二	一
閹黨傳	無	無	無	一
流賊傳	一	二改名盜賊	一	一

土司傳	五	四	十	十
外國傳	九	四改名外蕃	八	九
西域傳	四	無	四	四
列傳總卷數	二九六	二六七	二〇五	二二〇
全書卷數	三一六	四一六	三一〇	三三二

九　欽定明史與三修明史人地名異同表

按：張廷玉等重修明史，于雍正十三年十二月告成，詔付武英殿鏤板，至乾隆四年七月刋成頒行，列于二十四史內，至今仍舊。乾隆四十年，高宗以蒙古人地名音譯未眞，詔命大學士等照遼金元三史例，查覈改正。四十二年五月，又以英宗本紀稍有疏略，于史法尚未允協，復命英廉程景伊梁國治和珅劉鏞等，逐一考覈添修（兩次詔諭均見第一編）。至乾隆四十七年以前，改修明史本紀完成（因四庫全書成于四十七年，其著錄之明史本紀即用此次所改修者），于人地名音譯，頗多改易，其他字句增損處，尚不甚多，而卷數仍爲二十有四，半頁十行，行二十一字，亦與原刋板式無異。此改修之明史本紀二十四卷，雖已刋成，但仍藏于宮中，未見頒行，故至今相去百有餘年，外間尚罕有知者。去年故宮圖書館將此改修本影印，以供治史者參考之便，此秘本因得見于世矣。

又按：王頌蔚于丁亥（光緒十三年）入直樞院，屬張令史大誥，物色是書（改修明史），得藍面册明史自卷一百十六至三百三十二（缺卷一百九十五），凡二百十六卷，列傳首尾略具，案語用黃籤黏書之上方，人地名改譯及修改字句處用黃籤黏書原文之上，惟年久受潮濕，黏籤脫落甚多，且有黴爛成塊，不堪揭動之處，乃屬張大誥悉心迻寫，僅得十之七八，云卽邵氏所見進呈本也。（邵懿辰四庫簡明目錄載明史三百六十卷，並云張廷玉等所修明史其中考究未完，近又承命刋正，今謹以新定之本著于錄）。

王氏又云「繼又得藁本四十餘卷，卷面題總裁英閱，總裁于閱，總裁錢閱，及纂修官黃輯，宋輯，協修官嚴輯，章輯羅輯等字，案語與進呈本略同，間有爲總裁所删者，則進呈本不錄。最後又搜得正本三巨册，自卷一百十八至卷三百二十八（缺二五二——二五六卷），凡二百六卷，每卷題明史卷幾考證，意在分附明史各卷之後，故析卷皆同，每條稱「臣某某案」，亦與他史考證同式，以上二本皆邵氏所未見，三史皆祇列傳無紀表志。稿本進呈本不及正本之完備，然亦有稿本考訂郅塙而進呈本删去者，有稿本進呈本俱有而正本不錄者，且有案語絕無發明而列入正本者，良由官書成于衆人之手，荃茅同處，搴擇不精，又其時總裁諸公無淹雅鴻朗之才，故去取未能悉當。」（見明史考證攟逸）

據邵氏四庫簡明目錄，可知乾隆晚年已將明史全部改修，合爲三百六十卷（禮親王嘯亭續錄卷一載本朝欽定諸書，亦稱明史三百六十卷。據劉嶽雲評邵氏書目云：乾隆末年改定明史僅列傳百餘卷，卷數並無分合，豈添列三藩事迹，增多二十四卷歟？）但乾隆四十二年改修明史詔諭，僅云本紀，而所刋成之改修明史只有本紀二十四卷（卽今影印之本），並未及于志表傳之改修。然據王頌蔚所見之改修本三種（一稿本，一正本，一進呈本），均關于列傳者，既無本紀，亦無表志，且三種改修列傳亦無三百二十八卷以後者，則邵氏所云三百六十卷，不知何据？而嘯亭續錄亦稱三百六十卷，似又與邵氏相合，更不可解！迄今改修明史本紀已影印流行矣，明史考證攟逸（列傳考證）亦經王氏刋有成書，彰彰可考；尚有志表二部，是否曾經改修？明史三百六十卷，是否可信？如眞爲三百六十卷也，則已全部改修無疑，其全部改修經過，及紀志表傳各增幾卷而成三百六十卷之數，此又有待于吾人之詳考者也。（中央研究院所藏淸代檔案尚有明史稿殘本不少，不知爲康熙時稿，抑乾隆時稿？檔案不在平，未獲檢閱爲憾！）

附改譯人地名表

明史人地名	改修明史人地名	卷篇數	行葉數
徹里不花	徹爾布哈	太祖本紀卷一	一頁下十行
備考	所記行頁依殿本明史		
脫脫	托克托	以下同	二頁下六行
禿堅	圖卜戩		三頁上十行
絆住馬	班珠爾瑪克		仝前
陳埜先	陳額森		仝前
鑾子海牙	曼濟哈雅		三頁下八行
備考	四頁下十行鑾子海牙亦照改，以下相同者不另錄。		

納哈出	納克楚		四頁上七行
備考　納哈出之名以下甚多，不另錄，其他亦倣此。			
阿魯灰	阿勒哈		四頁上十行
海牙	曼濟哈雅		四頁下六行
定定	鼎鼎		五頁上六行
別不華	拜布哈		仝前
八思爾不花	巴爾斯布哈		五頁上七行
石抹宜孫	舒穆嚕伊遜		仝前
厚孫	和遜		仝前
宋伯顏不花	宋巴延布哈		仝前
察罕帖木兒	察罕特穆爾		七頁上一行
擴廓帖木兒	庫庫特穆爾		九頁上十行
擴廓	庫庫特穆爾		十二頁下七行
阿魯溫	阿掄	太祖本紀二	二頁上四行
察罕腦兒	察罕淖爾	以下同	五頁下十行
竹貞	珠占		五頁下十行
愛猷識里達臘	阿裕錫哩達喇		六頁上五行

買的里八剌　密迪哩巴拉　六頁上八行
把匝剌瓦爾密　巴咱爾斡爾密　八頁下十行
土剌河　圖拉河　九頁上七行
阿魯渾河　鄂爾坤河　九頁下九行
撒里畏兀兒　薩里輝和爾　十二頁上三行
伯顏帖木兒　巴顏特穆爾　十三頁下三行
朶兒只巴　多爾濟巴勒　十三頁下六行
脫古思帖木兒　特古斯特穆爾　十五頁上四行
亦憐眞　額琳沁　十六頁下八行
完者不花　旺札勒布哈　十七頁上七行
乃兒不花　鼐爾布哈　仝前
烏撒蠻　太祖本紀三　一頁下九行
　備考　改本「撒」作「撒」四庫本亦同
地保奴　迪保努　以下同　六頁下七行
撒馬兒罕　賽馬爾堪　七頁上六行
　備考　殿本「撒」作「撒」今改
兀良哈　烏梁海　七頁下八行

也速迭兒	伊遜岱爾		八頁上三行
坤帖木兒	琨特穆爾		仝前
墨剌哈梅里	默拉哈瑪爾		九頁上四行
別失八里	巴什伯里		十頁上六行
月魯帖本兒	伊嚕特穆爾		十頁下六行
甫答迷城	布達密城		十三頁上八行
徹徹兒山	察察爾山		十四頁上六行
兀良哈禿城	烏蘭哈達城		十四頁上七行
泥八剌	尼博羅		十五頁上六行
鬼力赤可汗	郭勒齊汗	成祖本紀二	一頁下一行
哈立麻	哈里瑪	以下同	一頁下二行
安克帖木兒	恩克特穆爾		三頁上八行
本雅失里	布尼雅錫哩		七頁下一行
瓦剌	衞拉特		七頁下二行
馬哈木	瑪哈木特		八頁上七行
把禿孛羅	巴圖博囉		八頁上八行
斡難河	鄂諾河		九頁下五行

失揑干	碩尼堪		十頁上七行
兎力帖木兒	推勒特穆爾		十一頁上一行
八耳思朶羅歹	巴爾斯多羅岱		十一頁下五行
孛羅不花	博羅布哈	成祖本紀三	一頁下三行
康哈里孩	剛哈拉海	以下同	一頁下五行
忽蘭忽失溫	和拉和錫袞		一頁下六行
泥八剌國	尼博羅國		二頁上八行
失剌思亦思弗罕	錫喇斯伊思帕罕		六頁上六行
八答黑商	巴達克山		六頁上七行
闊欒海	庫掄海		九頁上一行
屈裂兒河	奇拉爾河		九頁上三行
也先土干	額森托干		十頁下一行
答蘭納木兒河	達蘭納穆爾河		十一頁上四行
曲先	庫森	宣宗本紀一	二頁上一行
桑兒加失夾	桑爾節沙克置	以下同	二頁上二行
撒丁	薩鼎		二頁上八行
亦力把里	伊蘭巴里		四頁下五行

昝卜	藏布		九頁上八行
脫歡	托歡		九頁下十行
阿卜只俺	諤博爾濟延		十頁上二行
阿台朶兒只伯	阿勒台多爾濟巴勒	英宗前紀一	二頁上三行
瓦剌可汗脫脫不花	衞拉特汗托克托布哈	仝前	二頁下二行
毛里孩	瑪拉噶	憲宗本紀一	二頁上九行
阿羅出	阿勒楚	以下同	五頁上五行
孛羅忽	博勒呼		六頁上二行
乩加思蘭	伽嘉色棱		六頁下三行
速檀阿力	素爾坦阿里		七頁上八行
滿都魯	們都埒		七頁下四行
烏撒衞	烏什衞		二頁上七行
伏當加	布達扎卜		三頁上三行
亦思馬因	伊斯瑪音		三頁上八行
罕慎	哈商		四頁上八行
避那孩	巴爾諾海		七頁上四行
陜巴	善巴	孝宗本紀一	四頁上七行

火剌札國	呼爾察國	以下同	四頁下七行
乜克力	默克埒		六頁下二行
火篩	和碩		八頁上七行
弗提衞	佛特衞	世宗本紀一	三頁上一行
俺答	諳達	以下同	三頁下四行
卜兒孩	布爾噶		五頁下一行
魯速	魯默特		六頁下九行
吉囊	濟農		十頁上六行
把都兒	巴圖爾	世宗本紀二	三頁上五行
辛愛	錫林阿	以下同	五頁上八行
吉能	吉納		五頁下十行
打來孫	達喇蘇		八頁下二行
土蠻	土默特		十頁上九行
魯迷國	魯默特		十二頁上五行
把漢那吉	巴噶奈濟	穆宗本紀一	四頁下三行
襖郎兎	鄂蘭圖	神宗本紀一	五頁下一行

備考　高宗詔諭稱「圖」作「兎」于字義無當者卽指此

速把亥	蘇巴爾噶	以下同	五頁下十行
乞慶哈	徹辰汗		六頁下四行
把兎兒炒花	巴圖魯綽哈		七頁下十行
備考 圖作兎二			
撦力克	徹里克		九頁上四行
他不囊	塔布囊		九頁下十行
火落赤	浩爾濟		十頁下九行
哱拜	巴拜		十一頁下七行
卜失兔	布色圖		十三頁上十行
備考 圖作兎三			
永邵卜	永什卜		十三頁下八行
銀定歹成	伊勒敦達春	神宗本紀二	五頁下一行
蠻阿克	鑾鳳阿克	以下同	六頁下十行
拱兎	恭圖		七頁上十行
備考 圖作兎四			
乃蠻	奈曼		十一頁上二行
猛克什力	孟克什勒		十一頁上五行

飛芬山　　斐芬山　　十一頁上九行

按：以上改譯人地名，重見者均不另錄，本紀二十四卷所改正者大概如此。其他字句增改處不甚多，且非關於人地名，亦不具錄。

十、附錄

十五圖萬斯同所改朱彝尊高啓傳稿，不甚清晰，再以萬朱兩稿並錄之，俾便參看。

高啓傳（朱彝尊明史藁傳）

高啓字季迪長洲人。張士誠據平江，承制以淮南行省參政饒介爲諮議，參軍事，介見啓詩驚異，延爲上客，啓謝去，隱于吳淞江之青邱，自號青丘子。洪武元年冬詔修元史，啓與里人謝徽傅著同被召。徽字玄懿，著字則明。既至分科修纂，史成著還，啓徽皆以布衣入內府教胄子。時太子賓客梁貞兼祭酒事，三年正月啓夢偕徽晨候午門，貞在焉，有揖之者曰：「二子當遷矣」。又顧貞曰：「諸生盡以屬公」。啓曰：「得無遠調乎」？曰：「煩傅開平王爾」。既寤，以告徽，越三日率諸生立右順門，俄而梁貞至，傳帝命曰：「勅諸生出受業國子監」，隨悉引去。明日將朝，中使宣啓徽甚急，曰：「有詔令開平王二子侍東宮學，俾汝二人授之經」，果如所夢。逾月徽夢啓同被召至帝所，帝持告身一紙，竊覘之，其文有翰林院三字，以授徽，徽受之忘拜，繼授啓，啓拜而受之，及寤亦以告啓，越六日帝御奉天門，中書右丞汪廣洋侍，命中使召啓升，帝曰：「諸儒在學久，以布衣遊吾門可乎」？顧廣洋曰：「汝亟以翰林職處之」。因趨謝，而徽以他事出不得拜，明日啓徽皆除翰林編修，又如所夢。是年秋，徽母吳夢中使昇二櫝以授徽，以其一授啓發之各有白金，徽又以告啓，既而帝御闕樓，命中使召二人，既至，擢啓戶部侍郎，徽吏部郎中。啓以年少未習握算辭，徽亦辭，帝允之，各賜帑金，右丞相李善長給牒放還，啓乃與徽連船歸于吳，夢復驗。方啓在史館，最爲國館院侍讀學士魏觀所知，會觀出知蘇州府，爲啓徙居城中夏侯里，交接甚密，觀改修府治，啓爲作上梁文，觀得罪誅，啓連坐腰斬于市，年三十有九。徽復起國子監助教，卒于官。著歸爲常熟教諭，魏觀行鄉飲酒禮，長洲教諭周敏侍其父南老，著侍其父玉，皆降而北面立，觀禮者以爲盛事，歷仕山西潞安知州，最後獨存。啓善文，尤工于詩，徽稱其清遠嫺麗，縱橫百出，若八駿追風而馳。于時蜀人楊基徐賁，潯陽張羽，皆流寓于吳，與啓齊名，號吳中四傑。

高啓傳（萬斯同明史稿）

高啓字季迪長洲人，博學無不覽，尤工于詩。家居北郭，與王行比鄰，其後徐賁高巽志唐肅宋克余堯臣張羽呂敏陳則咸來棲止號爲北郭十友，以能詩號十才子。張士誠據吳，名士嚮集，啓獨依，外家居吳淞江之青丘，歌詠自適。饒介之丁仲容素以詩自號。見啓詩驚異，招致之，禮爲上客，啓謝去，仍隱青丘，自號青丘子，詩日益富。洪武初被薦，偕同縣謝徽召修元史，並授翰林院國史編修官，復命教授諸王。三年秋帝御闕樓，啓與徽俱入對，擢啓戶部右侍郎，徽吏部郎中。啓自陳年少不敢當重任，徽亦固辭，乃見許，已並賜白金放還。初啓在翰林，受知於祭酒魏觀，嘗賦詩薄有諷刺，帝微聞而嗛之，未發也。及觀來知蘇州，啓方居青丘，授書自給，觀爲移其家入郡，旦夕延見甚歡。七年觀以改修府治獲譴，帝見啓所作上梁文，因發怒，腰斬于市，年三十有九。明初吳下多詩人，啓尤超軼，與楊基張羽徐賁並稱四傑，蓋以高楊張徐配唐之王楊盧駱云。

圖一　康熙三十六年三月賜王鴻緒勅諭前葉。
影淸內府精寫本。（現藏北平圖書館）
按此勅諭並見于敬愼堂所刻明史稿。但字迹及四周龍紋無內府寫本之精緻。

圖二　康熙三十六年三月賜王鴻緒勅諭後葉。
影淸內府精寫本。（現藏北平圖書館）
按聖祖于三十六年二月六日親征噶爾丹，三月十六日戊辰駐營鄂爾多斯，有上皇太后謝賜禮物奏，閏三月十六月丙申自甯夏城往白塔有諭大學士伊桑阿札，均未見有賜王鴻緒勅。且鴻緒于三十三年召爲明史總裁官何故至此年始賜勅諭。鴻緒全部史稿在雍正初進呈，此勅諭不知有僞否。

圖三 太祖本紀初稿湯斌擬。
影潛菴史稿初刻本。（現藏北平圖書館）
按太祖本紀爲湯先生鬮題分撰者，于康熙二十一年撰成，見潛菴史稿田蘭芳評。

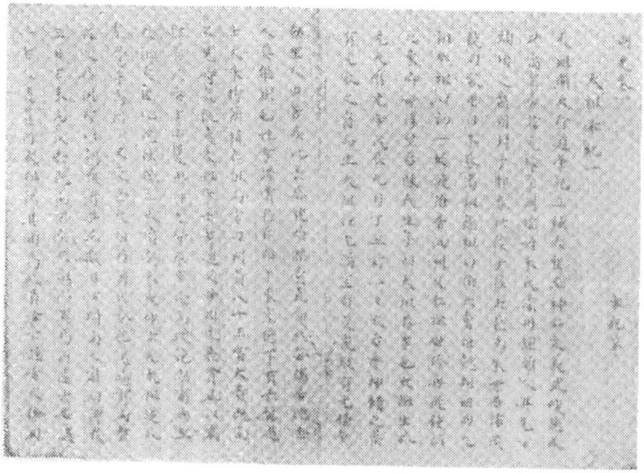

圖四 太祖本紀二稿，萬斯同所改湯斌擬稿。
影舊鈔萬季野明史稿。（現藏北平圖書館）
按萬季野明史稿，僅有本紀列傳三百十三卷無志表，當即方苞墓表所謂「諸志未就」也。今北平圖書館所藏，聞得之閩中，相傳季野曾入閩，故此稿因得於其地云。

圖五

太祖本紀三稿（疑是萬斯同館王鴻緒家重覈定者）

影舊鈔四百十六卷本明史稿。（現藏北平圖書館）

按此一部明史稿，紀志表傳均全，共四百十六卷，以此覈對王鴻緒史稿，多有不易一字者，為王稿所依據之本無疑。

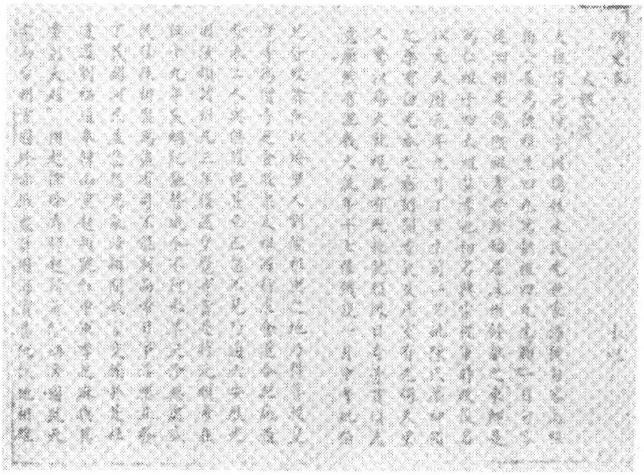

圖六

太祖本紀四稿，王鴻緒據四百十六卷本明史稿重改者

影清內府精寫本。（現藏北平圖書館）

按此書黃綾包面，裝璜美麗，而字畫整潔與內府所寫御撰書無異，必非私家所能辦，為內府寫本無疑。

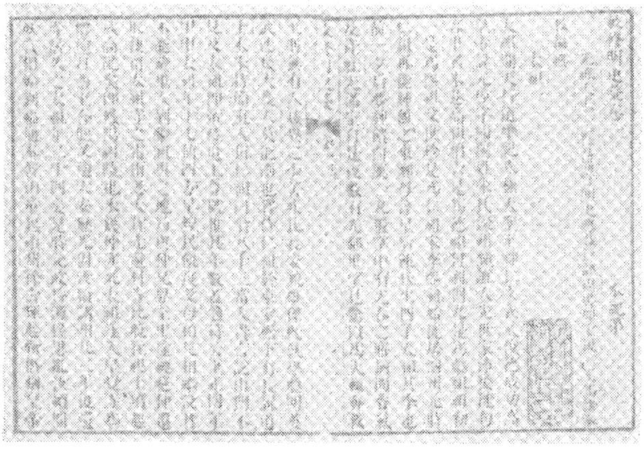

圖七　太祖本紀五稿，張廷玉等據王鴻緒明史稿重改者。影明史館精寫底本。（現藏北平圖書館）按此書爲明史稿底本，書面上端所注行欵格式卽付繕寫時總裁所批也。

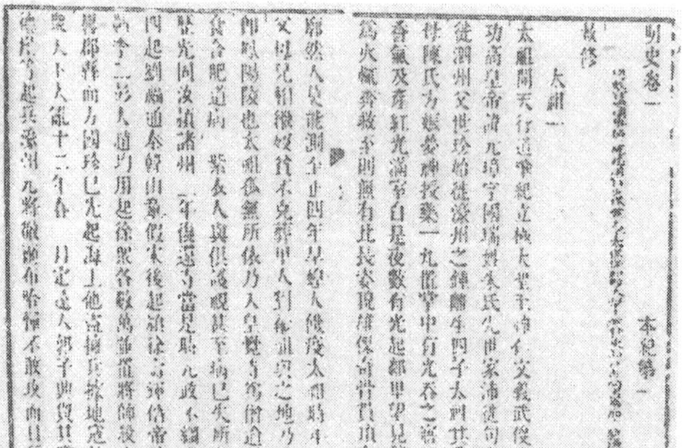

明史卷一　本紀第一

太祖一

太祖開天行道肇紀立極大聖至神仁文義武俊德成功高皇帝諱元璋字國瑞姓朱氏先世家沛徙句容再徙泗州父世珍始徙濠州之鍾離生四子太祖其季也母陳氏方娠夢神授藥一丸置掌中有光吞之寤口餘香氣及產紅光滿室自是夜數有光起鄰里望見驚以爲火輒奔救至則無有比長姿貌雄傑奇骨貫頂志意廓然人莫能測至正四年旱蝗大饑疫太祖時年十七父母兄相繼歿貧不克葬里人劉繼祖與之地乃克葬卽鳳陽陵也太祖孤無所依乃入皇覺寺爲僧逾月遊食合肥道病二紫衣人與俱護視甚至病已失所在凡歷光固汝潁諸州三年復還寺當是時元政不綱盜賊四起劉福通奉韓山童假宋後起潁徐壽輝僭帝號起蘄李二芝彭大趙均用起徐衆各數萬並置將帥殺吏侵略郡縣而方國珍已先起海上他盜擁兵據地寇掠甚衆天下大亂十二年春二月定遠人郭子興與其黨孫德崖等起兵濠州元將徹里不花憚不敢攻而日俘良

圖八　太祖本紀六稿，英廉等據欽定明史改修者。影故宮圖書館影印本。（現故宮博物院有售）按此爲英廉等改修之明史，僅有本紀二十四卷已成書。

圖九　欽定明史英宗本紀十四年原文。

影石印仿殿本二十四史。

按英宗十四年五月庚子殺兩御史而不詳犯罪之由，七月己丑王振挾帝征瓦刺又無明文，高宗因有改修明史之諭。（參看乾隆詔諭）

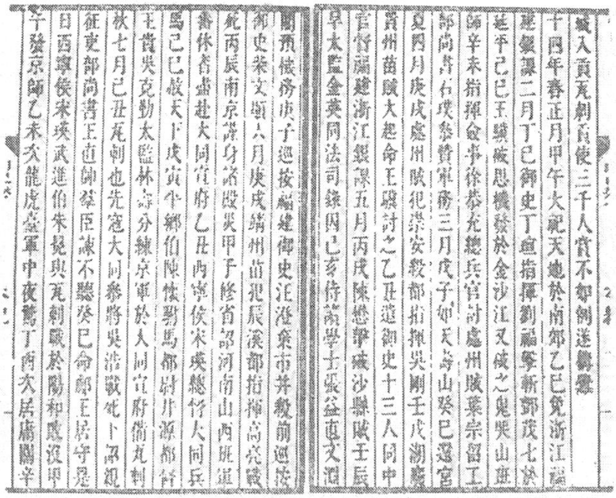
賊入貢瓦剌貢使三千人賞不如例遂構釁
十四年春正月甲午大祀天地於南郊乙巳免浙江福
建被災稅糧二月丁巳御史丁瑄指揮劉福擊斬鄧茂七於
延平己巳王驥破思機發於金沙江又破之鬼哭山亟
師辛未指揮僉事徐恭充總兵官討處州賊葉宗留工
部尚書石璞參贊軍務三月戊子謁天壽山癸巳還宮
夏四月庚戌處州賊犯崇安殺都指揮吳剛壬戌湖廣
貴州苗賊大起命王驥討之乙丑遣御史十三人同中
官督福建浙江銀課五月丙戌陳懋擊破沙縣賊壬辰
學士太監金英同法司錄囚己亥侍講學士張益直文淵
閣預機務庚子巡按福建御史汪澄棄市并殺前巡按
御史柴文顯六月庚戌靖州苗犯辰溪都指揮高亮戰
死丙辰南京謹身諸殿災甲子修省詔河南山西班軍
番休者盡赴大同宣府乙丑西寧侯宋瑛總督大同兵
馬己巳赦天下戊寅平鄉伯陳懷駙馬都尉井源都督
王貴吳克勤太監林壽分練京軍於大同宣府備瓦剌
秋七月己丑瓦剌也先寇大同參將吳浩戰死下詔親
征吏部尚書王直帥羣臣諫不聽癸巳命郕王居守是
日西寧侯宋瑛武進伯朱冕與瓦剌戰於陽和敗沒甲
午發京師乙未次龍虎臺軍中夜驚丁酉次居庸關辛

圖十　英廉等改修明史英宗本紀十四年之文。

影故宮圖書館影印本。

按此為英廉等改修之英宗本紀。五月庚子及七月己丑之文均有更改，而瓦刺及也先等名稱亦已改譯，與欽定明史對勘，可知改迹。

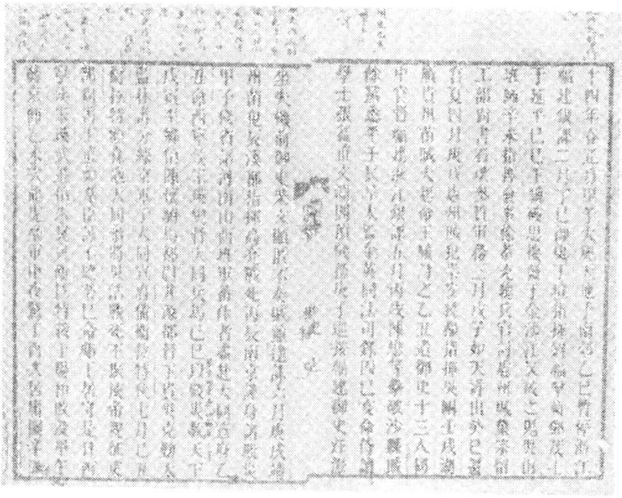

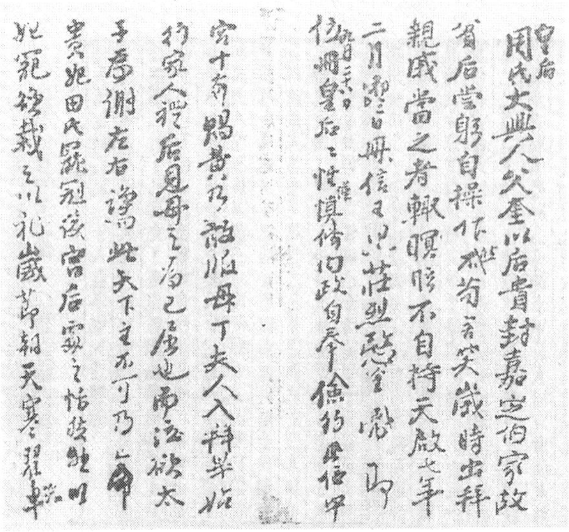

圖十一　湯斌手寫莊烈帝周皇后傳稿前段。
影中州班曉三先生藏湯文正公手寫史遺稿墨。
按湯斌分撰高文昭章睿景純七朝后妃傳已見于潛菴史稿，不知曾撰崇禎朝后妃傳否，待考。

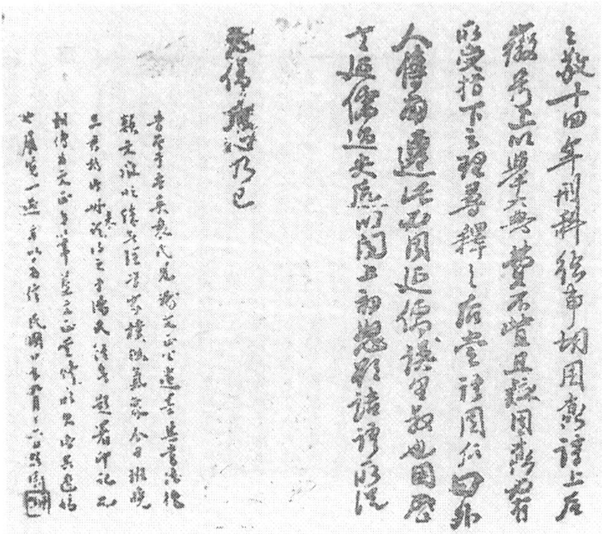

圖十二　湯斌手寫莊烈帝周皇后傳附熹宗懿安皇后傳稿後段
影中州班曉三先生藏湯文正公手寫史稿遺墨。
按此稿共九葉，此為第九葉，乃熹宗皇后附傳，後附顧頡剛先生跋，亦以無題印署記為憾，但字迹儁逸，仍以為近似也。

圖十三 朱彝尊手寫史館稿傳樣本。

影神州國光社影印馮柳東校藏原稿。

按朱竹垞先生所擬傳稿三十篇，萬斯同多不取。後經王鴻緒以王蒙高棅沈度林鴻王紱五傳入史稿，其後張廷玉等重修即成定本矣。

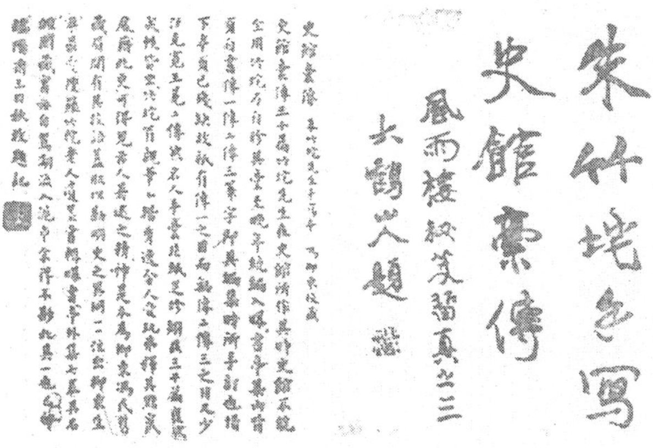
朱竹垞手寫史館稿傳

風雨樓秘笈留真之三

大鶴山人題

圖十四 朱彝尊手寫明史林鴻傳稿。

影神州國光社影印馮柳東校藏原稿。（三十篇之一）

按朱竹垞先生此稿經王鴻緒採入史稿，僅刪易數字。其餘王蒙高棅沈度王紱四傳同入明史。可參看曝書亭集。

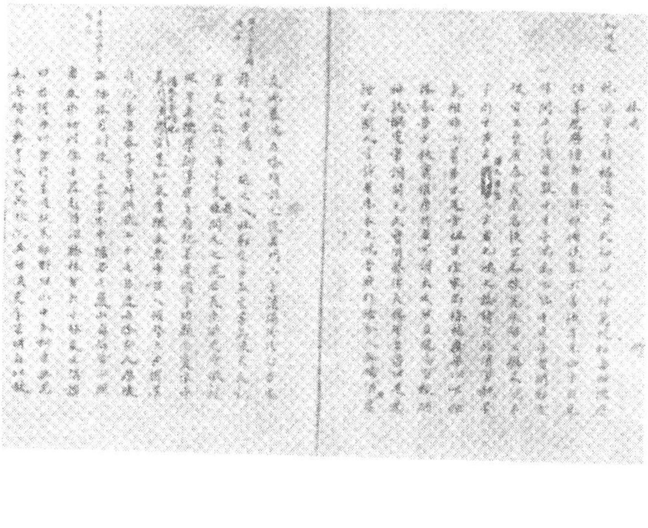

圖十五　萬斯同改定朱彝尊所擬高啓傳稿。

影鈔曝書亭集原文，覈對萬季野明史稿。

按萬斯同館徐元文及王鴻緒家均任覈定明史之責。但查萬氏史稿于朱彝尊擬稿並無用其全篇者。

玆舉朱氏高啓傳。亦經其刪改不少。其他可概見。

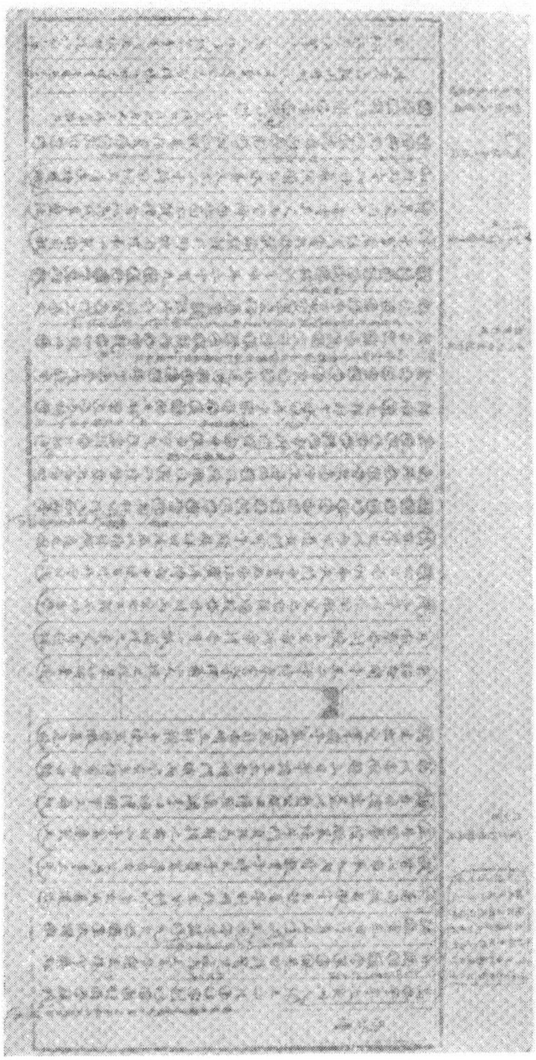

圖十六 史館纂修官尤侗玉堂修史圖並詩。

影初刻西堂餘集年譜圖詩。

按康熙己未（十八年）尤先生六十二歲，與施閏章同為五十鴻博之最尊者，宴席時以先生居上座，時以為榮。讀其玉堂修史圖詩可知編摩之苦心也。其圖及詩均為當日實事。

明史稿考證

陳守實

序論

王鴻緒明史稿，成於四明萬季野斯同手，證以各家記載，頗可槪見。季野預史事，起康熙十八年（一六七九），至四十一年（一七〇二），卒於京寓，前後二十餘年。師友欽其史學，多士咨其宏博。其於史局，「發凡起例」，多所核定。康熙三十年後，董理排纂，頗具苦心，王氏於其卒也，集史稿而上之，書橫雲山人集於版心。在季野，既不欲被新朝簪纓，以布衣參史局；所謂「以史報故國」，原無藉於名聞；而鴻緒之「盜名」「攘善」，則頗傷雅道。然亦一時風會所趨，鴻緒特效尤益甚者耳。

蓋當明淸之交，史著最多；（全謝山云明野史凡千餘家）而竊人著述之風，亦最盛。顧亭林炎武曰：「昔人著述，往往自藏其名，而託之於古人；今人則好竊人詩文，以爲己作。誠風尙之愈變愈下也。」

黃梨洲（宗羲）談孺木（遷）墓表云：「予觀當世，不論何人，皆好言作史；豈真有三長，足掩前哲；亦不過此因彼襲，攘袂公行；苟書足以記名姓，輒不難辦。」而豐潤谷應泰盜竊明史紀事本末八十卷，尤為王氏最近故實，王氏生丁清代粉飾文治之時，承明末社壇標榜矜名之餘；居史局前後數十年，康雍之交，史館舊人，升沈物故；草卷長編，悉在囊括；肆然而居史稿之名，在當時或且不以為怪突矣。

顧史館之開，歷年近百；（自順治二年，至乾隆四年，凡九十五年）前後預脩人員，數十百輩；全稿數百卷，非淺編薄帙可比。三百年之史實，十七朝之文獻，稱律兵刑，器物度數，又各有專家之學，豈鴻緒之淺薄所能獨任。以故攘善盜名，為術雖巧，而痕蹟終不可泯。

鴻緒之所最為刺謬者，在「刪抹」「改竄」，冀泯其盜篡之蹟。使前人著述義例，因茲汩沒，名實俱墮，實為敗德之尤。然惟其改竄也，尤易使人排抉其疵累，而探得其覆藏。如：季野長於史表；所著歷代史表，儒林宗派，均稱鉅製。明史表十三篇，曾見序錄歷代史表七十三卷中。（原著六十篇，加明史表十三篇，為七十三篇。諸家序，以篇為卷，為七十三卷。但現存四庫本為紀昀所表上，祇五十九卷，無明表。）王史稿刪改移易，祇列七卷。後張廷玉等續脩，仍列十三卷。卷篇相同，是殆於歷代史表中割取明表入明史矣。明史成於乾隆四年（一七三九），歷代史表之表入四庫全書，在乾隆三十八年（一七七三），故黃梨洲朱竹垞在康熙壬申（三十一年）（一六九二），序史表，尚稱六十篇，及明史表十三篇。自明史成後，紀氏搜史表入四庫，以明史表已具於明史，遂未列入，而止五十九卷（缺一卷。）此實可為確證。

季野枕葄經史，尤長於禮。徐乾學撰讀禮通考，多假手季野。通考中摘錄季野兄斯大禮議，及季野禮說，尤多。季野於禘之說，列論至九篇，後汪由敦著禘說多引之。（湖海文傳）明史禮志，必出季野手無疑。此爲專門之學，固非鴻緒輩所能學製也。

以所考證核之，康熙十八年，至三十年間，「發凡起例」。「核定諸稿」爲多。三十年後，脩正舊稿爲多。至四十一年，季野之卒，則悉入王鴻緒一人囊括，門客竄亂之時期矣。

一、史稿與明史

現存横雲山人明史稿，共三百零十卷。雍正元年進呈（一七二三），宣付明史館收藏。後張廷玉輩續纂，即据此爲底本。乾隆四年，明史成，共三百三十六卷，据李元度先正事略萬季野傳云：

張廷玉等刊定明史，皆以史稿為本，而加增損焉。

又孟鄰堂集楊農先（椿）上明鑑綱目館總裁書云：

閣下所委者，僅於紀傳後，綴以贊辭（按原稿無贊論），及以意更其目次，或點竄字句；未能將現在之書，與王公史稿細加討論；且或改譌王稿者有之。

是當時脩史諸人，極重視王稿，不敢過於改動。所謂加增損者，亦僅少施點竄脩飾，無大段整理處。又孟鄰堂集楊農先上明鑑綱目館總裁第二書云：

雍正二年（一七二四），秋，奉旨重脩，未遑是正。（按王鴻緒進呈明史稿在雍正元年，是年王卒，二年命張廷玉等續纂。

禮親王嘯亭雜錄論明史稿云：

向聞王橫雲明史稿筆法精善，有勝於館臣改錄者；近日讀之，其大端與明史無甚出入。

雍正二年，張廷玉等續纂，至乾隆四年卽成，爲時不過十餘年；與脩人才，又遠不及康熙十八年之盛，何能刻意精撰，高出王本。四庫提要明史云：

總裁官率同纂脩諸臣開館排輯。十五年之內，幾經同事遷流，三百餘卷之書，以次隨時告竣。

蓋雍正二年，詔諸臣續蕆其事，至是乃成也。（乾隆四年七月）

時短才乏，又日月遷調，不克久於其任；三百餘卷之部帙，卽難逐類細審；況明史館至雍正間，闌散冷落，草卷長編，日多散佚，孟鄰堂集楊農先上明鑑綱目館總裁書又云：

雍正元年秋，（按張廷玉進明史表稱十有五年之內，張進呈明史在乾隆四年，計十五年，當在雍正二年。四庫提要明史亦稱二年，此云元年，誤。）特命重脩。舊時草卷，不可復得，館中所有，惟累朝實錄，及名人傳記，而傳記亦十不存一二。

草卷散亡，名人傳記多殘缺，更無所依據，以爲纂脩張本。廷玉等名爲續纂，僅原本王稿，如楊農先氏所云：「點竄字句」「綴以贊辭」，「以意更定目次」而已。或則私衷揣量，去其激急；準情求直，稍加刪潤而已。禮親王嘯亭雜錄論明史稿與明史異同云：

史稿不及史館定者，有數端焉：惠帝遜國事，本在疑似之間，今王本力斷爲無，凡涉遜國之事，皆爲刪削，不及史臣留程濟一傳，以存疑也。永樂以藩臣奪國，今古大變。王本於燕多恕辭，是以成敗論人，殊非直筆，然則吳瀍劉安輩亦足褒耶，不及史臣厚責之爲愈。至於李廷機與沈漼沈一貫，畢自嚴與陳新甲同傳，未免鸞梟並棲，殊無分晰，不如史臣之分傳也。周溫二相，爲戕削國脈之人，乃不入姦臣傳，而以顧秉謙齷齪輩當之，亦未及史臣本也。……至於奏牘多於辭令，奇蹟罕於庸行，則二史病處相同。

去泰去甚，爲張廷玉輩就史稿刋成明史宗綱。至雜錄所摘謬戾，前人頗多論定。有未可爲史稿咎者。亦有因流傳稗野，久騰口說。張等續纂，据說林爲平情之脩正者。如遜國事，季野嘗斥其僞，謂：「紫禁城無水關，無可出之理」（錢大昕萬季野傳。）朱竹垞謂諸說出從亡隨筆致身錄奉天刑賞錄，最叵信（曝書亭集上明史館總裁書。）是明史所改，特俯就俗說，如「翟義未死」「諸葛尙生」之類，爲不忍惠帝之慘遭毒手發耳！未足爲典要。且褒貶涉虛，無關史實；館籍散缺，末由裁正；明史之與史稿，其出入蓋亦僅矣。

較其卷帙，史稿紀十九卷，志七十七卷，表九卷，列傳二百五卷。明史紀析成祖爲三卷，憲宗世宗各爲二卷，神宗光宗爲二卷，爲二十四卷。志併歷志十一卷爲九卷；（按歷志原稿爲吳志伊湯潛菴二人作，經黃梨洲刪定。梨洲答萬貞一論明史稱志書云：「某故以說四篇冠於其端。來書謂「去其繁冗者正其謬誤者，」某之所補，似更繁冗，顧關係一代之制作，不得以繁冗而避之也。又某意欲將作表之法，載於志中，使推者不必見表而自能成表，則尤爲盡善也。」可知志稿本極繁富。）析地理五卷爲七卷；河渠五卷爲六卷；合兵志六卷爲四卷；爲七十五卷。表則增功臣三卷，外戚一卷，（按表原爲萬季野作，有功臣戚臣宦幸大臣上中下諸王各表，共十三卷。見歷代史表序錄中。王定史稿刪改爲九卷，明史仍增入爲十三卷。）爲十三卷。列傳則分合稍多，爲二百二十卷。大致亦多相彷彿，核其文字，史稿則稍繁富，明史則漸簡淨。（按明史綴贊辭，增譜表，多分卷，故卷帙增多，史稿篇末無贊論。）揆而論之，明史成分，史稿當居十八九也。

二、稿史構成沿革

明史既以史稿爲底本，則史稿之構成，不可不考其所自。

按明史之纂脩，起於順治二年。東華蔣錄，順治二年五月，命內三院大學士馮銓洪承疇李建泰范文程剛林祁充格等，纂脩明史。馮等仿通鑑體，僅成數帙而罷。而天啓四年實錄遂爲竊去（見孟鄰堂集。）後下詔求之，終不可得。

東華錄順治五年九月，諭內三院：今纂脩明史，闕天啓四年七年實錄，及崇禎以後事蹟，著在內六部都察院衙門，在外督撫鎮按及都布案三司等衙門，將所闕年分內一應上下文移，有關政事者，作速開送禮部，送內院以備纂脩。

明史之有稿，自馮始；而館中史料之被竊，亦由馮爲之嚆矢焉。

康熙四年，史館復開。以國書譯明實錄，未數十卷，會脩世祖實錄，遂罷（孟鄰堂集。）十八年，聖祖思以科目籠天下俊民，以史事消遺黎軼志。命徐元文爲監脩，葉方藹張玉書爲總裁，纂脩明史。召試博學鴻儒，授彭遜遹等五十人官，與右庶子盧君琦等十六人爲纂脩（散見孟鄰堂集及東華蔣錄。）時疆吏所在薦舉遺逸，如二曲夏峯亭林諸君子，皆被徵不屈，而浙撫許鴻勳亦以梨洲季野列之薦劄。梨洲抱白石所南之志，不欲被新朝簪纓，而以遺山望季野。

季野於文獻之學，遠紹攻媿（樓）厚齋：（王）（全謝山萬貞文先生傳）而以義山南雷愼獨之旨，卓其志尙。自處黯然，與人和淡（方望溪萬季野墓表。）其於史部，上下數千年，貫穿精熟，雖劉知幾鄭樵不逮。尤詳悉明代典故。於歷代史著中，尤長於表。所著歷代史表儒林宗派，裒然鉅帙，可謂集史部表學之大成。十八年，與梨洲子百家載家藏史著北上（梨洲父忠端公著時畧梨洲著續時略。）時季野從子貞一亦先期應徵赴京。季野以布衣參史局，不肯被官食俸，居徐元文家。一時海內人望，駢集史館，皆咨季野之該洽（黃梨洲歷代史表序，）曰：天生季野，關係明一代之人也（黃百家萬季野墓志銘。）

監脩徐元文在史局中論事，嘗曰：「萬先生之言如是。」一朝士曰，「萬先生何人？」答曰，「季野。」又問「季野何人？」元文怫然曰，惡！焉有爲薦紳而可不識萬季野者（黃志。）其爲時流所推重如此。時史局中「鬮題分纂」，「發凡起例」，皆出季野。孟鄰堂集楊農先氏云：

湯斌爲太祖本紀，徐嘉炎爲惠帝本紀，朱彝尊爲成祖本紀。徐乾學爲地理志，潘耒爲食貨志，尤侗爲藝文志。汪琬爲后妃諸王開國功臣傳，毛奇齡爲流賊土司外國傳。其餘各有所分。

又云：

用司馬溫公脩資治通鑑法，就館中羣書，先立草卷。於時潘耒承脩食貨志，自洪武朝至萬歷朝，共鈔六十餘本。密行細字，每本多則四十餘紙，少則二十餘紙。同事諸人，大率類此。先人在館，十有餘年，椿獲見分宜江陵宜興事，各五百餘頁，魏忠賢事千有餘頁。每一志傳成，總裁必命注某事出某朝實錄第幾年，某事見某人傳紀第幾卷，雖繁不以為嫌。

仿司馬氏法，先成長編，然後屬草；一篇既竟，核者分注出處於下，此最爲史家良法。楊氏又稱「萬君季野於徐公傳稿，合者分之，分者合之，無者增之，有者去之，俱詳注其故於目下。」蓋是法創自季野。全謝山萬貞文先生傳（貞文萬氏私謚）云：「諸纂脩以稿至，主者皆送季野覆審。覽畢，屬人取某書某卷某頁有某事當補入，某事當參校，如言取至，無爽者。」主者即徐氏兄弟，季野至其家，專理史事；是知「發凡起例」「核定各稿，」皆非季野不辦。

清聖祖既以史事爲標榜，聞人遺獻，皆集都下（鴻儒五十人右庶子盧君琦等十六人又徵士若干人不下百輩。）季野抱遺山之志，矢力明史，爲之總率，義例善而奏效速，孜孜矻矻，窮日力蒐討戢孴，十二年而史稿粗就，凡四百一十六卷。（孟鄰堂集）此爲明史稿最繁富之時期，而亦季野矢力最精勤之時期也。

或謂時預史局者，多卓異之士，明史義例，未必皆出自季野。朱竹垞有上史館書七，毛西河有奉史館劄子五，湯潛菴有明史凡例議，明史本紀條例，潘次耕有明史議，施愚山有脩史議，餘如陳廷敬彭羨門王崐繩葉方藹呂晚村等，各家文集中，皆有榷史論著。然皆依附故事，探懷囊籍，以文人之狹見，希馬班之宏規，非專家之學也。季野少即以明史自任（望溪集季野墓表。）嘗云：

吾少館某氏，其家有列朝實錄，吾默識暗誦，未敢有一言一事之遺也。長遊四方，從故家求遺書，旁及郡志邑乘，雜家志傳之文，莫不網羅參互，而要以實錄為指歸。蓋實錄者，直載其事與言，而無所增飾者也。因其世以考其事。覈其言，而平心察之，則其人之本末，十得八九矣。然言之發，或有所由；事之端或有所起；而其流或有所激；則非他書不能具也。凡實錄之難詳者，吾以他事證之；他書之誣且濫者，吾以所得於實錄者裁之。

其博稽精審，若此其勤也。黃梨洲講學越中，稱季野傳其史學（南雷文定）。全謝山傳季野，稱其克紹攻媿厚齋之文獻（鮚埼序集。）梨洲序歷代史表，稱季野在京，諸儒皆咨其該洽。其學之見推崇於師友間，如此其至也。又得歷任總裁之優遇，其於史局事，蓋惟季野之言是聽矣。故當時有以史事相詰難者，亦多直致季野。居業堂集王崐繩與友人論韓林兒書，即與季野者。又季野擬列傳目錄示方望溪，望溪詫焉！曰：

史者，宇宙公器也，子於吳會間，三江五湖之所環，凡行身循謹，名實無甚異人者，多列傳；而他省遠方，灼灼在人耳目者，反闕焉；毋乃資後世口實乎。季野瞿然曰：吾非敢然也。吳會之人尚文藻，重聲氣，士大夫之終，鮮有不具狀志家傳。自開史館，牽引傳致，旬月無虛，重人多為言。他省遠方，百不一二致。惟見列朝實錄，人不過一二事，事不過一二語；郡縣二志，皆略舉大凡，首尾不具；雖知其名，其行誼，事迹，不可鑿空而構。欲特立一傳，無由摭拾成章。故凡事之相連相類者，以附諸大傳之後，無可附者，則惟據實錄所載，散見於諸志。此所謂無可如何者也。

康熙三十五年秋，望溪南歸，季野語之曰：

吾老矣！子東西促促！吾身後之事，預以屬子，是吾之私也！抑有大者：史之難為久矣！非事信而言文，其傳不顯。李翱曾鞏輩所譏魏晉以後，賢奸事迹，並暗昧而不明，由無遷固之文也。子誠欲以古文為事，則願一意於斯，就吾所述，約以義法，而經緯其文。他日書成，記其後曰，此四明萬氏所草創也，則吾死不恨矣。因指四壁架上書曰，是吾四十年所收集也！踰歲，吾書成，當並歸子矣。

又曰：昔遷固才既傑出，又承父學，故事信而言文。其後專家之書，才雖不逮，猶未至如官脩之雜亂也。譬如入人之室，始而周其堂寢匽溷焉；繼而知其蓄產禮俗焉；久之，其男女少長，性質剛柔，輕重賢愚，無不習察；然後可制其家之事也。官脩之史，倉卒而成於衆人，不暇擇其材之宜與事之習，是猶指市人而與謀室中之事耳。吾欲子之為此，非徒自惜其心力，吾恐衆人之分操割裂，使一代治亂賢奸之迹，暗昧而不明。子若不能，則他日為吾更擇能者而授之（均見方望溪文集。）

其以史自任，而鞠躬盡瘁以事之者，有若是焉。故知當日史局前後總裁之者，為葉徐張王輩，而「發凡起例」，「裁制審核」，皆屬季野。

當時史局人才薈萃，又得史學大師，為之總率，故組織之善，成稿之速，遠非十八年以前之簡陋者可比。且是時清帝亦頗垂意文事，以期精幹過問史局，藉為禁鉗。疊下詔諭，詳爲督厲。纂脩諸人，益不容自疎。此實為清脩明史郅隆之時；明史之駕軼宋元而上者，亦職此之由。

康熙二十九年二月，諭大學士等：爾等所脩明史，朕已詳閱，遠過宋元諸史矣。（東華錄）是時蓋進呈史稿之一部份也。康熙三十一年，又諭大學士等：

前者纂脩明史諸臣，所撰本紀列傳，曾以數卷進呈，朕詳晰披閱，並命熊賜履校讎。熊賜履寫籤呈奏，於洪武宣德本紀，訾議甚多。朕思洪武係開基之主，功德隆盛；宣德乃守成賢辟；雖運會不同，事跡攸殊，然皆屬精著於一時，纂烈垂緒奕世，為君事業，各克殫盡。……若將前代賢君，搜求其間隙，議論其是非，朕不惟無此德，本無此才，亦實無此意也。……若表揚洪武宣德，著為論贊，朕尚可指示詞臣，撰文稱美。儻深求刻論，非朕意所忍為也。至開創時佐運文武諸臣，各著勳績。若撰文臣事實，優於武臣，則論議失平，難為信史。纂脩明史，雖史臣職也！適際朕時，撰成明史；苟稍有未協，咎歸於朕矣。明代實錄，及記載事迹諸書，皆當搜羅藏弆；異日明史告成之後，新史與諸書俾得並觀，以俟天下後世之公論焉。

觀此，可知清帝督率之勤。夫脩史，義例之商榷為一事！文字褒貶又為一事。清帝以洪武宣德本紀有訾議而降諭詰責，洪武宣德是否有可以訾議之處，別為一事；而在脩史諸人，據實錄為張本，戢孴成紀；原無所軒輊於其間，不害此四百十六卷史稿之精詳也。又以明代實錄，及記載事蹟諸書，搜羅藏弆。異日與新史並觀，此與司馬書成，不廢長編何異，實最合史家崇實眞義，而孰知後此之盡見剽竊乾沒乎（事見後文！）江南士子，可不如北胡君長，為之一歎。自是而後，都在整理脩飾間。而史局自三十年後，纂脩諸人，升沈物故，迥非昔比：惟季野，則始終以史為事，未嘗稍離。萬季野事略云：

徐公罷，繼之者張公玉書陳公廷敬王公鴻緒，皆延請有加禮。

王鴻緒為乾學弟子，入史局仕二十一年，葉方藹卒，與乾學同為總裁官。二十五年，因喪南歸。二十八年，被劾致仕（碑傳集）。三十一年乾學卒，王鴻緒以王熙張玉書疏荐，來京脩書（先正事略。）三十三年，與陳廷敬張玉書熊賜履總裁明史（碑傳集）。時季野蓋轉入王氏邸第矣。楊氏孟鄰堂集再上明鑑綱目館總裁書云：

二十九年夏，監脩徐公歸，以舊大學士仍領史局。未幾，薨。三十三年，召左都御史華亭王公（鴻緒）於家，與尚書澤州陳文貞公（廷敬）為總裁。而張文貞公（玉書）與原任大學士孝感熊文端公（賜履）為監脩。張公嘗為總裁，任脩志書。陳公任脩本紀。王公任脩列傳。

是時所謂某任本紀，某任志傳云者，特就四百十六卷之史稿，排理梳別，去其繁重，增其未備；或準時主諭論，褒貶稍近時趣而已；而審核仍由季野。楊書又云：

王公延鄞縣萬君斯同，吾邑錢君名世（按錢武進人明臣錢一本之後著有崇雅堂文集今佚）於家，以史事委之。萬君熟明朝典故。其家有餘姚黃忠端公時略忠端之子梨洲續時略。時略者，嘉隆時事，及諸臣奏疏。續時略者，萬泰天崇時事奏疏也。萬君以二書為主，先脩嘉靖後傳，而正之以實錄，參之以傳紀。椿時年二十餘，嘗屢至其館中。見萬君作一傳，集書盈尺者四五，或八九，不止，與錢君商榷。孰為是，孰為非；孰宜從，孰不宜從；孰可取一二，孰概不足取；商榷既定，錢君以文筆出之。故其辭達，其事明，有遠出唐宋二史上者。而熊廷弼袁崇煥李自成張獻忠諸傳尤善。

季野既熟明代典故，北上時，梨洲又以家藏史著予之，故當時纂脩諸人稿成，輒委季野覆審。楊氏所云：以時略續時略二書為主，而為王鴻緒專任列傳，先脩嘉靖以後傳者，與前說微異。（按梨洲史著甚富，康熙庚申詔取所著書關史事者宣付史館，季野所攜亦必不止時略續時略兩種。）乾學卒於三十三年，萬之入王氏家，當在三十三年後。明史館十八年至三十年間，全部史稿，大致粗就。王氏二十一年卽入史館，亦自有其所任撰著。至三十三年，再為總裁，延季野於家，專任列傳，必為潤飾補苴之工作無疑。至編脩錢名世爲捉筆（錢原係季野弟子見先正事略萬傳），則季野因習於質家言，於文字不屑屑注意者也。楊書又云：

宏正前徐稿考校既疎，乖錯尤甚。萬君無書足信，惟憑實錄，及稗史之可從者，辯其人之忠佞，定其時之後先。未及畢而錢君入直南書房，萬君卒，王公以戶部解任歸矣。四十一年冬，熊公（賜履）來，商於諸公。猶以徐稿進呈。上覽之，不悅，命交內閣細看。

按黃梨洲富於史著，關於明史者，除與新朝有所抵觸者外，有明史案二百四十四卷（見鮚埼亭集），及汰存錄等。康熙庚申（十九年）詔錄入史館。又屢下詔求書，諸徵士亦多蒐羅史著入館，史館中未嘗無書可憑也。徐稿多經季野核定；季野熟於明代典故，斷不至「考校太疎」，「乖錯尤甚」。此殆近迴護王氏改竄前稿之言。又四十一年，爲季野下世之年。十八年開局，歷十二年而史稿粗就。二十九，三十年，諸年內，疊有史稿進呈。東華錄二十九年諭，有「爾等所脩明史，遠過宋元諸史」語。又四十二年四月，上發熊賜履呈覽明神宗熹宗實錄以下史書四本，諭大學士等：

「太監魏忠賢惡蹟，史書僅紀其大略而已，猶未詳載也。」又諭：「隨崇禎殉難者，乃太監王承恩，因此世祖章皇帝作文致祭，並立碑碣。此書載太監王之心從死，明係錯誤」。尋大學士等覆奏改正。

是熊賜履等所進，係神宗熹宗以下史書四本，不能統概徐在史館時全稿。且上所不悅，諭令改正者，亦祇王承恩一事。此在纂脩諸人，亦必有所本。又史館中南士爲多，北都淪陷，得之傳聞；暬御小臣，姓名偶差，自不能如聖祖親睹世祖致祭立碑之瞭然，此無足怪者。然自是而後，史稿之刪脩，乃益汲汲。特在四十一年以前，季野在王氏家，與錢名世整理排比。季野卒後，王氏失所宗仰，往往憑臆抔删前稿；或鹵莽滅裂，倉卒核定；或假手門客，任意顛倒；至五十三年，而二百五卷之傳稿成。至雍正元年而紀志表傳全稿，三百零十卷悉數進呈。此爲由十八年後十二年中所成之四百十六卷史稿，遷延至雍正元年悉變爲王鴻緒之橫雲山人集史稿三百一十卷之沿革也。

三、並時諸家史稿之搜列

史館經季野核定之稿，爲四百十六卷；而方望溪季野墓表則云，所撰本紀列傳四百六十卷，存華亭王氏。全祖望萬貞文傳又云，明史稿五百卷，皆先生手定；卷數互異。蓋當初稿編排，隨有增補；方全據傳聞紀載，或書部數，或述部目，致有不同也。

又當時居史館者，皆思自濯磨，有所撰著，備主者審核。流覽其時各家傳志碑狀，所稱「監脩明史」，「明史總裁」，及與脩明史，成本紀志傳若干卷，若干篇者，殊不在少數。

先正事略毛奇齡傳：奇齡脩明史，鬮題得宏正兩朝紀傳，具草二百餘篇。又吳志伊傳，志伊承脩明史曆志。又湯斌傳湯公於明史諸志，則以曆書為任，知公之明於其文也。

按曆志初稿，確為湯吳二人作，經黃宗羲刪定。南雷文定有答萬貞一論明史曆志書。曆為專家之學，宗羲長於曆學，故主史事者，函懇宗羲刪定也。

先正事略汪琬傳苕文在史館，六十日，撰史稿百七十五篇。碑傳集鄭江傳江與脩明史時，所著有明志稿六卷，太祖本紀八卷，明史列傳十卷。先正事略嚴繩蓀入史館，分纂隱逸傳。又碑傳集徐元文行狀云元文有明史稿若干卷。又云，甲子二月（康熙二十三年）有旨留公專領監脩。明史局置已五年，而書未成。公既不與政，專脩史事。據國史，參諸家之說，手自編輯。客有熟於前朝掌故者，延致商榷。積年，成紀傳十之六七。尋繕呈紀七卷，傳十五卷。

按徐一人豈能成紀傳十之六七，必為季野所留遺之稿無疑。

碑傳集湯斌著明史稿若干卷行於世。又尤侗傳分撰志傳多至三百餘篇，同館未之有也。又湯潛菴墓志所脩明史數十卷，藏於家。又施閏章墓表閏章充明史纂脩官，草馮恭定傳，罷不能起。又金德嘉撰文苑傳，大清一統志，明史禮志，禮經講義。每奉一篇，總裁未嘗不稱善。又沈彤撰潘來行狀云：來撰明史食貨志，而兼訂他紀，自洪武及宣德五朝，俱有成稿若干卷，藏於家；又倪燦墓志銘云：明史開局以來，五十人者，解史職，歷高位，或放廢歸里：而李石台施愚山陳其年吳志伊輩，又相繼下世；或又分纂寶錄寶訓會典一統志諸書，不能專力明史。獨公力專志堅，序次工，網羅博；去而復來，前後若一，監脩總裁咸倚重焉。又云吳志伊檢討編五行志未竟，公續成之。

李集鶴徵錄云：倪燦著明史藝文志敍，窮流溯源，不下數千百言，可與姜湛園所撰刑法志敍，並稱傑構。

按明史稿藝文志，本之黃虞稷千頃堂書目。虞稷亦於十八年入史局，藝文志原稿，或出黃氏。今王稿藝文志敍無千百言，明史原本王稿，無甚出入。倪序原文，則甚長，見所著補宋史藝文志前。其「去前代之陳編，紀一朝之著述」，則各家宗旨皆同。

松窗筆乘，施閏章分撰史傳，務求至當，與余尺牘往復，不下數十，前輩虛懷如此。

名家詩鈔小傳徐釚以中召試入明史館。所著兪戚劉馬諸大傳。尤高潔，縝密，一時推大作。

按以上諸人傳狀志表，關於史館撰述，合計之，裒然大帙，不下數十百卷。此猶其著見者，若將數十年中與史局事諸人，各細按其家狀志傳，則甲著若干篇，乙著若干卷，又不知凡幾也。玆略表於下，以見梗概。

姓名	撰述門類	篇卷	備考
湯斌	紀，志，	篇卷未詳	
徐乾學	紀，志，傳，	篇卷未詳	
倪燦	志，長編，	篇卷未詳	藝文，五行，崇禎長編
鄭江	紀，志，傳，	二十四卷	
張烈	傳，	篇卷未詳	
喬萊	傳，長編，	篇卷未詳	儒林，崇禎
徐嘉炎	紀，	篇卷未詳	惠帝
尤侗	志，傳，	三百餘篇	

黃虞稷	志，	篇卷未詳	藝文
姜宸英	志，	篇卷未詳	刑法
嚴繩蓀	傳，	篇卷未詳	隱逸
汪琬	傳，	百七十五篇	
朱彝尊	紀，	篇卷未詳	
毛奇齡	紀，傳，	二百餘篇	
潘來	志，	篇卷未詳	
沈珩	要略	篇卷未詳	
施閏章	傳，	篇卷未詳	
金德嘉	志，傳，	篇卷未詳	
吳任臣	志，	篇卷未詳	五行，天文
萬斯選	長編	篇卷未詳	崇禎
萬貞一	長編	篇卷未詳	崇禎

黃宗羲	史案，國榷，	二百四十四卷一百卷	梨洲不與史局而史著最多與明史有深切關係者當推此二書
梅文鼎	志，	三卷	刪定吳志伊天文志稿
王源	志	篇卷未詳	兵
梅穀城	志，	篇卷未詳	曆志

當時公家所錄史稿，則順治二年後馮銓等所撰史稿數帙。紀志表傳，俱無明文。馮爲魏璫私人，曾見御史李森先彈章，龔鼎孳廷詰，（東華蔣錄）不學無行。餘如洪承疇，則明之降臣。以此等人脩史，其成績不佳，不言可知。次則康熙十八年後二十餘年中季野絡續所核定各纂脩所呈之史稿五百卷。至王鴻緒康熙五十三年所進呈之傳稿二百五卷，雍正元年所進呈紀志表傳全稿三百十卷，則皆萬稿所蛻化也。

四、王氏史稿攘竊證佐

凡竊人之有以爲己有者，往往易其標揭，以亂人眼目；又或滅棄證據，使人無可搊擂，以抉其疵累。紅休作僞於經部，法盛探囊於史宬，前事已然，淸初爲烈（南雷文定談遷著國榷被盜又鮚埼亭集何義門著道古錄爲門下士所竊。）王鴻緒之於史稿，掠美改竄，至爲下省。博稽諸家，列玆文徵。

梨洲輯明史案二百四十四卷。有三例，一：國史取詳年月；二：野史取當是非；三：家史備官爵世系。明史稿出於萬斯同，斯同之學，出於宗羲也（許宗彥說見續經籍志。）

按記注謹嚴，搜采極博，黃萬家法如是。故知萬氏五百卷原稿若在，必遠勝橫雲改竄之稿。

方望溪萬季野墓表：所撰本紀列傳四百六十卷，具存華亭王氏。淮陰劉永禎錄之過半而未全。

按具存華亭王氏，則攘爲己有，已在不言中矣。特不知淮陰劉氏錄之過半者，尚有吉光片羽在人間否。

全謝山萬貞文傳：明史稿五百卷，皆先生手定，雖其後不盡仍先生之舊，而要其底本，足以自為一書也（鮚埼亭集。）

錢竹汀萬季野傳：乾隆初，大學士張公廷玉等奉詔刊定明史，以王公鴻緒史稿為本，而增損之。王氏稿大半出先生手也（潛研堂集。）

按王氏黨於權相，諂事皇八子，勢燄熏灼，必有以箝天下人之口，而奪之氣者。身雖沒而舊人子弟，布滿朝列（鶴徵錄，子姓登卿貳者數十人同懷兄弟三人皆顯位，）秉筆之士，不敢誦言之，故隱約其辭曰「不盡仍先生之舊」「大半出先生手，」此中隱情，可於辭氣間窺求之也。

方望溪書楊維斗傳後：乾隆六年（明史成於四年此云六年者或為頒行之年），明史成，先生之孫繩武，以本傳辭事太略，請余別為文以識之。余曰：無以為也。萬氏所定史稿，以先生與徐公汧合傳，謂並死於水。今欽定之史，已正其誤矣。「臨刑不屈，首已墜，而聲從項出」，既大書特書，則小者不足道矣。惟逐秉謙屏呂錢之義，與涇陽之顯明臧否，至今為淫詞所蔽晦，故表而出之。

九原可作，當以余為知言，而暢然給鄙夫貿儒五臟之癥結，可一朝而盪滌也。

按季野草創史稿，多爲東林復社張目，一時馳逐聲氣之士，雜然非議。卽姜西溟梅定九輩，亦依違不敢有所裁決。方望溪以「君子淸議小人惡嫉」解之（見望溪集）；而書楊氏傳後，猶有「至今爲淫詞所蔽晦，表而出之」語，亦似指萬氏稿經人改竄，與原定稿不侔而言。

張廷玉等撰進明史表：……錢帙雖多，抵牾互見。惟舊臣王鴻緒之史稿，經名人三十載之用心。進在彤幃，頒來閟閣；首尾略具，事實頗詳。爰卽成編，用為初稿。

按名人三十載之用心，蓋卽季野也。廷玉去季野不遠，故能知其詳，特雅不欲顯言之耳。又萬氏參史局，始終未列名典册，九閽莫知，亦不能率然列之章奏。

魏默深古微堂集評明史稿云：明史稿實出名儒萬季野之手，而華亭王氏攘之。又云，板心雕橫雲山人集，遂礙頒發。攘善而不遂其攘，盜名而適阻其名，豈非天哉！

陳康祺燕下鄉脞錄四筆：明史稿實出萬季野，而華亭王氏攘之。

按此則抨擊王氏，發其覆藏，幾無餘地。此外詳述脩史沿革，大書深刻，以聲王氏之竄亂原稿者，則有武進楊氏。孟鄰堂集上史館總裁書云：

王公歸，重加編次，其分合有無，視萬錢稿頗異。五十三年春進呈（傳稿二百五卷）。五十四年春，復召見，兩文貞（陳張）已去世，紀志表未有。王公乃僅取徐公舊志河渠食貨藝文地理刪改之，其他俱仍其舊。表則去功臣戚臣宦幸，而改大臣上為宰輔，大臣中下為七卿。惟諸王表與之同。六十一年冬，王公閒居京師，刪改徐公本紀，不浹旬而十六朝本紀悉具。雍正元年六月進呈，前三百零十卷（合前傳稿）。即此史館所貯，王公奉敕編撰本是也。蓋其書，紀表不如志，志不如傳；宏正前之傳，不如嘉靖以後，此其大較也。最可議者，王公重編時，館客某，刻薄無知，於有明黨案，及公卿被劾者，不考其人之始終，不問其事之真僞，深文巧詆，羅織為二；而名臣事蹟，則妄加刪抹，往往有幷其姓名不著。蓋是非毀譽，尚不足憑，不特紀志表傳等自為異同已也。

楊氏此書，言王氏竄亂史稿，可謂詳備。楊氏及見季野，語當非誣也。夫季野所謂分合有無，自具義例。館中傳稿，既經刪改，復注其故於下，以備審核，謹嚴之至。萬卒而王氏以意刪抹，減短卷帙，此其謬妄者一。紀志出於徐乾學徐嘉炎潘耒等手，又經萬氏審定，必爲佳製。若表則尤爲萬氏之所鏤心。其所著歷代史表六十卷，朱竹垞黃梨洲李杲堂等，均推爲絕業；而明史表十三篇，亦見著錄，斷不容餘人置一辭。乃王取紀志刪改，其刪改所持宗旨，既未明言，而於表更去其三篇，合大臣中下爲一篇；且易置名稱；尤爲無忌憚。至不浹旬而十六朝本紀悉具，鹵莽滅裂，更可嗤哂，此其謬妄者二。假手館客，任意爲之；至抹刪名臣事蹟，使是非毀譽，不足憑；紀志表傳自爲異同：此則尤爲謬妄者。然則雍正元年所進明史稿三百十六卷，蓋遠不如前此十二年中所粗定之明史稿，遑論季野於三十三年後所悉心裁定者乎！嗟乎！後人安得季野所手定五百卷之前史稿，與橫雲山人稿相對勘，以窮其謬妄無知之僞跡歟！

不惟是也，王欲使其史稿進呈後，無可指摘，遂將前稿毀棄。故在明史稿宣付史館後，而後之脩史者，舍史稿外，無所依據。舊時草卷長編，一切不存。蓋明史館自三十年後，即漸廢弛。季野既卒，王氏不惟「不學無術」，即其奔走權倖，固亦無暇文字之役。又因喪，因劾，屢屢放歸；史館史料，既未能如司馬氏之書局自隨，遂多被捆載而歸。五十三年王鴻緒進呈列傳表云：

自蒙恩歸田，欲圖報稱，稍盡臣職；因重理舊編，「搜殘補缺，薈萃其全。復經五載，始得告竣。

又雍正元年，進呈全部史稿表云：

四十八年春，奉旨以原官解任回籍，遂發列傳史稿細加删潤，於五十三年進呈先帝，蒙俞旨宣付史館。隨於五十四年春，特召來京，脩御纂詩經告竣；又蒙先帝點充省方盛典總裁；今書編成多卷，俟公閱後啓奏外；惟明史祇存臣一人；而本紀志表俱未有成稿。臣夙夜纂輯，彙成全史，以仰副先帝之明命。計自簡任總裁，閱歷四十二年，或筆削乎舊文；或補綴其未備；或就正於明季之老儒；或咨訪於當代之博雅；要以恪遵敕旨，務出至公，不敢無據而作。今合訂紀志表傳共三百零十卷。

史以事實爲骨幹；歸田後删潤，是必攜史館史料南還，史稿進呈後，此項史料，不再入館，後人遂失依據。又康熙三十年後，至雍正初元，史館人員，升沈物故，極形寥落；卽有常司，亦徒搜殘補缺，鈔寫核訂而已，故云止存一人。舊人散亡，卽可任意删抹，無人能排難之。至云紀志表俱未有成稿，尤爲大言欺人。若如所言，紀志表無成稿，則五百卷爲何稿乎。卽果無成稿，王氏衰朽餘年，亦豈能以短期成之。四十餘年之閱歷，館中情形，熟知之矣！曰「筆削」，曰「補綴」，曰「就正咨訪」，掠多人之美於一身，集聞人遺老數十年之慘澹經營，而被以己名，千古文林之大篡案，蓋莫逾於是矣。

清脩明史，馮銓草創於前，而館中實錄爲所竊；王鴻緒前後居史局數十年，而竊人成稿，以成其橫雲山人史稿；小人無忌憚，先後同揆。但馮氏所竊爲實錄，其目的爲湮滅自身之醜穢，其結果僅影響於史料；王氏所竊，爲全部已成之史稿；不惟沒前人之苦心，而刪抹紊亂，又足使一代文獻，失其眞相；此則案罪定讞，駕馮氏而上之矣。

五、竄亂文證

明史初稿，爲順治二年總裁馮銓等所輯，纔成數帙，條例不聞，蓋極簡陋。康熙十八年，以緣飾文治之主，爲此故國文獻之搜討。海內才士，輻輳都下。遺獻逸黎，爭爲遺山。且出石函心史，公之史館，以備考核。萬季野熟於明代典故矣，而入史館後，日有所抄錄，語方望溪有「四萬卷擧以相貽」之說。況猶有未盡耶！以人物論之：湯斌陸隴其之淸節，姜宸英朱彝尊毛奇齡徐乾學尤侗諸人之文章；率以萬氏之史學；仿司馬溫公資治通鑑法，先立長編以歸統類，多脩草卷以資戢香。孜孜矻矻，寒暑靡間，歷十二年而大體粗就。時季野居徐元文兄弟寓，專事覆審裁定。雖館中人多，人各異言，而文獻之學，則羣推祭酒。故此時之稿，允稱獨絕。惟初創之稿，義例尙矣，而或不免冗泛；或褒貶小過；故後此王鴻緒繼爲史館總裁，延萬氏於家，專事修正裁定。自季野卒後，史館故實，知之者鮮。王氏以前後處史館四十餘年之舊人，而任意删改舊稿，一切抹殺；又且假手於無知妄人以速其功；而乾沒草卷長編，以免後人之抉摘；於是雍正元年三百十卷之橫雲山人史稿成矣。自橫雲史稿成，而季野五百卷之舊稿湮。後之修史者，遂不得不依史稿爲底本。然竊術雖巧，罅漏終存，何法盛郭子玄豈能逃後世之論定哉。

諸家論明史稿者，或有所忌而未敢盡言，或因町畦隔別而不欲爲極論。季野在京固黯淡，熱炎者或不之省。如西河竹垞等，皆浙人，與季野郡邑相望，而竹垞曝書亭集中僅有歷代史表一序，西河著述數十百卷，更略不及季野。惟全謝山方望溪集中多有爲季野張目者。於明史事雖不甚詳言之，然曰「明史五百卷，皆先生手定」，則亦約略可見矣。玆引諸家論明史稿者，以明王氏竄亂之實蹟。

魏默深古微堂集書明史稿云：

或謂明史稿，出萬季野名儒之手，其是非不應舛戾。折之曰：史稿於王之寀列傳後，附采夏允彝幸存錄數百言，以折衷東林魏黨之曲直。夫幸存錄，黃南雷詆為不幸存錄，又作汰存錄以駁之。故其前錄，則巢氏序，謂出夏公身後，冒託其名。後錄，備夏淳古撰全謝山駁其中「先人備位小宰」一語，其時小宰乃呂大器，而淳古父允彝，僅官考功，豈有子誣其父之理。淳古十五從戎，十七授命，孝烈貫金石，視匪黨如糞壤，豈有堪挂其齒之理。蓋馬阮邪黨所僞撰，而竄允彝父子之名，以求信於世。其書專以扶邪抑正為事。雖以孫承宗熊廷弼之功業忠烈，皆曲皆汚衊。一則曰：聞其不能無欲。一則曰惟知善罵以避封疆之責。而於邪黨楊維垣張捷馬阮，皆曲為解脫。乃南雷所深惡。豈有季野為南雷高弟，反采錄其言以入正史，其為王鴻緒之增竄無疑。

且明太祖平張士誠，惡蘇民為士誠守城不下，命蘇松田畝悉照私租起賦。凡准張文武親戚，及後日籍沒富民之田，悉為官田。建文二年，降詔減免，每畝止輸一斗，可謂幹蠱之仁政。乃成祖篡位，仍復洪武舊額。至今流毒，數百年未已。此事建文是而永樂非，比戶皆知。今史稿止載成祖殺齊泰黃子澄方孝孺，夷其族，執鐵鉉於山東，至京殺之。其餘屠戮忠臣數百人，株連夷滅親戚千餘家；妻女發配象奴，及教坊，為娼；皆諱不書。即蘇松浮糧復額殃民之政，亦為之諱。考宋時蘇州田租三十萬，水田每畝租六升。至洪武中而蘇田十六分，僅分一分為民田，餘十五分皆官田；所以蘇松浮糧，至三百七十餘萬。宣德中況鍾為知府；正統中周忱為巡撫，先後奏減十分之三，尚存一百七十萬，而歲歲逋負，不能足額。萬歷中始有歲納至八分之令。我朝康熙雍正又豁免其半，改折其半，始定今額，鴻緒身為吳人，豈有不知，而曲筆深諱。

魏氏此論，以黃南雷汰存錄及贋託之幸存錄與史稿對勘，證史稿之決爲橫雲山人增竄；又以永樂蘇賦，未得其復滅之實錄爲橫雲失實曲諱之證，皆屬不可移易之定讞。

季野於史表最致力，所著稱代史表，梨洲極推重之。明史表十三篇，必出季野於無疑。王稿僅有表七篇，與明史表不合，且名類亦不同，是必王妄更季野稿，而明表幸存稱代史表中，雍正間修明史者，由彼割入，得還十三篇之舊也。

又黃百家志季野墓有云：「修史之事，至明室而愈難。革除之失實；泌陽之醜正；要典之逆言；思陵之墜簡；以至僞書流行，多不勝數。是非通知三百年之首尾，條貫於胸中者，未免爲公超之霧所染，東西易向，惡能釁諂魂，發潛德於筆下乎。首先遺獻嘗怪以某相之喪師誤國，而多心詩惑於孤兒之詭說，頌其功勞。近聞復有欲爲險心辣手亡國之某相頌功者，則更可怪矣。語云：國可滅，史不可滅。柱下皇宬，原非布衣之事。先生雖死，知當事者自能出定力以主持，必不至使後人有糾繆之舉也。」此段感慨，於當時史局中史料之舛繆；議論之厖雜；折衷之難；直筆之不易；可謂言之無餘。而「定力主持」，「後人糾繆」，抑若隱指王氏之妄意改竄者。此數者皆可爲之證佐。

六、史德之論料

史貴直筆，古稱南董。會稽章實齋文史通義所以有史德之著；而吾師新會梁先生著史學研究法，亦云：史學家須首「史德」而爲四長。唐韓愈氏云：作史者誅奸諛於已死，發潛德之幽光。夫古人已往，褒貶由我，一字出入，既使逝者蒙寃泉壤；而史實錯亂，亦足使後人迷其指歸。故史氏涉筆，不宜苟爲軒輊，極須謹嚴。沈約魏收，見嗤前代。誠以一朝典故所繫，尤須愼擇其人。淸修明史，起於順治二年，總裁馮銓洪承疇皆小人，故史局之開，僅數年，而實錄被竄。其意欲泯其在先朝之穢迹耳。康熙十八年，人材最盛，成稿亦速，且多可信。三十年後，王鴻緒專斷其間；萬季野卒，刪抹竄亂，益無忌憚，罪倍馮洪矣。

萬季野紹蕺山證人之緒，最重踐履，介然不苟。權要威脅利誘，兀不爲動。其於史德，可謂純備。鴻緒巧黠善宦，在朝，則黨附權奸，兄弟諂事廉親王（皇八子胤禩）；在外，則交結疆吏，爲奸利事。湯潛菴，純臣也，而公然劾之。易儲，大故也，而上疏請立皇八子。制行如是，視馮洪且下之，可任史事乎！閱郭琇劾王氏兄弟與高士奇等爲奸利事一疏（見東華蔣錄，）奔走巧宦，清議沸然；更有何學，能任史局。是以盜竊人作以爲己有，抹刪史實，塗塞耳目，使人無所依據；諸爽德事，靡所不爲。禮親王嘯亭雜錄曰；

康熙中，王鴻緒揆緒輩，黨於廉親王，而力陷故理邸。故其所撰明史稿，於建文君臣，指摘無

完膚；而於永樂及靖難諸臣，每多恕辭。蓋心所陰蓄，不覺流於筆端。從古「僉佞不可修史」，王司徒言，未可非也。又

安化陶雲汀之言曰：王鴻緒史稿，於吳人每得佳傳。於太倉人尤甚。而於他省人，輒多否少可。張居正一傳，盡沒其功績，且誣以權奸叛逆，尤幾無是非之心。幸乾隆中重修明史，略為平反。

史稿之顛倒乖舛，見於前人論列者，此最爲深刻。是王鴻緒既無紀載是非之公心；而妄意改竄名人之稿，成爲己有；又乾沒史館中長編草卷，以扶植其史稿，使人無可抉摘，而快其喙鳴；其於史家道德，可謂無纖毫存在。

又楊農先氏謂王重編時，館客某，刻薄無知云云：考時與王氏同臭味者，惟一高士奇。郭琇疏刻，亦有與高士奇輩招權納賄等語。疑所謂館客，或卽高氏。而李集鶴徵錄則云：李因篤熟前明事蹟，史館無能及者。入明史館數月，乞歸養母。後横雲山人史稿成，欲先生正之。先生病在牀褥，令二人誦於枕側，先生呼曰改，卽加竄易塗抹。半載而畢功。由是史稿知名。按因篤與崑山顧亭林爲至友；學以朱子爲宗；蓄德能文，必不與王氏同臭味。楊氏所云門客，必非指李。其改抹王稿，或爲別一事。或則王以李曾在史館，熟故事；負盛名；遂竊藉其名以行。或於李老病之餘，倉卒呈稿，略事更定，遂卽奏上，亦未可知。果爾，則王稿之得稍有聲譽，猶賴李之力爲多也。

結論

吾師新會梁先生云：「明史之成，距萬氏之死，已四十年。史館廢弛已久，然明史之有相當價值，萬氏力也。」蓋史以事實爲主，文可以意爲之，事不能鑿空而構。季野成稿，王氏攘之，任意改竄。或假手門客，或求定時賢，然部帙既多，翻檢非易。即或竄亂，文字褒貶，以意爲之，徒快喙鳴，大部資料，猶是舊稿。標揭雖易，價值尚存也。

前此各家，揭論明史稿，或以時忌，或以代近，顯言微詞，雜然並作，未能一致，然其要歸，十八年後，十二年中，所核定之史稿四百十六卷，三十年後，漸次增補，至四百六十卷，五百卷，皆經季野審核，可無疑義。至王鴻緒在史館，迄無建樹。生平行檢，又復下劣其著述，除竊攘之史稿外，無他篇卷表見。文史本靜業，從古無熱中罔利之人，而能成此數十百卷之大部著述者。季野則生平行誼，見欽於時流，夙究心故國文獻，著述甚多。如歷代史表儒林宗派等，黃朱輩皆推重之。其他經史撰著，亦不下數十百卷。（黃百家季野墓志：季野見先遺獻晚年所著明三史鈔大喜，曰此一代是非所關也。我此番了事歸來，將與汝依此底本另成明朝大事記一部云。是萬氏尚有有志未竟之史著。）其於史學，貫穿精熟，劉鄭不及。其作史義例，記注極謹嚴，披搜極詳博。嘗曰：「昔人於宋史已病其繁蕪，吾所述將倍焉。非不知簡之爲貴也，吾恐後之人務博而不知所裁，故先爲之極，使知吾所取者，有可損，而所不取者必非其事與言之眞而不可益也。」又曰「史之有表，所以通紀傳之窮，讀史不讀表，非深於史者也。」而所論官修之史，不如私人之事專而言信，尤是明其旨趣之所在。又拒勢官賄乞美傳，史德精白，是爲楷範。

顧當時東南勝流，竊藉文字以行，在自好者亦且不免。徐健菴澹園集，陳其年湖海樓詩集序，且湛園未定稿，不同者僅十數字。以此推之，則集中鴻篇大文，或有幕客及門下捉刀者；不僅讀禮通考一百二十卷，爲萬石園徵君纂也（山陰平步青國朝文棷題辭）。讀禮通考刊於康熙三十五年，季野猶在。朱竹垞等皆有序文。然於季野纂集之勤，（結埼亭集萬傳先生纂讀禮通考一書，上自國卹，以訖家禮，十四經之箋疏，廿一史之志傳，漢唐宋諸儒之文集，說部，無或遺者）。亦不詳言，此可知矣。

或謂季野有從子九沙管村輩在京，或參史局，或入詞林，曷不爲之資助？不知萬氏耿耿守孤介之節；明末抗節死者，浙東爲多；季野濡染師父之教，於桑海之際，尤感慨憤痛。故其居京師也，特以布衣參史局，盡瘁史事。核稿至五百卷，而天子不知。新進之士，聲華自揭，忍詬新朝；或且以娼嫉煽毒，而季野之聲光黯淡矣。其子姪輩，亦且冷落閒曹，無以展其長才。故以季野之盛名參史局；暇則開講於會館，聽衆溢座，皆呼曰「萬先生」，而不名；而同爲浙人之毛西河，號稱富於文者，今觀其集中，隱約若有所指目，或在季野；而於萬氏宗門風義，及問學，無一及焉，他可知矣。季野在京師，核其踪跡；於前輩，則湯潛菴。故潛菴之卒，爲之作傳，（結埼亭集說，但碑傳集無季野所作傳），於時姦傾側湯者，大書深刻，以洩其不平（亦見結埼亭集）。總史局之王鴻緒，固黨權劾湯者也。於年輩稍晚者，爲大興劉繼莊，桐城方望溪。繼莊早卒，望溪又以戇直不容於時。嗟乎！直道不容，讒謟蔽明；不知其人，視其友。季野之踪跡如此，而身後所遭遇又如此。史稿之重，十倍於譚遷國榷；鴻緒之巧黠，十倍於鄉里刁狡；其不爲所竊竄，易標以揭日月，而肆然賣名聲於天下者鮮矣。此以情與勢測之，而又可決其必然者也。

原載國學論叢第一卷第一號

萬季野與明史

張須

一

明史三百三十六卷，觀其題名，保和殿大學士張廷玉，裒然居首；而抑知其所據者，乃華亭王鴻緒儼齋之明史稿也。四庫提要固明言因鴻緒之本而增損成帙矣，而抑知其所據者，又鄞人萬斯同季野之明史稿也。此事在清代官書，類弗言及，而私家紀載，則辨證殊多。若黃百家劉坊方苞全祖望錢大昕諸人所爲之碑傳，禮王昭槤及陶澍魏源諸人所加之論列，或明季野之學，或折華亭之非。是清時士林，固有公議。錢大昕萬先生傳云：「乾隆初，大學士張公廷玉等奉詔刊定明史，以王公鴻緒史稿爲本而增損之。王氏稿大半出先生手也。」錢氏之言，誠學者之公言也。

民國以來，新會梁氏最善言史學。其所著書，常盛推季野。如清代學術概論有云：「黃宗羲萬斯同以一代文獻自任，實爲史學嫡派。」其撰清代學者整理舊學之總成績亦云：「清代史學，開拓於黃梨洲萬季野，而昌明於章實齋。」其論明史之述作，有一節專推季野修史之功，而深歎其橫遭攘奪之不幸。

清代學者整理舊學之總成績第六章：「季野為今本明史關係最深之人，學者類能知之。但吾以為明史長處，季野實尸其功。明史短處，季野不任其咎。季野主要工作，在考證事實以求真是。對於當時史館原稿，既隨時糾正，復自撰史稿五百卷，（須案：卷數有問題，詳下。）自言吾所取者或有可損，而所不取者必非其事與言之真而不益。故明史敘事翔實，不能不謂季野詒謀善。雖然，史稿為王鴻緒所攘，竄改不知凡幾。後此采王稿成書，已不能謂為萬氏之舊。且季野最反對官局分修制度，而史館沿舊制卒不可革，季野雖負眾望，豈能令分纂者悉如其意？況季野卒於康熙四十一年，明史成於乾隆四年，相距幾四十年，中間史館廢弛已久；張廷玉等草草奏進時，館中幾無一知名之士；則其筆削失當之處，亦概可想。故季野雖視潘戴為幸，然仍不幸也。然明史能有相當價值，微季野之力固不及此也。」

其言允矣。然新會此篇，非專論季野，碑傳雖夥頤，又繁瑣不中通覽，甚有牴牾害實之處。欲明季野師承所自，學問大端，與其在燕編纂本末，以及並世朋遊講肄之盛；其苦心勤力，奇詞卓論，足以見其以修史爲性命者；乃至史稿之面目，暨身後遺書之所歸，凡此種種，非參合羣言，勒成專篇，不足以別同異而見始末。爰以諸家碑傳爲經，更取清國史館列傳綜其生平；而以梨洲、哂園、謝山、恕谷、堇浦、薑塢、敬孚諸家所論述者，比物醜類，上下洽通；其近人所得萬氏墨蹟，亦附見焉。非敢曰季野修史本末備見於是，亦庶乎稍有端緒可尋而已。

二

季野幼時之不馴，與喜讀史籍，酷似劉知幾。

史通自敍：「予幼奉庭訓，早遊文學。年在紈綺，便受古文尚書，每苦其辭艱瑣，難為諷誦。雖屢逢捶撻，而其業不成。嘗聞家君為諸兄講春秋左氏傳，每廢書而聽。逮講畢，即為諸兄說之。因竊歎曰：若使書皆如此，吾不復怠矣。先君奇其意，期年而講誦都畢。於時年甫十有二矣。」

全祖望萬貞文先生傳：「少不馴，弗肯帖括，隨諸兄所過多殘滅，諸兄亦忽之。戶部（季野父泰，官戶部郎。）思寄之僧舍。已而以其頑，閉之空室中。先生竊視架上有明史料數十冊，讀之甚喜，數日而畢。」

長而問學於餘姚黃宗羲，遂傳其史學。宗羲有明史案二百四十四卷，錢林文獻徵存錄載之，而世鮮傳本。清史列傳曰：「其明史有三例：一國史，取詳年月；二野史，取當是非；三家史，備官爵世系。」又曰：「明史稿出於萬斯同，斯同之學出於宗羲也。」斯言爲得之矣。蓋梨洲有三大書，皆以案爲名。一曰明文案二百七卷，（後改纂爲明文海，凡四百八十二卷。）文章之林藪也。二曰明儒學案六十二卷，義理之總滙也。（宋元學案未成，全祖望續成之，凡百卷。）三即明史案，又一代事迹之長編也。史案雖無傳書，然當康熙開館修史之初，已有「下浙江巡撫就家鈔所著書有關史事者付史館」之詔，則史局所據依，季野所遵循，殆不外是矣。其精論宏識，爲史局所咨決者，全謝山嘗列擧之。

全祖望梨洲先生神道碑文：「公雖不赴徵書，而史局大案必咨於公。本紀則削去誠意伯撤座之說，以太祖實奉韓氏者也。歷志出於吳檢討任臣之手，總裁千里貽書，乞公審正而後定。其論宋史別立道學傳，為元儒之陋，明史不當仍其例，時朱檢討彝尊方有此議，……遂去之。其於講學諸公，辨康齋無與弟訟田之事，白沙無張蓋出都之事，一洗昔人之誣。黨禍則謂鄭鄤杖母之非眞，寇禍則謂洪承疇殺賊之多誕，至於死忠之籍，尤多確核。……史局依之資筆削焉。」

此皆尤大彰明較著者也。

然季野學無常師，實多自得之詣。當請業梨洲以後，入參史局之前，其孜孜力學，尤顓於史，諸家固常言之。其尤得力者，在明列朝實錄。

黃百家萬季野先生墓志銘：「順治己亥，先生初謁先遺獻於化安山。……迨後康熙丙午丁未間，余與先生讀書鄞縣外之海會寺，見先生從人借讀二十一史，兩目為腫。己酉以後數年，又與先生讀書於越城姜定庵先生家。發其所藏，有明列朝實錄，廢寢觀之。……向晚縷縷，必為余詳說一日所觀某事之顛末，某人之是非。」

又「於有明十五朝之實錄，幾能成誦。其外邸報野史家乘，無不遍覽熟悉。」

方苞萬季野墓表：「吾少館於某氏，其家有列朝實錄，吾默識暗誦，未敢有一言一事之遺也。長遊四方，就故家長老求遺書，考問往事，旁及郡志邑乘雜家誌傳之文，靡不網羅參伍，而要以實錄為指歸。」

錢大昕萬先生傳：「尤熟於明代掌故，自洪武至天啓實錄，皆能闇誦。」

其生平持論，大抵以實錄裁他書之異聞，以他書證實錄所未悉。

方苞萬季野墓表：「蓋實錄者，直載其事與言，而無可增飾者也。因其世以考其事，覈其言，而平心以察之，則其人之本末，可八九得矣。然言之發或有所由，事之端或有所起，而其流或有所激，則非他書不能具也。凡實錄之難詳者，吾以他書證之；他書之誣且濫者，吾以所得於實錄者裁之。雖不敢具謂可信，而是非之枉於人者蓋鮮矣」。

故雖博取而有所折中。其後參與史局，於建文書法，卽憑成祖實錄以爲推求之資。然又非專據實錄，如於遜國之說，則斷之曰：「紫禁城無水關，無可出之理，鬼門亦無其地。」（詳錢大昕萬先生傳）此非入都之前久所蘊蓄，豈易片言而定。大抵修史之要，全在事實，事實旣具，則尙折中。建文書法之論，在季野爲碎金，然與梨洲之與史局商論之言，其精核固無以異也。

先是康熙十八年己未，有博學宏詞之開科。三月丙申，召試彭孫遹等五十人，皆入史館，纂修明史。當時號稱得人，其不得者至挾怨作詩，以致其羨妬之情。蔣良騏東華錄載是年五月，詔內閣學士徐元文，翰林院掌院學士葉方藹，右庶子張玉書等修明史。當召試前一年，梨洲季野，有力辭宏博之舉。至是元文又以爲薦。梨洲又辭。乃延梨洲子百家，及季野參訂史事。梨洲戲答元文書曰：「昔聞首陽山二老託孤於尙父，遂得三年食薇，顏色不壞。今吾遣子從公，可以置我矣。」又季野兄子言，字貞一，是時亦與偕往。梨洲南雷詩曆，有己未送萬季野貞一北上詩三首，可當贈序看。詩云：

史局新開上苑中，一時名士走空同。是非難定神宗後，底本誰搜烈廟終。（按謂崇禎一朝無實錄）此世文章推婺女，（按謂徐元文葉方藹皆崑山人，以比修元史之宋濂王褘皆金華人也。）定知忠義屬韓通。憑君寄語書成日，糾繆須防在下風。

管村彩筆掛虹霓，（貞一號管村。）季野觀書決海堤。卅載繩床穿皁帽，一蓬長水泊藍溪。（自注：余所居地。）猗蘭幽谷真難閉，人物京師誰與齊？不放河汾聲價倒，太平有策莫輕題。

堂堂咸筆盡能人，物色何緣到負薪。且莫一詩比老婦，（自注：楊鐵厓有老婦行上太祖。）應憐九秩有萱親。重陽君渡蘆溝水，雙瀑吾被折角巾。莫道等閒今夜月，他年共憶此良辰。

其後季野在燕二十餘年，而梨洲當季野入燕後十七年卒，殆見其出而不見其入矣。（季野中間亦曾南歸，未知得見否。）然季野作歷代史表，梨洲曾爲作序，其間聲氣固不隔也。

三

季野當未入史局，曾辭宏博之徵。及參史事，不願著作郎，不食七品俸。而必忍寒苦，棄妻孥以爲之，其中必有大不得已之故。方望溪曰：「季野自志學，即以明史自任；其至京師，蓋以羣書有不能自致者，必資有力者以成之，欲竟其事然後歸。」（墓表）說似之矣，而未得先生之心事也。惟鄞志稿儒林傳云：「斯同先世，自明初受三等之封，世襲指揮僉事，迄於國亡。故不輕出仕，而獨有意於故國之史。」此其說蓋得諸劉坊所爲之行狀。

劉坊萬季野先生行狀：「先生……告予曰：……僕所以濡忍於此，念先世九代勝國世勳，至先人中崇禎丙子鄉試，於是舊業頓隳。……念先人辭世祿，勉思以文德易武功。今鼎遷社改，無可為力者。……昔吾先世四代死王事，今此非王事乎？祖不難以身殉，為其玄曾，乃不能盡心網羅以備殘略，死尚可以見先人地下乎？」

之數語者，其悲壯與太史公自序何異？古之人凡有所就，動有所忍。季野無心於仕清，而隱忍二十年，欲以著作自遂其志，事之可傷，孰甚於此？其後遺書爲王鴻緒所攘竄，志終未能竟遂，益可傷矣。

季野之初入都也，蓋主徐元文家。清史列傳云：「元文欲薦斯同入館局，斯同辭，乃延主其家，以刊修委之。元文罷，繼之者大學士張玉書陳廷敬，尚書王鴻緒，皆延之。」大抵自康熙己未初開史館，至庚午元文南還，此十二年間，季野意興最發舒，當事者亦最禮重。

黃百家萬季野先生墓志銘：「己未歲，今上有修明史之詔。監修徐立齋先生（按元文也）以幣聘先生至京任其事。司寇健菴先生，宮詹果亭先生，以及京朝諸大老，無不敬禮雅重。凡有古典故事，未諳出處者，質詢於先生。先生以條紙答之曰：在某書某卷某葉，檢書查閱，不爽錙銖，蓋不能使人不心服也。昔余在京時，見立齋先生論一事曰：萬先生之言如此。一朝士問曰：萬先生何人？答曰：季野。又問季野何人？立齋先生怫然他顧曰：惡！焉有為薦紳可不識萬季野者。」

韓菼徐公元文行狀：「甲子二月，（康熙二十三年）有旨留公專領監修明史。……客有熟於前朝典故者，公奉書幣，延至賓館，遇有疑誤，輒通懷商確，常至夜分。」

是時同在崑山相國京邸者，有黃百家，

劉繼莊，

黃百家萬季野先生墓志銘：「丁卯以後，則與先生同修於立齋先生京邸。」

劉坊萬季野先生行狀：「憶坊己巳冬，得交明州萬季野先生於崑山相國京邸。同晤者為劉子繼莊。其時京師驚名之士，風傳二先生博聞爾雅，學無不窺。劉則善游，每旦興必出，或夕不返。每欲訪者，則必託萬先生致意，然後留身以待。………明年，崑山歸里，繼莊以館俸之得，鈔史館秘書無算，持歸蘇之洞庭，將約同志為一代不朽之業。既歸吳，未幾身歿，其書散失於門人交友處。」

全祖望劉繼莊傳：「萬隱君季野，於書無所不讀，乃最心折於繼莊，引參明史館事………及其歸也，萬先生尤惜之。………予又嘗聞之：萬先生與繼莊共在徐尚書邸中。萬先生終朝危坐，或瞑目靜坐。而繼莊好遊，每日必出，或兼旬不返，歸而以其所歷告之萬先生，萬先生亦以其讀書證之，語畢復出。故都下求見此兩人者，得侍萬先生為多。而繼莊以遊罕所接。時萬先生與繼莊，各以館脯所入，鈔史館秘書，連甍接架。尚書既去官，繼莊亦返吳。而萬先生為明史館所留。繼莊謂曰：不如與我歸，共成所欲著之書。萬先生諾之，然不果。」

及兄子言。

言字貞一，季野兄斯年子，與季野同被召，見前。

元文南歸時，萬言早就外任。（言以康熙二十七年官五河知縣）劉繼莊與元文同返吳。惟季野與黃百家，爲主者所留，未幾而百家又歸去。而季野遂終老京師。大抵當張玉書陳廷敬總裁時，季野居江南會館。

黃百家萬季野先生墓志銘：「庚午夏仲，立齋先生南還，余亦為監修張素存先生及諸總裁所留，又與先生同修明史於江南會館。時余以先遺獻年老，不能久留，遂任史志數種，歸家成之。」

劉坊萬季野先生行狀：「久之，先生遂爲京江澤州所留，移置江南館。」

及康熙三十三年八月起王鴻緒總裁明史，(張伯行撰墓志銘)季野復主其家，而其卒也即在史館中。

姚範援鶉堂筆記，「館華亭王司農弘緒家。」

劉坊萬季野先生行狀：「卒王司空明史館中。」

是時季野意氣已不如前矣。

劉坊撰行狀：『中間二年，先生不自得，抑抑思歸，索予詩爲贈，已而未果。告予曰：「吾之衷惟君知之。往歲繼莊之言不踐，僕所以濡忍於此。念……塗山二百九十三年之得失，竟無成書。……故自己未以來迄今二十年間隱忍史局，棄妻子兄弟不顧，誠欲有所冀也。」』

季野對於史法之主張，以方苞所爲墓表中記其語最精。方氏文章之士，史學非其專門。然墓表中數語，全謝山所未之及。及錢辛楣作傳，乃備書之。其注重實錄一節，前既具言之矣。其次即痛言衆手修史之弊。二者皆足明萬氏史學之一斑。

方苞萬季野墓表：「昔遷固才既傑出，又承父學，故事信而言文。其後專家之書，才雖不逮，猶未至如官修者之雜亂也。譬如入人之室，始而周其堂寢匽湢焉。繼而知其蓄產禮俗焉。久之，其男女少長性質剛柔輕重賢愚，無不習察，然後可制其家之事也。官修之史，倉卒而成於衆人，不暇擇其才之宜與事之習，是猶招市人而與謀室中之事耳。」

又徐元文領史局時，所發之議論，亦多即季野之議論。

韓菼徐公元文行狀：「積年成紀傳十之六七，尋繕呈紀七卷，傳十五卷。公疏請如唐太宗序晉史例，稱制論斷。幷出三朝實錄，以便參稽。明祚訖於愍皇，福、唐、桂三王，大命已傾，覆亡之蹟，不可以不著。請從宋史益衛二王，遼史耶律大石之例，以愍帝終本紀之篇，三王從附傳之列。至明末之臣，盡忠所事，考之史例，均當采拾，皆報可。」

又嘗與溫睿臨論野史之重要。

國粹學報第三十九期溫哂園南疆繹史原例：『昔吾友萬子季野方輯明史，語余曰：「鼎革之際，事變頗多，金陵閩粵，播遷三所，歷年三十，遺事零落，子盍輯而志之。」余曰：「此明史之所該也，余何事焉。」萬子曰：「不然！明史以福、唐、魯、桂附入懷宗，記載寥寥，遺缺者多。倘專取三朝，成一外史。及今時故老猶存，遺文尚在，可網羅也。逡巡數十年，遺老盡矣。野史無刊本，日就零落，後之人有舉隆永之號，而茫然者矣。我儕可聽之乎？」』

又嘗撰歷代史表，並與人盛道其爲用之大。

錢大昕萬先生傳：「馬班史皆有表，而後漢三國以下無之，劉知幾謂得之不為益，失之不為損。先生則曰：史之有表，所以通記傳之窮。有其人已入紀傳而表之者，有未入紀傳而牽連以表之者。表立而後紀傳之文可省。故表不可廢。讀史而不讀表，非深於史者也。」

一鱗半爪，皆碎金也。

其在京邸二十餘年，所以裁成後學，尤推「講會」。蓋以修史餘力爲之，而從遊最盛。大約一月兩三會，所講則經史禮制，不拘一格，若今人自由講座之例，而實事求是則過之。黃百家、方苞、楊无咎諸家表誌，皆嘗言及。

黃百家萬季野先生墓志銘：「後主講會於京師，每月兩會。至期，輿馬駢集。先生布衣敝屣，從容就席，辨析歷代制度，若通考通志諸書，脫口成文。執筆者手不停錄。諸王聞先生名，亦願交請見。」

方苞萬季野墓表：「士之遊學京師者，爭相從問古儀法，月再三會，錄所聞共講肄。」

楊无咎萬季野先生墓志銘：「而其有功後學，則在講會。家居月再舉，北遊月三舉。」

其講所，據戴望顏氏學記，蓋多在紹寧會館。李恕谷自撰年譜，述講會盛況尤悉。

李塨恕谷年譜：「當是時，朝廷平三藩後，尚辭學。公卿從風靡讀書。名士競會都門，季野以博淹彊記為之冠。開講會，皆顯官主供張；翰林部郎處士，率四五十人環坐聽。季野講宮闕地理倉庫河渠水利選舉賦役朝儀兵刑諸項。每講一事，口如瓶注。溫睿臨札記何代何地何人，年月日事起訖，毫釐不失。後聞先生學，篤服焉，深相結。」

年譜中於庚辰辛巳兩年，數記季野講會事。如庚辰九月云：「季野言禘及宗廟制甚析。又言隸即楷書，非八分也。」十月云：「過季野講會，以其屢邀也。講三代以及元明制度，如選舉賦稅各項，並漕運，及二洪泇河水道。」辛巳四月，又記講郊社及與恕谷論聲韻事。語雖散見，彌覺可珍。明年壬午，而季野客死矣。

季野以康熙十八年己未北上，至四十一年病卒，先後客燕凡二十四年。方望溪萬季野墓表，全謝山貞文先生傳，皆不書季野卒於何歲，與得年幾何。望溪文中有「戊戌追誌」之語，又曰：「距其沒二十一年。」以此推求，可知其卒於康熙四十一年，而生年不詳。錢大昕萬先生傳謂年六十，而清國史館列傳及吳榮光歷代名人年譜並沿錢傳之說。按近人王駕吾君所作萬履安年譜，則季野生明崇禎十一年，卒康熙四十一年，年六十五。王君所據者爲萬氏家譜世傳，信而有徵。與黃百家諸人墓志亦合。知卒年六十之說，乃據方氏「年近六十」一語，爲臆決之辭，弗考之甚也。

季野在史局中編摩之役，及其成書卷數，與遺稿所歸，皆關事蹟，並宜考究。觀諸家所載，季野與萬言黃百家方苞諸人之語，大約淹貫爲長，而文筆則遜。

錢林文獻徵存錄述季野語：「使我有汝筆，班馬不難企也」。汝謂萬言。

黃百家撰墓志：『戊寅春，先生南歸過余，謂曰：「吾學博於汝而筆不及汝，明史之事，樂得子助。」致司空王儼齋，先生之意，約余秋間同入都。余以先遺獻遺命宋元儒學案宋元文案四書未成，辭之。』

方苞撰墓表：『子誠欲以古文為事，則願一意於斯，就吾所述，約以義法而經緯其文，他日書成，記其後曰：「此四明萬氏所草創也，則吾死不恨矣。」……「子若不能，則他日為吾更擇能者而授之。」』

故小家散記，或謂嘗委陶元淳以文事，

陳康祺燕下鄉脞錄：「陶紫笥進士元淳，崑山常熟兩尚書之鄉里也。年少入都。能文章，尚氣節，季野百詩皆忘年交之。崑山領史局，季野為之任考索，而頗委紫笥以文。已而為忌者所排，與崑山絕。」

或謂晚年之稿，皆錢名世所爲。

姚範援鶉堂筆記：「往聞四明萬處士館於華亭王司農弘緒家，撰明史藁。後目眵昏，不能自書。王乃客錢編修名世於家，佽助之。錢時在舉場未遇，頗競竿牘，報謁投刺無虛日。抵暮歸，食罷抵萬榻前。萬時臥病，口授顛末，令書之。既就，王持藁藏去，不留本也。」

余按萬世標謂「橫雲山人集所刻史稿，止得十分之一，皆係錢亮功改本。」（詳下）則季野固自有其手纂之稿，且其稿至繁富。望溪述季野語，亦云「就吾所述而經緯其文，」「所述」謂手稿也。辛巳三月恕谷年譜云：「閱明史魯鄭卿傳，謂陽明一念之差，皆始於周子主靜一語，歎其卓見。」是時明史未出，所見者季野之手稿也。援鶉堂筆記所云錢亮功筆受之事，度亦不誣。徐乾學送季野南還詩有句云：「慣對卷編常病眼。」是季野目昏之證。惟不得據此謂季野無手寫之稿耳。

至季野史稿究成幾許？方望溪述季野之言曰：「昔人於宋史已病其繁蕪，而吾所述將倍焉。」姚氏援鶉堂筆記駁之曰：「橫雲山人明史稿初出僅列傳，今余閱本，已具表紀志，然卷帙亦不倍於宋史也。王氏於康熙五十三年三月，所上史稿，僅列傳，共二百八卷。」余按萬世標「十分之一」之語，知「所述將倍」之語爲不謬。王氏之稿，係錢亮功改本，不得便指爲季野之稿也。當徐立齋爲監修時，曾奏上紀七卷，傳十五卷，（見前）殆爲季野初稿之一部分。但截至臨歿之前，所成卷數，則劉坊全祖望方苞三人所言各異：

劉坊撰行狀：「明史列傳二百卷，存史館中。」

全祖望撰傳：「明史稿五百卷，皆先生手定。雖其後不盡仍先生之舊，而要其底本，足以自為一書者也。」

方苞撰墓表：「季野所撰本紀列傳，凡四百六十卷，惟諸志未就。」

余按劉坊二百卷之說，乃專就列傳言，未得其全。且王鴻緒刪定之本，列傳尚二百八卷，則卽以列傳言，恐萬氏稿本亦不止二百卷。至全方兩家所云，似當以望溪之言為近核。蓋方氏明言本紀列傳兩類。溫哂園南疆繹史序例云：「萬子滾然先逝，明史列傳甫脫稿，尚未訂正。」李恕谷年譜於辛巳十月亦云：「時季野修明史，紀傳成，表志未竣。」辛巳為季野卒前一年。由兩家之言，可見季野所成者僅為紀傳兩類。五百卷之說，可以舉大數而言；今曰四百六十，必有據也。且萬世標所列，（見下）亦不越紀傳兩類，可以知其核矣。惟劉坊行狀中所列季野著作；又有明史表十三卷，是當在四百六十卷之外。今按明史中之表，正十三卷。是覈實計之，季野所未作者，志一種而已。而遺書中又有明史河渠考十二卷。使更假數年，志亦必可脫手矣。

季野原稿歸藏何所，方望溪曰：「季野竟客死，無子弟在側。其史稿及羣書，遂不知所歸。」史稿者，四百六十卷之稿也。羣書者，四十年來所收集之書也。今按季野客邸收藏各書，皆為錢名世取去，見謝山所為傳，萬世標亦云然。（見下）至於史稿，則方氏既云「不知所歸。」其篇末又云：「其書具存華亭王氏，淮陰劉永禎錄之過半而未全。」姚薹塢筆記譏其失檢，良是。然其謂具存王鴻緒家則不誤。劉永禎手鈔史稿三百卷，亦具載山陽縣志。

山陽縣志：「劉永禎，字紫涵，刻意為詩，篤行窮經，不為俗學。師事鄞人萬斯同，嘗手鈔斯同所著明史三百卷，藏於家。」

原稿四百六十卷，永禎所鈔，累三百卷，「過半」之語，亦致核也。至季野卒後，其家所尚存者，及不存而流散人間者，則季野長子世標曾手書流散目錄一紙，載之備詳，前修未能言，而今人馬廉字隅卿者，乃得諸舊書肆萬氏譜中。國風四卷六期據而載之。茲迻錄於左，以補方氏之所未備。

先君子明史原稿家間所有者：

本紀四本（外缺）　泰昌天啓崇禎一本（陳澤州家有）

后妃諸王列傳有　公主傳無

名臣列傳自韓林兒起至田爾耕止全無（陳賓齋許時庵蔡瞻岷三家有鈔本）

內存萬曆中年以後原稿四十本　啓禎以後原稿半存　循吏傳無

儒林文苑傳有　忠義傳（存兩卷餘缺）　孝義傳有　隱逸傳無　列女傳有　方伎傳有　外戚傳無　佞倖奸臣傳有　流賊傳無　土司傳無　外國傳，稿半存。其原稿皆在儼齋先生家。至橫雲山人集所刻史稿，止得十分之一，皆係錢亮功改本。如后妃諸王外國諸傳不涉忌諱者，又仍先君原本。熊中堂進呈之史，又倩人改過，另是一册進呈，在壬午年二月初二日。先君卒於史館，在壬午年四月初八日，遺書盡為亮功取去，無一好本寄回家者，都門士大夫皆知其事也。

雍正三年乙巳七月，四明萬世標據事直書。

此目錄中所云「原稿皆在儼齋先生家，」與望溪「其書具存華亭王氏」之說合。「遺書盡為亮功取去，」與謝山「錢翰林名世以弟子故，衰經爲喪主，取其書去」之說合。其列擧篇目之有無，可以藉見鴻緒改竄之用心所在。又可以知今通行之橫雲山人明史稿，乃取材於萬而屬稿於錢。此皆研究萬氏史學之貴重史料也。又國粹學報第七十期載蕭敬孚穆語云：

余旣與筱珊太史談論永樂大典原委，又以前聞萬季野明史原稿，尚在故鎭江府知府王可莊太守家。惜不得借與王氏橫雲山人刊本校其同異。筱珊云：「誠然。蓋王氏嘗與興化李淸相友善。李所交多明季魏黨一流人物。（原注：李爲閹黨李思誠之子。）所言多囘護閹。萬氏則無此矣。」云云。記以俟考。

王可莊卽王仁堪。果如蕭氏所聞，則季野史稿，今未必不在人間。倘得重爲流布，萬氏之心血固已不泯。而三百年之史蹟，必有嶄新之發見。眞一快也！至橫雲攘竄之非，前修固多論及之者。竊謂季野之書旣不易得見，則諸家單詞，亦不足錄。且近人討論王萬異同者，亦已有之。余故不論，而專就季野修史之本末，取已得之資料，輯爲是篇，以存梗概。

二十四年三月三十一日草成。

原載東方雜誌第三十三卷第十四號

舊鈔本萬斯同明史稿跋

朱希祖

北平圖書館購得福建王仁堪可莊所藏萬季野先生明史稿三百十三卷。除去鈔配明史卅卷，實存二百八十三卷。內本紀十六卷至神宗止，列傳二百六十七卷至文苑止，尚非全書。桐城蕭穆敬孚類稿有記萬氏明史稿一節，錄之於下以備考。

余既與筱珊（繆荃孫）太史談論永樂大典原委，又以前聞萬季野明史原稿尚在故鎮江府知府王可莊太守家，惜不得借與王氏橫雲山人刊本校其同異。筱珊云「誠然，蓋王氏嘗與興化李清相友善，李所交多明季魏黨一流人物（原注。李為閹黨李思誠之子），所言多回護閹，萬氏則無此矣」云云，記以俟考。

據此，則圖書館所購本確係出於王可莊家，惟係乾隆時鈔本，由明史補抄之卅卷與原有之二百八十三卷，墨色紙片之新舊多係一律，其爲乾隆時傳鈔之本，而非原本無疑。

余舊購得康熙鈔本萬季野先生明史稿列傳一百七十九卷殘本，與此本尚多異同，兩本對校，館本改竄之跡甚多，恐尚非全由萬氏原稿出也。惟所異者不及十之一，較之王鴻緒二稿，則所改甚微耳。

附有關萬斯同明史稿筆記

海寧吳壽暘拜經樓藏書題跋記云：「明史稿列傳六十一册，先君子跋云：『萬季野先生所撰史稿，方望溪侍郎以爲四百六十卷，諸志未成；全謝山庶常以爲五百卷。今此僅二百六十七卷，雖似未全，蓋華亭開雕時亦尚有删併焉。周松靄大令云此書卽查東山之罪惟錄，故有朱康流、張待軒傳及海寧俞子久事，然予未見罪惟錄，不敢懸斷，識之以俟知者。』又云：『此書予藏之數十年，姚江邵予桐編修見而極愛之。以爲此舊唐書也，在西湖書局中借閱累年，後竟携以入都，屢索不還，屬武林友人往取之，酬以廿金始得。昔人以借書還書爲一癡，殆是之謂歟！然予實一片苦心，終不以是爲悔，後人能體此意，亦可云文章紹編槧矣。』」

希祖案：罪惟錄帝紀廿二卷、志卅二卷、列傳卅五卷，稿本，仁和吳氏淸來堂舊藏，近歸吳興劉氏嘉業堂，見海寧州志稿藝文志。周松靄以此二百六十七卷明史稿爲罪惟錄，誤矣。

去年北平圖書館購得福建王氏所藏舊鈔本萬季野先生明史稿三百十三卷，其中本紀十九卷，而光宗、熹宗、莊烈帝本紀三卷原缺，以明史補之，實存本紀十六卷。列傳二百九十四卷，缺隱逸一、方伎二、佞幸二、列女一、宦官一、姦臣一、流賊一、土司五、外國九、西域四，共廿七卷，除方伎及佞幸傳外，皆以明史補之，實存列傳二百六十七卷。拜經樓所藏明史列傳稿，卷數適與此同，其爲萬季野所撰明矣。

姚江邵子桐，名晉涵，曾借吳氏所藏明史稿數年，故其修乾隆餘姚縣志明陳嘉猷、胡東皋、宋冕、牧相、胡鐸、陳克宅、孫陞、孫鑛、孫繼有、黃尊素、張逵十一傳，皆注明引萬斯同明史稿，以與所引及王鴻緒明史稿相別。於此可以知邵得見萬氏明史稿之緣由云。

王鴻緒明史列傳殘稿

——明史刊成二百年紀念

侯仁之

一　明史之成書

清初之修明史，順康雍三朝，四次開館，①前後相去，幾近百年，即自康熙十八年（一六七九）第三次開館，迄於書成，亦六十年，②歷代史事之久，無復過於此者。迨乾隆四年（一七三九），全書刊刻告成，③距今又二百年矣。

明史之作，早有定評。趙翼曰：近代諸史，自歐陽公五代史外，遼史簡略，宋史繁蕪，元史草率，惟金史行文雅潔，叙事簡括，稍爲可觀，然未有如明史之完善者。④錢大昕亦曰：明史議論平允，考稽詳核，前代諸史，莫能及也。⑤然考其成書，亦有所本，張廷玉等進呈明史表，言之最悉：

仰惟聖祖仁皇帝，搜圖書於金石，羅耆俊於山林，創事編摩，寬其歲月。我世祖憲皇帝，重申公慎之旨，載詳討論之功。臣等於時奉勅，充總裁官，率同纂修諸臣，開館排輯。聚官私之記載，校新舊之見聞，籤帙雖多，牴牾互見。惟舊臣王鴻緒之史稿，經名人三十載之用心，進在彤闈，頒來秘閣，首尾略具，事實頗詳。在昔漢書取裁於馬遷，唐書起本於劉昫：苟是非之不謬，詎因襲之爲嫌。爰即成篇，用爲初稿。

是今之明史，實由王鴻緒之明史稿刪訂而成，廷玉等引班歐以自喻，先哲後賢，草創潤色，相得益彰，允宜爲諸史之巨擘也。

二　王鴻緒之明史稿

王鴻緒之明史稿，刻於橫雲山人集中，而史稿單行，故或簡稱曰橫雲山人史稿。又別有橫雲山人集者，則鴻緒之詩稿也。⑥

橫雲山人史稿實有兩次刻本，其一刻於康熙，僅有列傳，故又稱明史列傳稿；又一刻於雍正，則紀、志、表、傳、具備，是爲全稿。降及今日，雍正本流傳多而易得，康熙本流傳少而難造，故人多知有雍正本，而不知有康熙本，魏源之書明史稿二曰：

鴻緒身後，其子孫鏤版進呈，以版心雕橫雲山人〔集〕史稿，遂得頒發。⑦

不知鴻緒卒於雍正元年八月，其橫雲山人史稿之初刻，乃在康熙時，不得謂爲「身後」，是魏氏之未見康熙本可知。且史稿進呈，原係寫本，而非刻本，⑧後乃自行鏤版於敬愼堂，以廣其流傳也。⑨

至於前後兩稿進呈時，各有奏疏一道，今皆列於卷首。惟雍正刻本，則並載舊疏。讀雍正本所附之康熙時進呈疏曰：

自蒙恩歸田，欲圖報稱，稍盡臣職，因重理舊編，搜殘補缺，薈萃其全，復經五載，始得告竣，共大小列傳二百五卷。

歷來討論明史稿問題者，因所見皆爲雍正刻本，讀所覆刻之康熙本奏疏，遂以爲康熙間鴻緒所進之明史列傳稿，原卽二百五卷，未嘗置疑，亦無可置疑，⑩各處徵引，亦多以此爲據。⑪況雍正刻本之列傳，亦適爲二百五卷。因此以爲雍正間之進呈本不過以康熙本二百五卷之列傳稿，又益以九十五卷之紀、志、表，合成全書三百十卷，⑫兩本之列傳，當相同也。

客歲春間，吾師鄧文如先生，始爲燕京大學圖書館訪得康熙刻本明史列傳稿一部，喜其難得，亟命余取雍正本列傳，校勘異同。按兩本內容頗多差異，卽卷數分合，亦各不同。雍正本列傳二百五卷，而康熙本則實爲二百八卷，⑬卷數既不相符，因又取卷首原刻進呈奏疏與雍正本載者，比而讀之，行數形式，抬頭降格，全無二致，是卽一版。但雍正本「二百五卷」之「五」字，於康熙本正爲「八」字。是雍正本重刻時卽就原版挖去「八」字，而改爲「五」字，以求與雍正本列傳卷數相符合耳。然事出誰手，則不得而知矣。⑭

考鴻緒兩稿之成，亦多本於史館舊編。緣明史之積極纂修，實自康熙十八年始。時三次開館，詔以翰林院掌院學士徐元文爲監修，庶吉士葉方藹、左庶子張玉書爲總裁，餘纂修官彭孫遹毛奇齡湯斌尤侗等五十鴻博，頗極一時之盛。嗣後相繼到館者，又有監生姜宸英，貢生萬言（萬斯同從子），及布衣黃虞稷。至鴻緒之參與史局，乃在康熙二十一年，時大學士李霨繼徐元文爲監修，鴻緒與侍讀湯斌及贊善徐乾學爲總裁。二十六年九月，鴻緒丁父憂回籍，家居兩載，方將服滿，尙未赴補，又以事被參留籍，⑮至三十三年秋，復由監修張玉書之薦，再召回京，重領史局。⑯到館之後，與陳廷敬分任總裁。時歷年來纂修諸稿，多待總裁覆核，公議由張玉書（曾任總裁）任志書，廷敬任本紀，而鴻緒任列傳，各專一類，然後會校。⑰嗣後，鴻緒食俸居京者，前後凡十五年。⑱迨康熙四十八年正月，卒以附和內大臣阿靈阿等議奏改立皇太子事，奉命切責，且以原官休致。⑲

鴻緒歸田家居，復肆力於史事，取史館舊編，重加纂訂，又經五載全書始成，⑳遂於康熙五十三年（一七一四）三月，遣子圖煒，賫京奏進，是卽上述之二百八卷明史列傳稿也。後之論者，或責鴻緒不應獨擅其成，然自康熙十八年以來，五十年間，歷任監修與總裁者，除王鴻緒一人外，其餘十人，皆已謝世，㉑卽五十餘纂修官中，亦僅存毛奇齡一人，且年已九十餘矣。㉒鴻緒以退休之臣，獨任艱鉅，史事賴以不墜，其功實偉。惟據史館舊稿，泐爲私編，是不無可議者耳。

康熙五十四年二月，鴻緒二次被召進京，領修御纂詩經，㉓既目覩同館之凋零，復慮明史之迄無成書，遂將原進之二百八卷列傳稿，重加裁訂，合爲二百五卷，益以本紀、志、表，遂成全史，於雍正元年六月進呈，是即上述之明史全稿也。書既上，由內閣轉交明史館收存。七月，史館再開，總裁張廷玉等遂據以為刊正明史之藍本，而鴻緒竟於八月中薨於京邸，年七十九歲，不及見新史之成矣。

三　萬斯同之明史稿

王鴻緒明史稿纂修之經過及其與史館之關係，既略如上述，而其中一端，猶有未詳者，則為萬斯同與明史之關係也。㉔溯自康熙十八年史館初開之時，監修徐元文即欲以所定史館徵士之例，予七品俸、稱翰林院纂修官、延斯同來京修史。斯同本出浙東望族，先人四代，皆死王事，況自身又生當明之末季心懷故國，豈肯屈事新朝。㉕然其自幼，究心史事，尤留意於明代掌故。黃百家撰萬季野先生斯同墓誌銘，記其二十餘歲時，嘗從人借讀廿一史，至兩目為腫；於有明十五朝實錄，尤所稔熟，幾能成誦。㉖斯同早已蓄志明史，欲以傳故國三百年之事蹟，㉗蓋以為國可亡而史不可亡者也，故嘗致書范筆山，勉其暫輟詩文，留心史傳，其言曰：

故弟之意，願吾兄暫輟詩古文之功，而留意於此，俟胸中稍有條貫，縱儒生不敢擅筆削，他年必有修史之舉，亦可出而陪末議，其與徒事詩文而無益於不朽之大業者，果孰緩而孰急也？㉘

是清初修勝朝之史，早在斯同意料之中，筆政之操，義不容辭，遂卻史館之聘，請以布衣參史局，不署銜、不受俸，總裁許之。㉙

斯同至京，最初十年（即康熙十九年至二十九年），即館徐元文家，為徐氏兄弟，裁撰史稿。康熙二十九年，元文南歸，斯同亦移居江南會館。㉚三十三年，鴻緒重領史局，又延斯同館其家，後至四十一年四月八日斯同逝世，又將十年。其間除二十七及三十七兩年各旋里數月而外，前後旅京者二十二年。此二十餘年中，瘁心史事，積年累月之勞，鮮有終日之暇。凡目覩其工作情形者，如方苞楊椿劉坊等，無不驚異其撰核之精與夫工力之勤，時或考定一傳一事，輒聚書盈尺者四五或八九不等，㉛而自訴於劉坊有云：隱忍史局，棄妻子兄弟於不顧。其堅苦之志，令人肅然。

斯同既歿，側無零丁，由鴻緒命人送柩還寧波，生前藏書，遂盡爲不肖弟子錢名世所攫。㉜二十餘年之隱忍史局，名既晦於當時，而功復湮於後世，爲後學者，雖生百年之後，亦當敬念前徽稍盡表彰之責焉。

斯同生前裁撰史稿，究成若干卷，諸說不一。劉坊撰行狀最早，所記斯同著書曰：明史列傳二百卷，存史館中。明史表十三卷。次爲黃百家撰墓誌銘，只記丁卯（二十六）庚午（二十九年）兩年「與先生同修明史」，未言卷數。又方苞撰墓表，謂「季野所撰本紀列傳凡四百六十卷，惟諸志未就。」至於全祖望撰傳最晚，則云斯同明史稿，竟至五百卷。㉝是爲時愈遠，傳說漸歧，斯同原稿，究成幾何，共若干卷，今日皆不可得而知矣。至溫睿臨承斯同意，纂南疆繹史，其凡例有云：

……其後，錄得野史數十種，方欲咨訪，發凡起例，而萬子溘然先逝，明史列傳甫脫稿，尚未訂正也。㉞

是溫氏所記，與劉坊行狀差近，似爲可信。

曩年國立北平圖書館於書肆中購得寫本明史稿一部，本紀十九卷，列傳二百九十四卷，共三百十三卷，志表俱缺，相傳為萬斯同史稿。惟卷首鈔有方苞萬季野墓表一篇，別無他據。李晉華作明史纂修考嘗及之，信為眞本，且疑為方氏所鈔存者。㉟今是稿已南遷，無由考校，未敢武斷其眞贋。但據諸家記載，實有不足深信者。竊謂萬稿散佚已久，甚難彙得其全，今所見者，雖不能信為全稿，然其中一部份，或當有保存斯同原稿之可能。果然，亦可貴矣。

四　明史列傳殘稿

上年寒假，文如師借示「明史列傳」殘稿六册，㊱批改刪削，丹鉛爛然。按其墨跡，有朱、紅、墨、淡墨四色，秉筆或出一人，而修改不止一次。間有離析分合之處，而汰冗點煩，遠出原稿之上。彙比其批語觀之，則於考核取舍之間，隱然有可辨識之點：

（甲）事實年月以實錄為本

孝宗元年卒，查實錄。天啓賜諡，查實錄。——第一册楊繼宗傳。

實錄乃宣德六年也。——第一册徐琦傳。

按原稿「宣德五年詔簡廷臣有才望者使安南」，以年數與實錄不符，故刪去，改作「擢右通政，副章敞使安南」。

此二事實錄辰小傳中不載，須再查。——第一册鄭辰傳。

按指「福建番客殺人」與「南京勑建報恩寺」二事。㊲

實錄小傳似宣德年間事，須再查。——同上

按「正統元年命辰賑河南饑，時河堤決，卽命辰伺便修塞」，句旁加批。㊳

賜勅查實錄。——第二册段堅傳。

按指「成化初，賜勅旌異」。

五人須再查實錄小傳一對。——第三册

按指陳文萬安劉珝劉吉尹直五人。

實錄載此疏否。——第四册金濂傳。

按指「嘗言郡縣吏多貪濁，宣勅按察司巡按御史察廉能者，如洪武間故事，遣使勞賚，則清濁分，循良勸」。㊵

查實錄事蹟如何。——第四册王來傳。

按指「聞有叢祠爲禍福，立往毁其祠，識者異之」。㊶

以上四册，類此諸批，凡三十餘條，皆出朱筆，今擧此數條爲例。第五、六兩册無。

（乙）旁參野史碑狀志乘

獻徵錄載瑁事，亦有可采，再酌之。——第一册石瑁傳。

墨批。

查安慶志書内名宦。——第二册周濟傳。

傳首朱批。

此人據李賢行狀好處甚多。——同上

墨批，續接上批。

陸完事名山藏載之，吾學〔編〕續藏書不載，須再查〔墨批〕。紀事本末乃遺棗梨薑芥四物也〔朱批〕。——第二冊孫燧傳。

按指「宸濠瞯燧圖己，使人語吏部尚書陸完及諸幸臣去燧，而遺燧棗梨二物以示意。」原稿「吏部尚書陸完、及」七字，又經墨筆刪去。㊷

傳首墨批。

王元美弇山別記甚佳。——第三冊萬安傳。

王元美所為傳，佳處甚多，可參酌。吾學編亦有簡淨處，可酌，大抵公傳當以景泰時事有功社稷者為主。餘當酌減，須俟細酌。不可草。——第三冊于謙傳。

墨批加朱圈。

此傳李賢碑却簡。阿嶺、李賢碑作河嶺。——第四冊方瑛傳。

四冊之中，徵舉所見，約此數種，餘相同者，不俱錄。五、六兩冊無。

此外於記事隱晦或不足傳信者，又皆一一批注，核其出處，審愼謹嚴，不稍苟且。如第一冊周新傳首朱筆批曰：「其中事蹟查何所本。」㊸第二冊姜昂傳，於叙南安大盜一段至傳末，㊹亦朱筆批曰：「此數事須查所出。」其他如第二冊甯直傳所載，似皆細節，稍涉可疑，朱筆批曰：「查此等事，載在何書。」又第五冊沙源傳，於「弘光元年九月吾必奎反」以下至傳末，朱筆批曰：「弘光以後諸事，取信何書。」按鴻緒兩稿及明史，於甯沙二人傳，則盡刪矣。

以上諸端，乃就考核事實而言。至其叙事，刪削尤爲簡潔。尋其筆削之例，約有五事，茲各舉一二例如下：

（甲）小事刪

石璞傳——第四册

罷歸卒。初璞在山西，其妻與諸僚妻讌歸，有愠色。璞問故，對曰：今日比肩金〔按金字，朱筆後加〕珠綺錯，吾獨蕭然荆布，甚不稱布政使妻也。璞笑曰：爾何坐？曰：席首。璞曰：使吾墨於官，汝安得此座耶？歸之日，室廬不完。」

按以事小，墨筆圈去。又同册何文淵傳，亦墨筆批「皆小」，盡刪其建白諸事。

（乙）諛詞刪

張惠傳——第一册

惠有行誼，其祖墓嘗遭兵燹，屍柩暴露，家人惑術士言，久不修墓，惠旣預鄉薦，不擇期日，身親畚鍤盡掩之。方冬披髮徒跣如初喪。後宦遊過里，不歸家，寢食悉於墓廬。

按朱筆批曰：「此等諛墓詞不足信」，大半皆刪去。

段堅傳——第二册

其門人王鴻儒曰：使南陽人士知二南之化者而恥淫亂，蓋自吾師始。

按墨筆批曰：「門人之言可信乎」，盡刪。

（丙）事有重出者刪

石亨傳——第三册

時尚書于謙主號令，新定戰格，臨陣有進無退，將不顧軍先退者，掌令官立斬其首。軍不顧將者，後隊斬前隊。由是諸將惕息，無敢不受約束。」

按墨筆批曰：「此見謙傳」，㊺因刪其文作「時尙書于謙主號令，新定戰格，諸將惕息」。

（丁）奏疏贅言者刪

如第四册張鵬傳，原稿引景泰四年鵬奏疏曰：

四年，陳時政四事，言：「今雖天下無虞，而怠荒可慮，持敬以永天命，不可不加之意，望陛下憫生民之疾苦，念稼穡之艱難，公賞罰，謹用舍，絕耳目之好，罷不經之費，而後可以庶幾也。太子天下本，自册立以來，師保雖備，而養政之教未聞。夫富貴者侈之階，安佚者驕之府，不及今嚮學，他日必勞聖慮。請即命出閣，妙簡儒臣，日侍講讀，然後聖功可成。懷利事君，人臣所戒，比每遇聖節，或進羊馬，或獻錦綺，交錯殿廷。夫人臣所得升斗之祿，餬口取給而已，自非貪賄，雖高位亦無奇贏，安有餘財，堪充進奉？且陛下富有四海，亦豈藉是以足國哉？自入惟親藩上官如故，餘宜一切停罷，以塞謟諛奔競之途。祖宗以來，用人至愼，九卿或缺，未嘗即補，豈人才不足，欲精以擇之也。今或庶官未兩考即擢侍郎，侍郎未數載即進尚書、加宮保，公論未協，人望不諧，請愼重名器，痛革其弊，」疏奏，帝頗採用。

改稿幾盡刪之，獨詳其尤要者如下文：

上疏言：「懷利事君，人臣所戒，比每遇聖節，或進羊馬錦綺，交錯殿廷，自非貪賄，安有餘財充進奉？且陛下富有四海，『豈藉是足國哉？宜一切停罷，塞謟諛奔競之途。」疏凡四事，帝頗採用。（原頁見圖一）

（戊）敍事太細者刪

如第六册楊肇基傳，原稿未刪之前，凡一千五百八十餘字，朱筆批曰：「其中叙戰功處太細，尚可刪削也，」結果得六百五十九字，今王稿則只一百二十八字耳。玆摘傳文一段，將原稿與改稿，併錄如下，以資比較：

天啓……二年五月，白蓮賊徐鴻儒反鄆城……肇基素有威名，片紙傳布，壯士願從者數千人。六月，進討嶧賊，適鄒城告急，分兵援之，而以大軍趨嶧，賊聞風宵遁，遂復其城。巡撫彥促赴兗州議事，以七月七日大會於演武場誓師，甫下馬，賊已抵南城外，都司楊國棟廖棟擊退之，肇基偵賊大營未動，急引部卒，與從治家丁趨大橋南，譟而前，『賊披靡，橫屍蔽野，退屯於崗山，連攻不下。會淫雨，衣甲皆濕，士卒解衣曝日，賊瞯無備，突衝廣東參將陳九德營。營亂，遂趨肇基營，亦亂。諸營皆亂，死傷甚多，火器甲仗皆失。肇基急收潰卒，再戰，檄諸營為後勁，賊潰敗，逐北至南門，奪還馬騾無算，諸軍乃暫回兗州。是月晦，賊復來犯，擊敗之，遂用從治策攻賊中堅。八月三日，以一軍佯攻鄒城，而肇基督大軍，取間道，疾趨黃陰，燔其寨。明日，連攻下二店紀王城界河驛諸賊巢，賊不及防，人畜芻糧盡喪，遂奔嶧山。諸軍乘勝進攻，連破之。閱三日，山賊盡殲，其竄歸滕縣者，不過十之二三。賊自是勢衰，兩城聲息中斷，官軍得一意攻鄒賊。是月既望，巡撫急欲蕩平，促從治及監軍副使王從義，親督兵環攻，不克。明日，樹雲梯再攻，又不克。會監軍僉事來斯行兵，自河間至河南，援兵亦至，乃分布諸營，圍之三匝，肇基與三監軍立矢石之間，晝夜力攻，終莫能克。

以上爲原稿，既經刪削，文簡且兩倍之：

天啓……二年五月，白蓮賊徐鴻儒反鄆城……肇基素有威名，六月，進討嶧賊，賊聞風宵遁，遂復其城。七月七日，彥大會誓師，賊抵兗南城，都司楊國棟廖棟擊退之。肇基與從治趨大橋南，擊賊，退屯崗山，瞯無備，突廣東參將陳九德營，營亂，遂趨肇基營，亦亂，死傷甚多。肇基急收潰卒，再戰，賊敗走。八月，肇基督六軍，間道黃陰，熸賊巢，賊遂奔嶧山。諸軍乘勝，連破之，遂晝夜攻鄒城。（原頁見圖二）

殘稿第五六兩册中，諸傳刪削之多者，類皆如也。

據上所述，此稿之刪削核正，不止一次，謂爲審愼謹嚴，似非過當。至於諸傳之分合裁併，玆不暇及；而行文之雅潔，則尤難草草具論者矣。

復次，於殘稿大體，尙有略須補述者數點：

（甲）殘稿傳末附論皆刪

如陳俊（第一册）、于謙、朱謙（以上第三册）、李裕、戴縉（以上第四册）諸傳附論，大小皆刪。

（乙）殘稿多蟲蛀，有經襯紙重裱訂者，第五、六兩册，尤甚。

（丙）殘稿有錯訂或誤置者

如第一册邵玘傳，原稿前半止於頁三上之末行，下半割裂，誤訂於頁四下、行一至六，中間錯入陳勉賈諒二人傳，亦不全，是必後人所誤置者。又如第二册高澤傳，「其後仁宗時」起，至「皆報可」一段，應在傳末，而誤置於「使沐聖化，詔並從之，」與「至如嘉定民周程，請疏吳松江」二句之間，㊻割裂貼補之跡，顯然可見。又頁四十五與四十六，不相銜接，其頁四十六應作四十七，四十七應作四十八，而四十八則應作四十六，疑皆無知者妄加竄亂者也。

（丁）殘稿中有初改稿於謄清稿並見者

如第五册末卷賀逢聖傅冠南居益周士樸呂維祺馬從聘焦源溥從兄源清鹿善繼李夢辰宋玫王家楨張伯鯨等十三人傳，於删改之後，其謄清稿復見於第六册。又小加删訂，每傳不過一二處，或竟無之。删訂之外，概用朱筆圈句，人名加單標，年號雙標，皆朱筆。間有墨筆於官名及年數旁作單標者，但甚少。（見圖三及圖四）據此可見原稿纂修之程序，初稿之後，改之又改，一傳之成，不知凡幾易稿矣。

五　殘稿與王稿之關係

殘稿之删訂，相傳出萬斯同手，初閱未敢遽定。及細讀之，數見「胤」為字不成，㊼初以為避世宗（胤禎）諱，惟斯同於康熙四十一年已卒，非其稿，不待辯。既見「愼」諸字皆不諱，而獨諱「胤」字，是所避非世宗諱，實皇太子胤礽諱也。按胤礽之立，始於康熙十四年十二月，至四十七年九月廢，翌年三月再立，至五十一年再廢，遂不復立。以此推之，則此稿不但為康熙年間改稿，且為康熙五十一年以前之改稿，可斷言也。但鴻緒初次進呈明史列傳稿，爲康熙五十三年，是猶在此稿之後，則此稿與王稿之關係，有可窮究者矣。因取與鴻緒初刻明史列傳稿（以下所稱「王稿」或「刻稿」，概指此本，與全稿有別），一一校之，大小二百三十餘傳中，兩稿相同者二十有五，爲王稿所無者二十有二，餘一百九十一，雖不盡同，但見由繁刪簡之例，由是知所謂明史列傳殘稿者，實卽鴻緒明史列傳稿之殘稿也。依此再加刪訂，遂爲刻稿，故又可稱爲明史列傳稿之過渡稿本。今舉一事爲例：殘稿第四冊有孫原貞傳，原以薛希璉附其後，刪訂者去薛傳，而以原貞孫需及張憲代之。（見圖五）今王稿一如此稿所改，其不同者，只需傳中「就改刑束部」與「然需故以廉約稱云」二句，前者王稿於「部」字上加一「二」字，後者刪去一「云」字。㊽

雖然，細小之處，亦有不盡合於刪簡之例者，綜其所得，類列如下：

（甲）有殘稿已改，刻稿又復其舊者。

如第一冊崔恭傳「尋遷江西左布政司」一句，因上文已有「超遷湖廣左布政使」，故改「尋遷左江西」，（墨筆改）以免重複，而刻稿又復其舊，不如改稿。㊾同冊石瑁傳「及居禮部，疎於政體，又不善奏對，帝不懌，調南京，尋卒。」「又不善奏對，帝不懌」二句，原稿已用墨筆刪去，乃刻稿仍載。㊿又第三冊王文傳「遭父憂，命奔喪，起視事」，紅筆改作「遭父憂，奔喪」，刻稿又改回。(51)

（乙）有殘稿未改之前，反與刻稿相近者。

如第一冊吳訥傳原稿：「右通政李畛奉使蘇松，行事多不謹，訥微誡之，畛不悅。初訥稽延詔書，不卽收捕有罪，訥抗章辯，刑科不直，劾畛挾私報憾，諸御史并劾訥知畛貪墨不糾，並宜罪。遂逮二人下獄，既而釋之。」殘稿改作：「與右通政李畛相訐，俱行事多不謹，遂逮下獄，既而釋之。」而刻稿反與原稿近似：「右通政李畛者，奉使蘇松，行事多不謹，訥微誡之，畛不悅，誣訥稽延詔書等事，訥抗章辯，互爲臺省所劾，俱逮下獄，既而釋之。」[52]

又第四册薛遠傳原稿：「再被論，皆不見省，而汪直必欲去之，諷言官更劾遠，及禮工二部尚書鄒幹王復，乃傳旨並〔下闕〕」一段，殘稿皆删，只餘「與復幹同罷」一句。刻稿則又幾復原稿之舊：「再被論，不納，會汪直惡之，諷言官更劾遠及禮工二部尚書鄒幹王復，乃傳旨並罷。」[53]

按以上二者，似於原稿嫌其删削過略，故於再稿時復酌增之。事實雖同，而文簡過之，此亦可見疊經修改，推敲之細也。

（丙）有殘稿已改，而刻稿重删者。

第一册林鶚傳末曰：「謚恭肅。當成化時，諸卿貳名無出鶚右者，而邢簡李顒范理陳嘉猷夏時正輩，亦皆著賢聲，可稱述云。」按其上文有「名出諸卿右」一句，墨筆眉批曰：「『名出諸卿右』句，留在後總括諸人。」此末段，即批者所手加，刻稿無，是爲重删去也。[54]

（丁）有殘稿缺略，而刻稿增補者。

刻稿呂維祺傳「馳疏陳道中所見民生憔悴」，至「倉庾漸充」，及「日稽出入以杜侵漁」，至「禁差假以修職業」二段，皆殘稿原傳（第六册）所無。[55]

又刻稿南居益傳「曾祖從吉與曾伯祖大吉，皆進士」，至「至南京禮部尚書」一段，殘稿原傳所無。[56]

以上四類，六册所有，皆見於此，雖不盡合由繁删簡之例，要無乖於殘稿之爲明史列傳稿之過渡稿本者也。

六　殘稿與萬稿之關係

此殘稿既爲鴻緒明史列傳稿之過渡稿本，則秉筆刪訂之人，實堪注目，蓋自楊椿抨擊王氏，妄刪史稿，世於鴻緒，頗多訾議，楊氏之言曰：

王公歸〔按指康熙四十八年休致歸里也〕，重加編次，其分合有無，視萬錢稿頗，[57]……最可議者，王公重編時，館客某刻薄無知，於有明黨案及公卿被劾者，不考其人之始終，不問其事之真偽，深文巧詆，羅織爲工，而名臣事蹟，則妄加刪抹，往往有并其姓名不著，蓋是非毀譽，尚不足憑，不特紀、志、表、傳、等自爲異同也。[58]

楊氏而後，至於魏源，承其餘緒，詆毀有加，至謂史稿之作，心懷攘竊，[59]自是以降，參證旁擊，於今爲烈，[60]鴻緒罪名，幾同定讞矣。

依楊氏之說，鴻緒列傳既本諸斯同原稿，則此殘稿之修刪，亦或有出自斯同之可能。至於稿中墨跡，或爲斯同手筆，或由錢名世代書，亦皆在兩可之間也。[61]

推論至此，始欲急求解答，以覘眞相爲快。但聚不可獲諸家眞蹟，而明代名人尺牘初集及續集中，有景印諸家之手札在。於是先取萬錢二人之書，與稿中批改諸字，逐加對照，書法相去甚遠，獨與鴻緒兩札字跡，波磔頓挫，無不相同，其爲鴻緒手筆，一望而知，無可疑也。（見圖六、七、八、九、十，）經此明證，則此稿不獨爲明史列傳稿之過渡稿本，亦即王氏所手自刪定者也。二百年來王氏所蒙誣妄，從此可以釋然矣。

殘稿之刪訂既知出自王手，然其所采底本，仍有問題，雖歷代相傳王稿之列傳本於萬稿，而類皆隱約其詞，實乏確據。[62]如別無他證，固難以爲定論也。

余嘗以明史纂修考中所載北平圖書館藏萬稿王偉傳，與殘稿中王偉傳相對校，則殘稿未經修改前之底稿，[63]竟與彼稿一字不異。假如北平圖書館藏本果爲萬稿，則王稿之取本萬稿，此實爲有力證據之一。[64]但北平圖書館藏本，同是尚未論定之書，既不能據彼以定此爲萬稿，亦不能據此而證彼爲僞作。況此殘稿大小二百九十餘傳中，尚有若干傳根本即不見於彼稿乎？[65]

近人馬廉氏，嘗於書肆獲見萬氏家譜稿，於其中偶得萬世標（斯同子）所書明史稿流散目錄一紙，[66]其附記曰：

> 先君子明史原稿……皆在儼齋〔王鴻緒〕先生家，至橫雲山人集所刻史稿，止得十分之一，皆係錢亮功改本。如后妃諸王外國諸傳稿，不涉忌諱者，又仍先君原本。

此爲王稿援據萬稿之確證，但於名世改本，惜未列舉，而所謂「十分之一」，爲質爲量，又未得詳。安得萬氏原稿，一一校之，則大快事矣。

蠡縣李塨，與斯同素相交遊，[67]嘗見斯同所修明史楊瓚傳曰：

> 嘗披廿一史，漢唐北宋名臣，率在北方，及南宋而北人寥寥，以北為金元也。萬季野修明史，邀予閱，明南北混一，乃史載北人亦少，季野頗嘆息焉。明宣宗曰：「長材偉器，多出北方」，而如

吾蠡，三百年僅登一布政楊瓚，舉廉賢，奏議增附生員。68

今檢楊瓚傳，亦見於殘稿，意即李塨當時於萬稿中所見者，玆錄其傳文底稿於下：

楊瓚，蠡縣人，永樂末進士，知趙城縣，課績為山西最，超擢鳳陽知府，亦有異政。正統十年，大計天下羣吏，始命舉治行卓異者，瓚與焉。鳳陽帝鄉，勳臣及諸將衆子孫，多犯禁令，率無名籍可按，瓚請勘校，立戶稽出入，由是始遵約束。瓚言民間子弟可造者多，請增廣生員，毋限額。於是禮部採瓚言，考取附學，天下學校之有附學生，由瓚議始。十四年，擢浙江右布政使，賊渠陶得二作亂，與守臣討平之。景泰二年，瓚以湖州諸府，官田賦重，請均之民田賦輕者，而嚴禁詭寄之弊，詔瓚與鎮守侍郎孫原貞督之，田賦稱平。久之，卒官。（下附王懋葉錫趙亮三人傳）

此傳又經鴻緒手改，以附孫原貞傳。（見圖十一）至於明史列傳稿及全稿，皆從改稿，並附孫傳，69獨明史仍立專傳，與周新夏時等同卷，70文字亦小有改異。

方苞又嘗見斯同所修明史楊廷樞傳，作書楊維斗先生傳後一文，曰：

乾隆六年明史成，71先生之孫繩武，以本傳辭事太略，請余別為文以識之。余曰，無以為也，萬氏所定史稿，以先生與徐公汧合傳，謂並死於水。今欽定之史已正其誤矣，臨刑不屈，首已墜而聲從項出，既大書特書，則小者不足道矣。72

今殘稿中之楊廷樞傳，鈔附册六徐汧傳後，乃鴻緒筆跡，其文曰：

楊廷樞字維斗，與汧幼相善，崇禎二年，舉鄉試第一，大兵下蘇州，携一女避亂山中，會追兵至，女前請曰：盍死？少緩則求死不得矣，遂躍身入水死。廷樞色不變立書數紙，處分身後事，付友人包捷，亦躍水中死。而汧死半塘時，有一人儒冠藍衫躍虎丘劍池中，士人憐而葬之，卒不知何人也。（旁加。者乃原稿殘闕字，今照明史列傳稿補入）

此與方苞所記萬稿徐楊並死水中事，完全相符，當即萬稿無疑。鴻緒明史列傳稿，即本此稿，略加增刪，改「二年」作「三年」，「躍身入水」，作「踊身入水」，「會追至兵」，作「追兵至」，「女前請曰盍何」，作「女前請曰父盍死」。又於「與汧幼相善」句下，加「有文名」三字。(73)但鴻緒重訂明史全稿時，則又盡改萬稿，所載楊傳，乃與前文逈異：

廷樞字維斗，與汧幼相善，有文名，崇禎三年，舉鄉試第一。（以上與初刻稿全同，以下皆改作）後大兵下蘇州，汧殉難，廷樞遁居山中，順治四年，松江總兵官吳勝兆故降將也，復謀叛，廷樞因其客以慫恿之，事敗，追捕至官，猶欲生之，諭令薙髮，廷樞曰：留此以見先皇帝，遂被斬。(74)

至於明史，則以廷樞事蹟，散入汧傳，今摘錄其尤要者如下：

徐汧……與同里楊廷樞相友善，廷樞、諸生所稱維斗先生者也。天啓五年……周順昌被逮，緹騎橫索錢，汧與廷樞斂財經理之。當是時，汧廷樞名聞天下。崇禎……三年〔萬稿作二年，鴻緒改〕，廷樞舉應天鄉試第一，……南京失守，蘇松相繼下，汧慨然太息，作書戒二子，投虎邱新塘橋下死，郡人赴哭者數千人。時又有一人，儒冠藍衫而來，躍虎邱劍池中，士人憐而葬之，卒不知何人也。於是廷樞聞變走避，之鄧尉山中。久之，四方弄兵者羣起，廷樞負重名，咸指目廷樞。當事者執廷樞，好言慰之，廷樞謾罵不已，殺之蘆墟泗洲寺。首已墮，聲從項中出，益厲。門人迮紹原購其屍，葬焉。(75)

總之，鴻緒之稿不盡採萬傳，明史亦不全據王稿，但殘稿中之必有本諸萬稿者，今於此乃得其確證焉。

民國二十七年四月二十一日，燕京。

註解：

①史館初開於順治二年（一六四五），再開於康熙四年（一六六五），皆未久而罷。詳見楊椿再上明鑑綱目館總裁書（嘉慶刊本孟鄰堂文鈔二卷一二九頁。大規模之修史，實始於康熙十八年之第三次開館。

②明史全書修成於雍正十三年（一七三五，東華錄：「十二月壬辰纂修明史成」）上去康熙十八年，正六十年，通謂乾隆四年成書，乃是武英殿版刊刻告成之日。

③乾隆四年七月二十五日張廷玉等進呈明史表曰：「謹將纂成本紀二十四卷，志七十五卷，表十三卷，列傳二百二十卷，目錄四卷，共三百三十六卷，刊刻告成，裝成一十二函，謹奉表隨進以聞」（見明史卷首）。

④廿二史劄記（四部備要本，上海中華書局排印）三一卷一九頁。

⑤十駕齋養新錄（浙江書局重刻本，光緒二年一八七六）九卷二七六頁。

按後之論者，以書出欽定，於趙錢諸氏之說，嫌其諛詞多而糾論少，至有倡改修明史之議者，類多執一隅之見，摭取一二小節，改修之事，豈易言哉。參陳守實明史抉微（清華學校研究院國學論叢第一卷第四期，民國十七年十月）。

⑥王鴻緒有別墅在橫雲山，因稱橫雲山莊（見王鴻緒詠橫雲山莊諸詩，橫雲山人集一四卷二六頁又二二卷一〇九頁），橫雲山人之得名，亦卽於此。

⑦古微堂外集（淮南書局刊本，光緒四年一八七八）四卷四七六頁。

⑧王鴻緒進呈明史列傳稿疏曰：「臣本乏文采，第以祇承簡命，前後編纂，三十餘年，幸遘昌期，不辭蕪陋，

謹繕寫列傳全稿，裝成六套，令臣子現任戶部四川戶外郎王圖煒恭賷進呈御覽。」又進呈明史全稿疏曰：「今合訂紀、志、表、傳，共三百零十卷，謹錄呈御覽，……但卷帙浩繁，繕寫多人，雖經較閱，不無謬誤，」是兩次所進，皆寫本也。

⑨王鴻緒壬午（康熙四十一年）四月初六日賜御書敬愼堂匾額記詩（橫雲山人集二一卷一九頁）有句曰：「自分無才答寵靈，勉持敬愼對明廷，溫綸昔歲邀天眷，宸翰今朝作座銘」。自注曰：「鴻緒省親疏，曾奉旨：『王鴻緒朝夕勤勞，敬愼素著，』天語煌煌，見於邸抄。今匾額又蒙賜此二字，朝夕瞻仰，惟切愧勉。」此「敬愼堂」一名之所由來也　史稿兩刻本，版心皆彫「敬愼堂」三字，而全稿本「愼」字缺筆，蓋避雍正諱也。列傳稿不諱，徵知爲康熙刻本也。

⑩如陳守實之明史稿考證（國學論叢一卷一期，民國十六年六月），黃雲眉之明史編纂考略（金陵大學金陵學報一卷二期，民國二十年十一月），及李晉華之明史纂修考（哈佛燕京學社燕京學報專號之三，民國二十二年十二月）。

⑪如國史館王鴻緒傳及近人劉承幹所輯明史例案（吳興嘉業堂刊本）。

⑫註⑩三文，均作如此結論，誤，見下文。

⑬雍正本立三王傳，爲六傳第六下。合康熙本列傳第一百七十三孝義上與一百七十四孝義下爲一卷，原二百三十六傳，刪存七十七傳。合計共去三卷。

⑭全稿於雍正元年六月進呈，爲繕寫本，鴻緒於八月卒於京邸，董理校刻，或出鴻緒子孫之手，不敢定也。

⑮詳見清史列傳（中華書局排印）一〇卷一三六本傳。

⑯王鴻緒甲戌（康熙三十三年）八月初四日恭聞恩詔還朝重領史局賦以志感（橫雲山人集一〇卷一九頁），及

得前輩高渭師書有感（仝上一九卷九九頁）二詩序。

⑰王鴻緒進呈明史列傳稿疏。

⑱其間歷任工戶二部尚書，並於三十八年一度赴江南高堰督修河工，翌年返京，見得前輩高渭師書有感詩序（橫雲山人集一〇卷一九），清史列傳作「三十九年」赴工，誤

⑲參看清史列傳本傳。鴻緒自作有己丑正月二十三日蒙聖恩矜全以戶部尚書解任歸里漫賦（橫雲山人集二四卷一九頁）。

⑳進呈疏。

㉑茲以十人卒年先後爲序列下：

葉方藹（十八年任總裁，二十一年四月卒）。李霨（二十一年任監修，二十三年六月卒）。湯斌（初爲纂修官，二十一年任總裁，二十六年十月卒）。徐元文（十八年及二十三年任監修，三十年七月卒）。徐乾學（二十一年任總裁，三十三年四月卒）。王熙（二十五年任監修，四十二年正月卒）。張英（二十五年任總裁，四十七年九月卒）。熊賜履（三十三年任監修，四十八年十月卒）。張玉書（十八年任總裁，二十五年及三十三年兩任監修，五十年五月卒）。陳廷敬（二十五年任總裁，三十三年復任，五十一年四月卒）。

㉒毛奇齡康熙五十五年卒，年九十四歲。

㉓王鴻緒進呈疏曰：「臣……於五十四年春，特召來京，修御纂詩經告竣。又蒙先帝點充盛方典，總裁，今書業編成多卷，俟公閱後啓奏外，惟明史只存臣一人，而本紀志表俱未有成稿。臣夙夜纂輯，彙成全史，以仰副先帝之明命。計其簡任總裁，閱歷四十二年，或筆削乎舊文，或補綴其未備，或就正於明季之老儒，或咨訪於當代之博雅，要以恪遵敕旨，務出至公，不敢無據而作。今合訂紀志表傳，共三百零十卷，僅錄呈御覽」。

按四庫全書總目提要（民國十九年上海大東書局石印本四六卷七六頁），云：「康熙中，戶部侍郎王鴻緒撰明史稿三百十卷，惟帝紀未成，」誤。

㉔按東方雜誌三十三卷十四號，有張須萬季野與明史一文，惜未獲讀，今並該雜誌亦不可得，不知張氏所論如何。

㉕詳看劉坊萬季野先生行狀（閔爾昌輯碑傳集補，民國二十年燕大國學研究所鉛印四四卷二三九頁）（下簡稱行狀。）

㉖錢儀吉纂錄碑傳集（江蘇書局，光緒十九年一八九三）一三一卷二六頁。

㉗參行狀及方苞萬季野墓表（四部叢刊方望溪全集本望溪先生文集，上海商務印書館景印，一二卷四九頁）又蕭遠健萬季野專志明史之由來（大公報史地周刊第一三四期，民國二十六年四月三十日）一文，亦可參考。

㉘寄范筆山書（石園文集，民國二十一年至二十六年張氏約園刊四明叢書本七卷四六頁）

㉙全祖望萬貞文先生傳（四部叢刊鮚埼亭集二八卷七六頁）

㉚行狀。

㉛楊椿再上明鑑綱目館總裁書。

㉜萬世標明史稿流散目錄（國風半月刊四卷四期，民國二十三年三月十六日，詳見下文注㊺）曰：「先君卒於史館在壬午年四月初八日，遺書盡爲亮功（錢名世）取去，無一好本寄回家者，都門士大夫皆知其事也」。按劉坊與全祖望皆記之。

㉝劉坊行狀末曰：「先生……卒於康熙四十一年四月初八日京邸王司空儼齋明史館中，儼齋命人送柩還甯波，其孤世標迎之，不遇，今權厝於西郊祖塋之側，」是知行狀最早出。黃百家墓誌銘末曰：「世標俱以先生墓銘見屬，

，余不得而辭也，」意此文稍晚於行狀，方苞作墓表，自謂「戊戌夏六月，臥疾塞上，近思前言，始筆而志之，距其末蓋二十有一年矣，」按戊戌爲康熙五十七年，斯同歿於康熙四十一年，相去不過十六年，謂「二十有一年」，誤，然其作於斯同逝世後甚久可知。全祖望作傳，謂方表「尤失考據」，是又在方氏後矣。

㉞李瑤勘補本（琉璃廠半松居士排字本，道光十年一八三〇）卷首附原書「凡例。」

㉟葉八四至八五。

㊱殘稿只六册，皆爲列傳，卷首各題「明史卷」三字，而缺其數，蓋以待稿成之後併寫者也。賀逢聖第一卷卷首，且題「明史列傳」四大字，　六册先後，似不相屬，蓋爲佚存者；余姑按諸傳時代先後，擬加次第，爲第一册、第二册等，非原稿如此，所以便指引也。文如師云，是稿原藏於繆荃孫氏平寓，歿後，爲某藏書家取去，後乃轉售北平東方文化事業總委員會圖書館。先是黃雲眉氏作明史編纂考略（見註⑩），致書慈谿馮貞羣氏，有所諮詢，覆書至而文已成，遂以附載文末，同刊於金陵學報。馮書謂：「丙寅（民國十五年）三月，貞羣過松江圖書館，向其館長雷君彥假讀明史稿二册，爲靖難功臣及文苑傳，云自王橫雲家散出者，凡八册，半贈藝風老人矣（聞藝風藏書又流出），其史事本之實錄，參以野史（吾學編今言續藏書名臣言行錄弇州史料獻徵錄諸書）墓志行狀，遇文家舖敘處，或其事不足傳者，一律抹去，凡經五人修改，筆分五色，傳後往往有此效漢書某傳敘法，問之君彥所批名氏，亦不能詳也」。書稿原爲八册，今存二册，則所謂「半贈藝風老人」者，實六册也，與繆氏所藏相符，而「流出」之說，又切合事實，馮氏所紀可信也。且所敘二册形狀，與今六册，完全相同（詳見下文）；所謂傳後批寫「此效漢書某傳敘法」者，今本亦同，如第一册陳選傳即批曰：「漢書多有將一人得罪之故極力敘述者」，（按指選與韋眷相爭事而言）。獨於兩册中所稱「五色筆」改校者，今六册則只朱、紅、墨、淡墨四色；所稱「五人修改者，今則已考得爲王鴻緒一人手筆（詳見下文），是「自王橫雲家散出」之語，亦有可信，非虛傳也。唯松江圖書館所

餘二册，經此番兵燹，不知尚在人間否？其他已經散出而未見記載者，亦當有之，海內藏書家盍彙付景印，爲此纂修原稿留一眞蹟乎？否則亦當與王氏刻稿合而校之，以明其取舍之眞相，庶幾爲研究明史者之一助也。

又前數年，柳詒徵氏嘗得教育部藏萬季野明史稿十二册校之，亦未能確定其眞僞，據所發表之一部份校稿（明史稿校錄見江蘇省立國學圖書館第四年刊，民國二十年十月出版），其中劉中敷張鳳孫原貞朱永陳嘉猷諸人傳，亦均見此殘稿中，相校，則教育部稿又似此殘稿之底稿，惜柳氏未能考定其刪改者究出何人手筆，遂不知與此六册殘稿同出一源否？

㊲見今王稿列傳四七卷八六頁。以下凡王鴻緒明史全稿及列傳稿卷頁相同者，概如此，不分稱。

㊳仝上，四七卷九六頁。

㊴仝上，一五八卷八九頁。

㊵見今王稿列傳，三六卷八六頁。

㊶明史全稿及列傳稿，皆刪其事。

㊷見今王稿列傳，一六五卷一七六頁。

㊸見今王稿列傳，四二卷二六頁。

㊹仝上，四六卷二〇六頁。

㊺按于謙傳（第三册）曰「……閉諸城門，絕士卒返顧，自身督戰，下令臨陣將不顧軍先退者，斬其將；軍不顧將先退者，後隊斬前隊，於是將士知必死，皆用命。」

㊻參看王稿列傳四五卷六九頁。

㊼諱「胤」缺筆作「胤」，如第四册曹子謙傳「御史高胤先被逮」，馬從聘傳第五册初稿「耿胤樓」不諱，第六

冊清稿諱。第四冊楊善傳「錦衣千戶湯胤」及第五冊沈有容傳「總督張佳胤」，皆不諱，遂於旁加「△」號，行頂加「、」，以示應諱。

㊽參看明史列傳稿五一卷四九頁。

㊾四七卷一二六頁。

㊿二〇卷一七六頁。

51 四八卷二六頁。

52 四三卷六九頁。

53 二一卷九九至六頁。

54 四七卷一九六頁。

55 一四六卷六九至六頁。

56 一四六卷二九至三六頁。

57 錢指錢名世，嘗與斯同修史。楊椿再上明鑑綱目館總裁書曰：「王公延鄞縣萬君斯同、吾邑錢君名世於家，以史事委之，……椿時年二十餘，嘗屢至其館中，見萬君作一傳，集書盈尺者四五或八九不止，與錢君商榷，孰爲是，孰爲非，孰宜從，孰不宜從，孰可取一二，孰概不足取。商榷既定，錢君以文筆出之」。

58 再上明鑑綱目館總裁書。

59 書明史稿二曰：「以版心雕橫雲山人集，遂礙頒發，攘善而不遂其攘，盜名而適阻其名，豈非天哉！」

60 註⑩三文，皆以鴻緒攘竊斯同成稿，據爲己有。而謝國楨明史纂修考跋（附原書後）且曰：「顧季野纂修明史，一生精力所繫，經王鴻緒氏攘竊之後，萬氏原稿，乃湮沒無聞，雖經學者考訂探討，其跡稍明，然尚以未得定譏爲憾。茲晉華之作，考證翔實，有條不紊，不但王氏攘竊之跡暴白於世，而明史屢次纂修之舉，大要亦明。」是隨聲附和之尤甚者也。

(61)參註(57)

(62)楊椿之說已見上述，又如錢大昕作萬先生斯同傳（四部叢刊潛研堂文集三八卷一七六頁），其末曰：「乾隆初（按當作雍正初），大學士張公廷玉等，奉旨刊正明史，以王公鴻緒史稿爲本而增損之，王氏稿大半出先生手也，」寥寥數語，未得其詳，蓋亦本諸傳說耳。

(63)殘稿所改者有限，如「英宗北狩，命偉行」，「偉處分，多中竅會」及「偉竟坐謙黨罷歸」三句，皆刪一「偉」字，「爵賞並許便宜從事」，刪「並許」二字。「景帝嘉納之，」刪一「景」字。「吾有失，所望君面規之」，刪一「所」字。

(64)注㊱所記柳詒徵氏校稿，蓋亦可作如是觀。

(65)田繼綜八十九種明代傳記綜合引得（哈佛燕京學社引得編纂處，一九三五年）亦收北平圖書館稿於內，據其所引篇目與殘稿篇目，一校可知。

(66)馬氏得此目錄，錄示慈谿馮貞羣氏，馮氏乃刊之於國風半月刊（參註㉜），錄之如下：「先君子明史原稿，家間所有者：本紀四本，外缺泰昌天啓崇禎一本，陳澤州家有　后妃諸王列傳有，公主傳無。名臣列傳自韓林兒起至田爾耕止，全無，陳實齋許時菴蔡瞻岷三家有鈔本。內存萬曆中年以後原稿四十本，啓禎以後原稿半存。儒林文苑傳有，忠義傳存兩卷，餘缺，孝義傳有，隱逸傳無，列女傳有，方伎傳有，外戚傳無，宦官傳無，佞倖奸臣傳有，流賊傳無，土司傳無，外國傳稿半存，」末署：「雍正三年乙巳七月，四明萬世標據實直書」。

(67)見李塨萬季野小傳（恕谷後集，畿輔叢書本、六卷一八九至一九六頁）

⑱書明劉戶郎墓表後（恕谷後集九卷一二六頁）
⑲兩稿同卷葉五一卷六九至六頁
⑳明史卷一六一頁
㉑按應作「四年」，此謂六年，或指頒發之年。
㉒望溪先生文集（四部叢刊全集本）五卷一三九頁
㉓一四六卷二一九頁
㉔王鴻緒明史稿一四六卷二一九頁
㉕明史卷二六七（開明書店，二十五史本，六五六・四）

錄自燕京學報第二五期二一三至二三八頁・民國二十八年六月出版

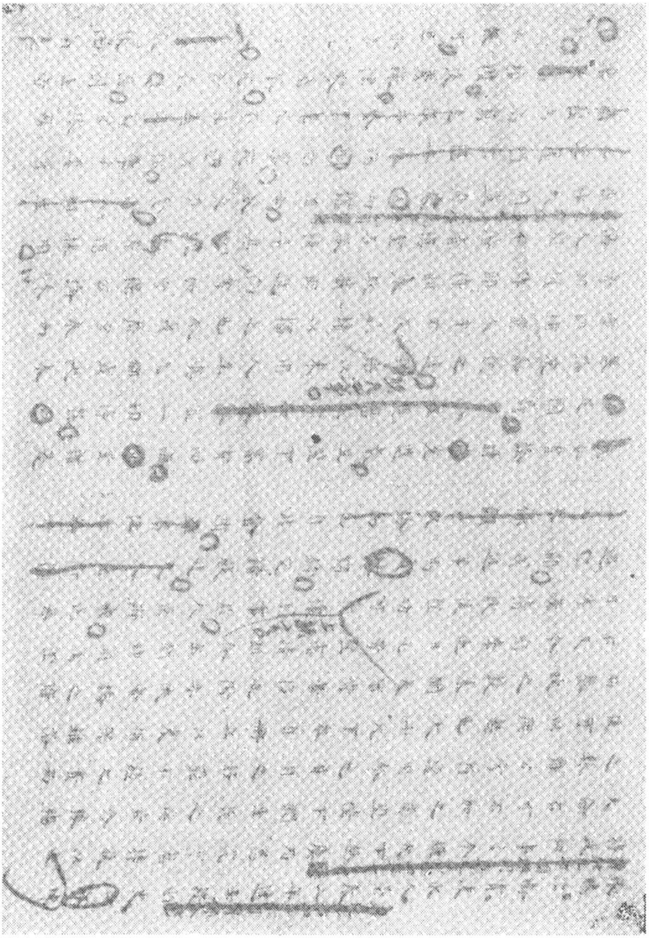

圖一（見本文頁二四二）

此傳原稿筆跡，與他篇不同，行間另黏紙條，注明各段出處，如第一條曰：「此見弘治四年六月實錄本傳。」第二條曰：「自此至『帝頗採用』，盡見景泰四年十月實錄。」第三條曰：『自此至命諸邊築行之』，俱見五年七月實錄。」疑此爲史館初稿。删改用墨筆。

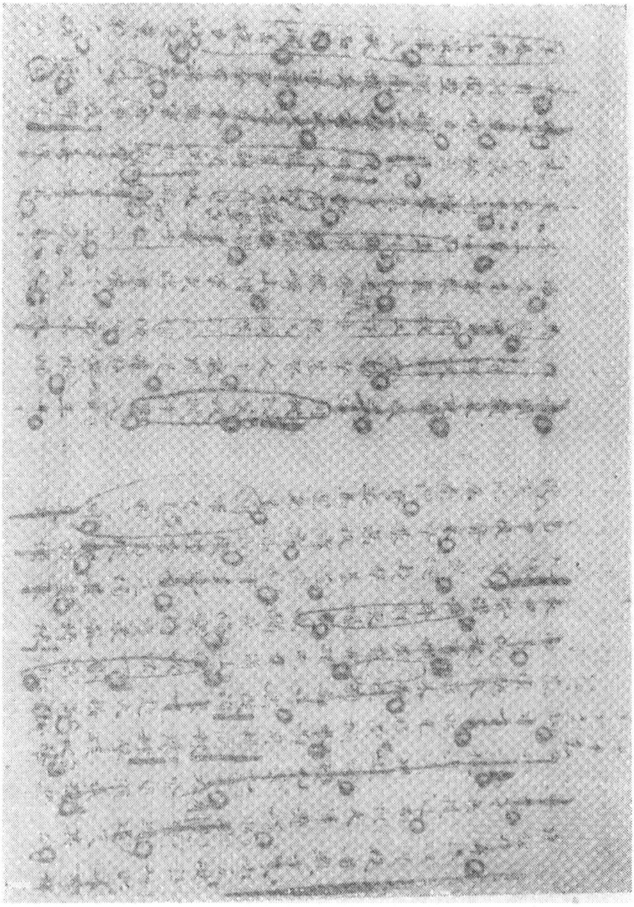

圖二（見本文頁二四三）

眉批及批改皆朱筆，人名單標用墨筆，每句雙圈者，色重者為墨筆；單圈皆墨筆。

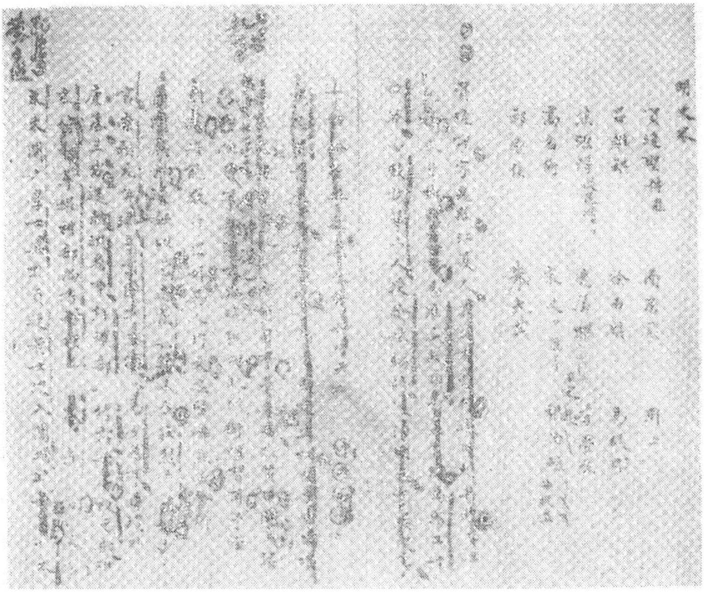

圖三 （參看本文頁二四四）

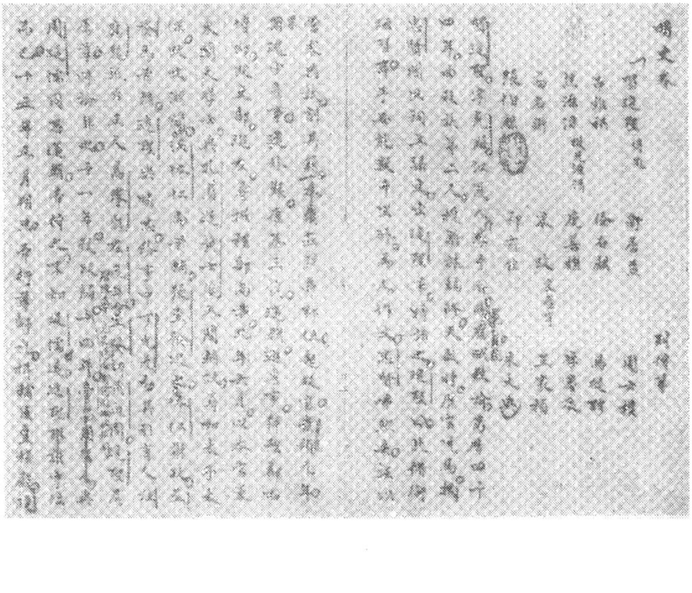

圖四 （參看本文頁二四四）

圖五 （參看本文頁二四五）

圖六 殘稿（第二冊）黃驥傳眉批。右墨筆，左朱筆。

圖七 殘稿（第二冊）孔友諒傳眉批。右朱筆，左墨筆，中間「迂談」二字紅筆，不顯。

圖五

圖六

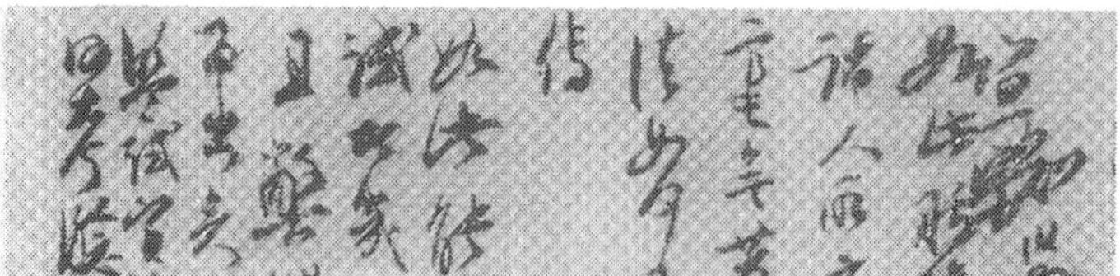

圖七

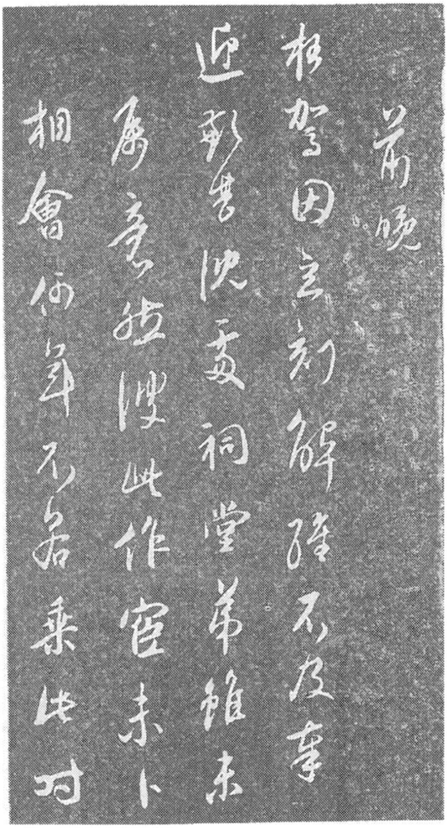

圖八　明代名人尺牘第八。王鴻緒第一書。

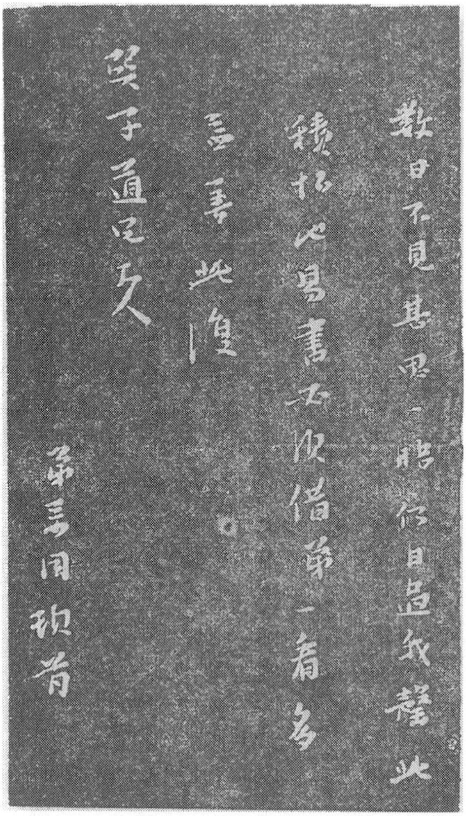
數日不見甚思。聆作日益氣聲此
積括心易書不須借第一看多
亖事此陰。
賢子道足久人
弟斯同頓首

圖九 明代名人尺牘第九。萬斯同書。

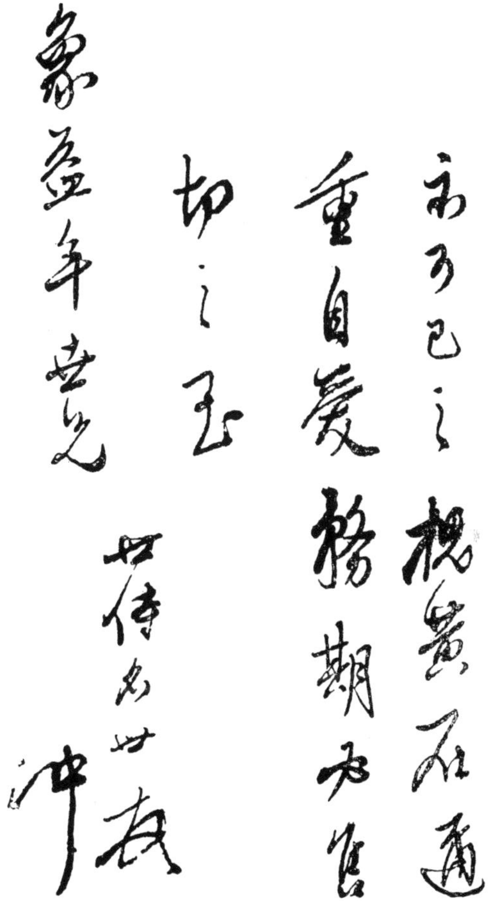

圖十　明代名人尺牘續集第一。錢名世書。(以上五圖參見本文頁二四七)

圖十一　（見本文頁二四九）

（一）傳首紅筆眉批：「附孫原貞傳足矣」，不顯。

（二）「瓚增廣生員事……」一批爲朱筆。

（三）傳文「亦有異政」（行二），及「率無名藉可按」（行三）二句，紅筆删去，不顯。

（四）「正統十年」（行二），及「王懋葉錫趙亮」（行三）三人名之旁，皆有紅筆單標，不顯。

（五）「天下學校之有附學生，由瓚議始」（行六至七）句，旁加紅圈，不顯。

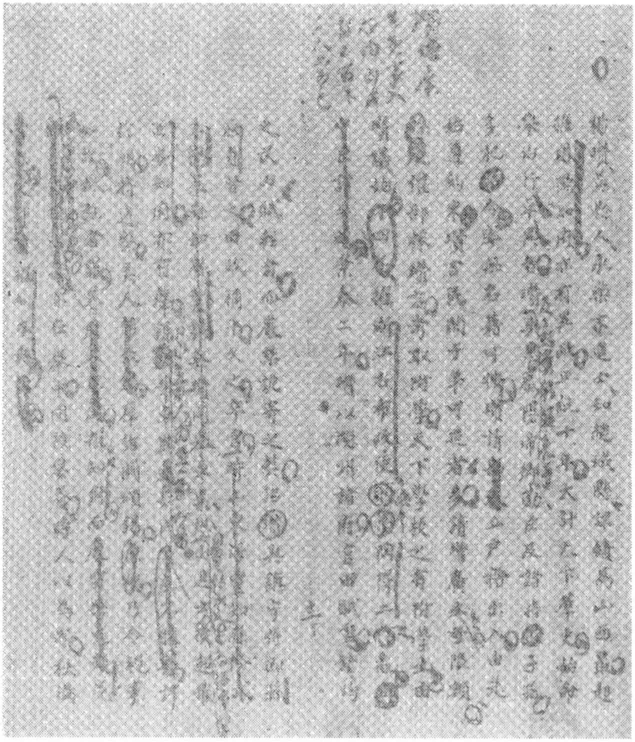

康熙本明史列傳稿跋

朱希祖

王鴻緒明史稿有二刻本，其一為清康熙五十三年所進明史列傳稿二百八卷，其二為清雍正元年所進明史稿三百十卷本㊀，皆題為橫雲山人集，而康熙本明史列傳稿，近已稀覯。清禮親王嘯亭雜錄譏其不及史館定者數端，其一謂惠宗遜國，本在疑似之間，王本力斷為無，凡涉遜國事皆刪削，不及史臣留程濟一傳以存疑也。案康熙本明史列傳稿有程濟傳尚未刪削，其他遜國事，若河西傭、補鍋匠、馮翁、東湖樵夫等傳亦未刪去；不特此也，康熙本諸王傳中，尚有建文帝太子文奎、少子文圭二傳，雍正本則已刪削矣，使清禮親王得見康熙本明史列傳稿，則其所謂「王鴻緒黨廉親王而抑廢太子理密親王，故作明史稿，往往恕永樂而抑建文」，不又增一證據乎？嘯亭雜錄又謂「明史稿惟三王本紀較史本為詳」。案雍正本明史稿有三王傳，列於諸王傳末，無所謂「三王本紀」也。明史不特立三王傳，而弘公、隆武、永曆三朝事，分載於福恭王常洵、唐定王經、桂恭王常瀛傳中。康熙本明史列傳稿則既不立三王傳，又不分載於福恭王、唐定王、桂恭王傳，度其初意，似三朝當特立本紀，列於思宗之後；若不得入本紀，不如不入明史，而別撰一後明史之爲愈。此蓋萬斯同原稿如此，甚有深意。溫睿臨承萬氏所囑，特爲弘光、稱弘光、隆武、永曆三朝撰南疆逸史，本紀列傳，儼然正史，此其證也。雍正本明史稿及明史則阿附滿清，不稱三帝而稱三王，降於藩封之列，實屬乖繆。由此觀之，康熙本明史列傳稿之可貴，已不必煩言而定，不特卷數有多寡，人物有出入，文句有異同，足資考證而已也。

民國十九年五月七日

㈠本紀十九卷，志七十七卷，表九卷，列傳二百五卷。

明史稿校錄

柳詒徵

鄭君鶴聲持眎教育部發閱中州某君賫呈之萬季野明史稿十二册。屬余定其然否。余熟復之。信爲康熙中明史館纂修諸公手筆。不敢遽斷爲萬先生書。書雖不完。朱墨爛然。纚削增損。具見史材之璞。可由以證横雲山人史稿及乾隆中編定明史之得失異同。亟偕同人窮日夕之力錄副。庋山樓。復爲斠錄。以諗並世史學家。

萬氏遺稿。相傳淮陰劉氏得其半。近人謂存閩縣王氏許。（敬孚類稿九前聞萬季野明史原稿尚在故鎮江府知府王可莊太守家惜不得借與横雲山人刋本校其異同）南潯劉氏嘉業樓有副本。聞與横雲稿無大出入。朱君逖先在廠甸購得數十册。無題識。詫爲季野原本。余未之見。此稿所恃爲萬書左證者。

一　一册簽題口口野明史稿原本。

二　是册封面有題記一段云。此乃從藁本中謄清者。吾父又仔細看過。抄時當以藁本編次爲據。不過彙釘成袠耳。無次序也。其下未署名。某君題其後云。此頁係季野先生長子萬焜所書。原在第十册篇首。特移此處。以見後兩册有謄清者。多焜手迹。與門下所書。至硃筆修改。均季野先生手筆也。

三　翁覃溪題七古一章。紀傳四百六十卷。淮陰劉家錄其半。史表史志用力殊。班昭劉昭孰一貫。徒令橫雲題作集。體例依然無論贊。當年矻矻蒐殘墜。想披實錄爲三歎。舊家文獻浩無徵。平日稗官渾不算。千秋不少野史亭。幾箇無欺青竹汗。貯瓢班序自奇古。索米丁儀非點竄。不知初稿經幾削。今日煙煤況焦爨。依稀黜陟紀九邊。零落章奏爭三案。傳聞更有明通鑑。恨不同茲勤手盥。石經考存石鼓亡。彼書錄者徒供翫。（季野有書學彙編廿四卷）楷勢略似梨洲老。挑燈況在華亭館。如此手腕繼南雷。不得翺翔上東觀。吾輩汗顏何以報。日日虛糜大官粲。　後有跋云。乾隆己卯秋。余與江西省試。聞南城喩子心筠云。有人持萬季野明史稿十册易米。次日。急遣人往訪。其人已去南昌矣。因歎交臂之失。其明年春。予旋役京師。與丁小疋太史王述庵侍郎張瘦同巷人皆居同巷。朝夕相過從。一日。于小疋案頭獲睹此書。小疋云。是友人托售者。余急糜三月俸得之。挑燈細讀。如對古人。且深慶翰墨契合之緣。比歲之失。數千里外。仍歸方綱。明日出此。示盧弓父學士。並告以賤價得之。弓父出語人曰。余昨亦曾見之矣。不知其待價也。相隔僅二日。今歸翁氏。予實不勝其妬也。四月十二日漏下三鼓。寶蘇室記幷題。

四　丁小疋跋云。萬季野先生。學識淵深。著作宏富。爲明季大儒。士林師仰。修定明史。功德甚偉。其自著明史稿原口。關係世道人心忠邪奸正。筆削褒貶。主意深遠。用心尤苦。其稿本向由萬之子孫祕藏。不輕示人。今由其親張孝廉攜帶來京。託余覓識家珍藏。以冀永保。覃溪閣學一見歡欣。急出巨金購之。以爲失之江西。得之都門。歎古人眞迹授受保藏。胥有姻緣定數。非可倖求。後盧予父欲具倍價。終未能得。故不勝其姤也。用識數語。以記鴻爪。乾隆庚辰清和月。　小疋恭記。

五　各册首頁多有季野朱文長方小印。有鈐于傳目人名中空處者。有倒植者。

余意簽題及小印。胥可僞爲。萬焜所題。既未署名。何從知其確爲季野之子所書。此五事中。確可依據者。止覃溪一詩。見復初齋集寶蘇室小草四。然寶蘇室小草注明年月。此詩實作于乾隆丙申九月。而此書之跋。則係是己卯之明年四月。丁跋亦署庚辰清和月。其不合一。乾隆庚辰年。盧抱經不在北京。且未爲學士。王述庵雖在京。亦未爲侍郎。寶蘇室詩後即接祕閣集有述庵廷尉招同諸公集陶然亭詩其不合二。翁詩有云。體例依然無論贊。蓋萬書無論贊。王稿亦無論贊。而此稿王憲金獻民等傳後。有論一篇。

論曰。國家值多事之秋。中樞最要。乃今考嘉靖四十五年間。任中樞者二十五人。一何遷置之速也。自始用彭澤。繼以金李諸人。未嘗不極一時之選。迨張瓚寵任八年。債帥如雲。邊事盡壞。而後乃倏進倏退。若傳舍然。九年之間。而更歷者十一人。馴至都城受圍。中樞被戮。然後君臣動色相驚。亦已晚矣。猶不覺悟。復多以庸流參之。致軍民塗炭。海內繹騷。而天子亦與兵革相終始。嗚呼。安危之際。豈不以人哉。

其不合三。若筆迹之不似翁書。印章亦似仿造。丁小疋跋語之淺俚。且誤以盧弓父爲盧予父。則尤一望而知其僞矣。

翁丁之跋雖僞。無損于萬書之爲眞也。然原書十二册中。有一册確有主名。

忠義傳三十四篇　徐潮具稿。　監生葉沅錄。

既明署徐潮撰。惡得目爲萬書。又一册朱筆眉批。顯見批者與撰者爲兩人之語氣。

陳琳傳　只此一疏。附見他傳足矣。何煩筆墨乃爾。

周世選傳　四十一年後江南倭警已息。此恐未嘗。　論雷禮見實錄。餘未見。　此疏平常。不必入傳。隆慶初言路大開。不得言觀望如昔。　諫馳馬事不見實錄。　此八議亦平常。不當入傳。

王廷瞻傳　此與下氾光湖只一事。何故分爲二。　已入楊傳。此卽詹仰庇傳中語。何爲複出。

縱使朱批出萬手。其墨筆原稿。必係史館他人之作。非萬氏所爲也。

良工不示人以樸。自來修史者稿草無傳。遂使學者末由窺其筆削融裁之意匠。明史有橫雲稿。已可勘其大同小異之迹。此稿不問其爲萬先生原本。抑他人分任經萬先生潤色者。持以與明史稿及明史對勘。則異同詳略不勝枚舉。由茲可以知搆成明史之階段。及前賢屬文修史之矜愼。細至一二字。大至一人一傳之取捨分合。以逮綴述之後先。採輯之繁簡。罔不有以得其用心之所在。斯誠治史之津梁。抑亦文家之祕鑰矣。粗舉其例。

一去取。　如此稿有陳嘉猷傳。兩書無之。惟載其使滿剌加遇風事于滿剌加傳。

一分合。　如此稿尙褫附劉中敷傳。意在斥王振之挫辱大臣。故詳載褫爲行人時一疏。王稿及明史注重褫之屢次上言。故不載言囚繫大臣疏。而載其因災異上書。與英景時諸言官彙列。又于劉煒傳首。卽詳載劾周銓事。

一詳略。　如名山藏沈固傳千數百言。此稿數百言。明史稿及明史僅一行。

一先後。　此稿張永傳末。方述其長身偉貌。顧盼有威。王稿亦於傳末述其長身偉貌有威重。明史於永傳首。卽備其偉軀貌顧盼有威。以增入英宗曾識之一段故事也。

一時日。　如此稿周嘉謨傳。神宗崩。光宗踐阼已半月。及已同受顧命。是夕帝崩等語。皆不詳其月日。王稿及明史鄭重書之曰。四十八年七月二十一日神宗崩。八月丙午朔光宗卽位。二十六日嘉謨因召見請帝淸心寡欲。二十九日帝疾大漸。九月乙亥朔光宗遺詔皇長子嗣位。雖於本紀重複。然置之嘉謨傳中。彌見其時日銜接事勢危迫之狀。

一條目。　如此稿陳鑑傳。陳風俗疏五條。列擧其說。王稿及明史僅載其目。趙彥傳。列上固人心練鄉兵修城隍減加派蒐將材擇守令重監司裕儲偫八事。兩書只云列上八事。不載其目。

又其重要者。如陳嘉猷傳載天順三年朝鮮國王李瑈與建州董山媾。私授以官。將爲邊患。嘉猷往責之一事。兩書均不明載。僅於朝鮮傳中述天順三年邊將奏有建州三衞都督私與朝鮮結恐爲中國患語。不知此建州三衞之都督爲何人。賴此稿存在。始可知其因係董山而諱之也。

此外字句纖細删減之處。比而勘之。亦至有味。

如此稿朱永傳　論功。永遂得世襲侯爵。（後删去得字）　王稿論功世襲侯爵。明史論功予世侯。

又此稿劉機傳赦內該載不盡者。聽爾等從宜區處。　後改赦所不載者聽從宜區處。　王稿及明史赦所不載聽便宜。

又此稿劉中敷傳已而帝念其守城勞。釋爲民。振之挫辱大臣皆此類也。後改已釋爲民。中敷數下獄。本無大過。乃帝以察察示明。而振復以酷暴助之。致國體大壞。是時楊士奇楊溥猶在位。莫能諫也。　王稿已釋爲民。中敷等數下獄。本無大過。帝察察示明。而振以酷助之。楊士奇溥猶在位。莫能救也。　明史只云已釋爲民。

余初擬爲校記。第臚舉其異同如右列各條。旣思閱他書校勘記者。以其不詳載上下文。非取本書孰復。不生興味。爰就此稿全錄其正文。附注初作某。後改某。及明史稿明史不同之處。庶此稿可於横雲稿外單行。疊矩重規。藉便硏閱。惜其書錯亂無序。初不銜接。祇可逐册迻錄。先就載翁詩跋一册寫之。

此册姑目爲上下兩卷。上卷前有一頁題　趙彥　劉一焜　葉春及　李槿　沈儆炌　何喬遠　周嘉謨　董應舉。而傳文自汪應蛟起　次郎趙彥　李槿（史永安）　劉錫玄　沈儆炌（閔洪學）　何喬遠　周嘉謨而無董應舉傳。沈儆炌閔洪學傳又見於別一册。蓋此册爲初稿。彼册爲淸稿。又加改削者也。下卷前一頁題劉中敷　張鳳　孫原貞　朱永。而傳文爲　劉中敷　張鳳（沈固）　孫原貞（薛希璉）　朱永　孟玘（章泰　楊集）　丁瑄（柳華）（柴文顯　汪澄）　宋欽（又有一段題附楊瑄傳後）　廖莊　陳嘉猷　李儀　丘弘等傳。與目不符。宋欽及竺淵耿定王晟又見於別一册。亦淸稿而重改者也。

汪應蛟　王稿列傳第一百二十一　明史列傳第一百二十九

汪應蛟。字潛夫。婺源人。萬曆二年進士。授南京兵部主事。（王稿明史均同以下同者不注）就進禮部郎中。（王稿明史（以下簡稱兩書）作歷南京禮部郎中）給由入都。値吏部侍郎陸光祖與御史江東之等相訐。應蛟不直光祖。抗疏劾之。末請戒敕閣部大臣。務優容忠讜。（初稿作務秉公體國優容忠直後勒去秉公體國四字易直爲讜）屛絕諂諛。時論稱其侃直。（自末請至此王稿及明史均無僅作於政府多所譏切七字）出爲福建副使。改四川提督學校。（初作政後改校）遷山東右參政。尋（此字後增）以山西按察使治兵易州。（兩書不載福建四川等官只云累遷山西按察使）礦使王虎肆虐。露章暴（此九字旁注初作謂天津並以廉幹著八字後勒去）其罪。虎爲斂威。（王稿時礦稅擾民應蛟上言陛下私利帑藏而不顧閭巷之傷殘少娛目前而不虞將來之隱禍馴至民窮變起瓦解勢成天下事尚忍言哉因陳礦使王虎貪恣狀不報明史僅云陳礦使王虎貪恣狀不報）會（兩書無此字）朝鮮再（此字後添）用兵。調（兩書作移）應蛟（此二字後添）天津。二十六年。（兩書無此四字）天津巡撫萬世德經略朝鮮。即擢應蛟右僉都御史代之。累奏（初作擢右僉都御史擢旁添詔字後勒去詔擢二字加天津巡撫至即擢應蛟十五字于旁以朱筆鈎接右字上又以朱筆改萬世德三字爲之累奏三字）（兩書均作及天津巡撫萬世德經略朝鮮即擢應蛟右僉都御史代之）兵食事宜。扼險置戍。（兩書均作兵食事宜扼險列屯）軍聲甚振。以葛沽（此二字旁注）白塘諸處多閒田可墾。乃買牛制器開渠築堤。召人墾闢。（初作種後改闢）一歲（初作數月）中墾得（此字另注）田五千餘畝。爲水田者十之四。歲入萬餘石。（初作畝收多者四五石後改此語）用以充軍資。（初作用其利資後勒去其利二字）減民間加派。民甚利之。（兩書載應蛟興水利事在請停礦稅使下其文曰應蛟在天津見葛沽白塘諸田盡爲汙萊詢之土人咸言斥鹵不可耕應蛟念此無水則鹹得水則潤若營作水田當必有利乃募民墾田五千畝爲水田者十之四畝收至四五石田利大興及移保定乃上疏曰天津屯兵四千費餉六萬俱斂諸民間留兵則民告病恤民則軍不給計惟屯田可以足食今荒土連封蒿萊彌望若開渠置堰規以爲田可七千頃頃得穀三百石近鎮年例可以兼資非獨天津之餉足取給也因條畫墾田丁夫及稅額多寡以請得旨允行已請廣興水利略言臣境內諸川易水可以溉金臺滹水可以溉恆山溏水可以溉中山滋水可以溉襄國漳水來自鄴下西門豹嘗用之瀛海當諸河下流視江南澤國不異其他山下之泉地中之水所在而有咸得引以溉田請通渠築防量發軍夫一準南方水田之法行之所部六府渠可得田數萬頃歲益穀千萬石畿民從此饒給無旱潦之患即不幸漕河有梗亦可改折于南取糴于北工部尚書楊一魁極稱其議帝亦報許後卒不能行　案王稿及明史河中志水利篇亦載應蛟此議殊病重複此稿本傳不載保定之議殆以其文應入志故不載之傳中也）稅使王朝死。帝將遣代。應蛟疏請止之。忤旨。切責。及（兩書無此字）朝鮮事寧。移撫保定。歲旱蝗。饑民待賑者十八萬人。應蛟屢疏陳請所以振救者百方。已言民困已甚。請盡罷礦稅。（初作且乞徵還礦稅諸使後勒去且乞徵還及諸使等字）毋重（此字旁注）爲民害。不報。（兩書均作歲旱蝗賑恤甚力已極言畿民困斂請盡能礦稅會奸人柳勝秋等妄言括畿輔稅可得銀十有三萬應蛟三疏力爭然僅得減半而已三十年春帝命停礦稅俄中止應蛟復力爭不納）

案此傳未完。王稿及明史載天啓間事尚多。

趙彥（王稿列傳一百二十三　明史列傳一百四十五）

趙彥。膚施人。萬曆十一年進士。授行人。屢遷山西左布政使。光宗嗣位。以右僉（初作副後改僉）都御史巡撫山東。遼陽既失。彥請於登萊海外諸島增兵置戍。（初稿此下有列屯以三字後勒去）特設大將（初作總兵官後改）於登州。控制海外。從之。登萊之設鎭自此始。（兩書作彥請增兵戍諸島特設大將登州登萊設鎭自此始）天啓二年。廣寧復失。彥以山東爲南北咽喉。列上固人心。練鄉兵。修城隍。減加派。蒐將材。擇守令。重監司。裕儲偫。八事。詔多允行。（兩書作彥以東南北咽喉列上八事詔多允行未載事目）先是薊州人（此字旁注）王森。途遇妖狐。（妖上旁注一字後塗去）爲鷹所搏。（初作攫後改）狐窘求救。森收之至家。狐斷尾爲謝。其尾有異香。聞（聞字上原有人字後圈去）者輒自迷眩。爲其役使。森遂倡爲白蓮教。（兩書作先是薊州人王森得妖狐異香倡白蓮教自稱聞香教主）其徒有大小傳頭及會主諸號。（此句旁注號字上初有名字後塗去）妄言生當爲帝王。（王上初有爲字後塗去）死當成佛作祖轉相煽惑。（此下初作從者日衆有大小傳頭會首諸名號後以朱筆勒去從者四字墨筆勒去有大小傳頭十字）自畿輔蔓延山東山西河南陝西四川。（兩書無妄言以下數語惟云蔓延畿輔山東山西河南陝西四川）多有其黨（初作無慮二百萬人後以朱筆勒去改此四字）（兩書無此語）森後徙灤州石佛莊（兩書作森居灤州石佛莊）其徒各斂金錢繹絡輸送。（初作其徒往往謁後勒去往謁二字改此八字）俱稱朝貢（兩書作徒黨輸金錢稱朝貢）所在郡（初作州後改郡）縣悉置公所。使傳頭護守（兩書無此數語）以竹籤飛籌傳報機事（初作咨問後以朱筆改）一日可達千里（王稿作飛竹籌報機事一日數百里明史日作且）萬曆二十三年。爲有司所覺繫獄論死。（兩書作有司捕繫森論死）森行賄上下（森下初有既富於貲四字後以朱筆抹去）永平詹推官遂出之。森既獲釋。思得有力者自庇。（兩書無此數語僅云用賄得釋）乃入京結外戚永年伯及中官王德祥爲族。而外行教自如。（兩書作乃入京師結外戚中官行教自如）後森弟子李國用乾沒森貲不爲森所容。（此下初有國用二字後抹去）遂畔森。與其黨李應是淑立別教。自稱太極古佛。專以符呪召鬼。森之部下亦多往（初作弟子多三字後勒去）從之。兩教弟子（此下初作各主其法遂以六字後勒去）相讎殺。盡發露（初作暴發後勒暴字旁注暴字）其過惡。（兩書作後森徒李國用別立教用符呪召鬼兩教相仇事盡露）四十二年。（兩書此下有森字）復爲有司所攝。會歲（原有旱字抹去）飢（原有民字抹去）多（原有起爲二字抹去）盜。森弟子高應臣等。（原有欲擁戴森四字抹去）聚數百人於淸涼山。謀簒奪森爲主。有司乃復坐森死。越五年。竟斃於獄。（兩書無會歲飢等語僅云越五歲斃于獄）其子好賢及其弟子鉅野（此二字旁注）徐鴻儒。武邑（原作景州後改）于弘治輩。仍踵（此字旁注）行其教。徒黨益衆。（兩書作其子好賢及鉅野徐鴻儒武邑于弘志輩踵其教徒黨益衆）是（原作其）時遼東盡陷。四方奸民咸洶洶思逞。（兩書作至是好賢見遼東盡失四方奸民思逞）好賢等遂期是年中秋。諸（原作八月三後改）方並起。（兩書作與鴻儒等約是年中秋並起兵）會其事漸洩。兩書作會謀洩 鉅野此下有捕獲楊子雨兄弟二人九字後抹去 曹州各捕獲傳頭此下有張世佩三字後抹去 二人。此下有皆白蓮傳頭五字後抹去 鴻儒懼。遂先期反。自會其事至先期反
皆旁注原作鴻儒偶以事相激遂于六月壬戌舉兵陷鄆城後抹去 兩書均作遂先期反 自號原作稱朱筆改號字 中興福烈帝。改稱大成興勝元年。此八字朱筆添注于旁 兩書此二語同惟福烈帝下無改字 五月
戊申。初作壬戌後抹去 兩書同 率衆犯初作攻陷後抹去改率衆攻三字後又以朱筆改攻爲犯字 鄆城。城中人初作應之後抹應字改之字爲人字 開門納賊。城遂陷。兩書僅作五月戊申陷鄆城
越四日壬子。別賊以二千人陷鄒縣。是夕又陷滕縣。已復陷嶧縣。皆先布間諜於城中。賊至立破。初稿城遂陷下接知
縣兪子翼出走當是時承平日久郡縣率十七字後以朱筆抹去添此數語于旁 兩書均作俄陷鄒滕嶧衆至數萬 當是時。承平日久。郡縣此九字亦朱筆旁注 無守備。山東故初作故圈去改又字後塗又字朱筆改故字
不置初作設後改置 重兵。驟聞賊起。人心洶懼。諸初作而羣後勒去 不逞之徒又應之。旬日間衆至數萬。兩書以衆至數萬四字置于前下接時承平久郡縣
無守備山東故不置重兵 彥急遣都司楊國棟等赴討。初作棟將兵赴討後勒改 而檄屬郡練民兵。嚴保甲。自爲守禦。此下原有且字抹去 增兵濟南原作以濟
南守兵單弱後圈以字改而字又圈去而字抹守兵單弱四字 兗州濟寧曹州沂初作兗州後改 州諸要地。此下原有以字圈去 防賊此字旁注 侵犯。兩書作彥任都司楊國棟廖棟而檄所部練民兵增諸要地守卒 請請字右旁
有且字抹去 留京操班軍及廣東援遼軍此下有以字抹去 資征調。兩書作以備征調 荐故總兵官楊肇基知兵。請復官討賊。初作復其原職後抹去三字
命未下。原作自是戰守計略備而後抹去旁注此三字 賊已乘虛襲兗州。兩書作薦起故大同總兵官楊肇基爲山東總兵官討賊賊乘肇基未至襲兗州 爲滋陽知縣楊炳所拒兩書作却 乃引
退。兩書無此語 是月。初稿是字上有會字後抹去 庚申。初作癸酉後抹去 齊地大星晝見。初作日中有大星後改中字爲旁字後又抹去 隨日西行。人心益懼。此下原有六月壬午
夜分賊以二千人陷鄒縣是夜其別部又陷滕縣已復陷嶧縣皆先遣間諜爲內應賊至立破而是時官軍亦漸集等語後以朱筆抹去 六月。此二字朱筆增 都司廖棟等。此字朱筆增 督兵擊初作力戰後抹去 鄆城賊。大破
之。原作殲破武安賊巢斬首一千三百餘級死于砲者倍之後又抹死于二字改中砲死者後又全抹去 乘勝攻原作又攻後抹去旁注此三字 殲武安集賊巢。及初作又後改及 旁近諸小寨。賊奔據梁
家樓。官軍遂圍之。遂復鄆城。此九字旁注 兩書無是月庚申齊地大星以下一段僅云棟等擊敗賊復鄆城 其別部此下旁注攻陷夏鎮犯沛縣知縣林汝翥固守城獲全而其十九字後抹去 犯鉅野
者。知縣趙延慶乘城此二字旁注 固守。延慶妻親爲供饋。城中婦女千餘人助之。賊不能破。會楊國棟援兵
至。賊遂敗去。兩書敍此事僅云其別部犯鉅野知縣趙延慶固守不下國棟兵至敗之 其別部復犯兗州。亦爲國棟軍初作官兵後抹去改此三字 所敗。先後斬馘初作獲後改
三千餘級。賊勢稍衰。兩書僅云又敗其犯兗州者 國棟遂偕廖棟等四營。合攻鄒縣。會國棟與棟爭功。不和。賊悉銳衝

之。四營俱潰。游擊張榜。戰死。官軍喪氣。（兩書作遂偕棟等合攻鄒縣兵潰游擊張榜戰死）賊（旁有七月二字後抹去）遂乘勢圍曲阜。知縣孔聞詩率吏民固拒。（下有屢挫賊三字後抹去）適國棟等以兵來援。（初作救兵亦至後改）賊拔營去。轉圍鄒城。（初作掠後改圍）亦爲官軍擊敗（初作亦爲國棟等後改官軍）遂復嶧縣。（兩書賊遂圍曲阜鄒城旋敗去遂復嶧縣）賊黨又以是月攻陷夏鎭。犯沛縣。知縣林汝翥堅守。城獲全。當是時官軍雖數勝。而賊黨（初作徒）衆（此字旁注）猶盛。（兩書無此段）七月戊辰。（四字旁注兩書無戊辰二字）彥乃親臨兗州視（初作督）師。因祭前陣亡將士。甫出城行祭。（有未畢二字後圈去）賊萬餘人忽五路奄至。守者亟閉城門。彥倉猝以竹（初作籃）筐縋而上。（兩書彥視師兗州甫出城遇賊萬餘彥縋入城）總（上有會字後抹去）兵官楊肇基急偕監軍（初作已受事後抹去）副使王從義徐從治督兵迎戰。而令國棟及廖棟繞出賊後。賊腹背受敵。死者千餘人。餘賊南奔。至橫河。官軍追及。（初作至）適山水暴發。賊倉皇渡水。溺死無算。（兩書肇基急迎戰而令國棟及棟夾擊大敗之橫河）先是鴻儒據梁家樓。數（初作屢）爲官軍所挫。（初作擊敗後抹去）乃渡河（旁有而字抹去）東。據紀王城。自保。至是肇基乘勝攻破之。鴻儒（下有復字抹去）走鄒縣。會天津副使來斯行援兵亦至。遂會師復滕縣。平嶧山。救豐沛。屢挫賊兵。而國棟等又大破賊於沙河。斬首四千餘級。賊勢日蹙。止保鄒縣一城。官軍遂進圍之。（下有掘字後圈去）築長堤。（下有濬濠防其越軼）相持三（已七字後抹去）掘隧道。（下有築馬道三字抹去）爲必拔計。賊（下有益字抹去）窘。其黨僞都督侯五等援幟出降。鴻儒猶抗守不下。相持三月。賊食盡計窮。以畏死。終不敢出。彥傳令賊不速降。即四面急攻。盡屠其衆。城中人洶懼。十月乙亥。賊黨乃擁鴻儒出。官軍俘之。獻於朝。散其黨二萬七千餘人。賊盡平。（兩書時賊精銳聚鄒滕中道彥欲攻鄒滕副使徐從治曰攻鄒滕難下不如擣其中堅兩城可圖也彥乃與肇基令游兵綴賊鄒城而以大軍擊賊精銳于黃陰紀王城大敗賊蹙而殲之嶧山遂圍鄒大小數十戰城未下令天津僉事來斯行及國棟等乘間復滕縣國棟又大破賊沙河乃築長圍以攻鄒鴻儒抗守三月食盡賊黨盡出降鴻儒單騎走被禽撫其衆四萬七千餘人）彥乃收戰地諸屍。（初作盡收其屍後改）築爲京觀。樹碑紀績焉。（初作章功伐焉後抹去）（下有論功進彥兵部尚書兼右都御史廕子錦衣世千戶巡撫如故後俱抹去）鴻儒既至。告（下有郊字抹去）廟獻俘。磔於市。（兩書彥乃紀績告廟獻俘磔鴻儒於市）鴻儒始被俘。歎曰。我與王好賢父子經營天下餘二十年。計我徒衆不下二百萬人。今事不成。天也。（王稿鴻儒歎曰我與王好賢父子經營二十年徒黨不下二百萬事不成天也明史鴻儒躪山東二十年徒黨不下二百萬至是始伏誅）始（下有與字後抹去）鴻儒（下有同字抹去）黨于弘志。亦於是年六月與其徒沈訥高世明等聚衆據武邑白家屯。四出焚掠。將（初作欲後改）取景州以應鴻儒。時來斯行方率師援山東。保定巡撫張鳳翔急檄斯行還軍討賊。斯行方次景州。即直趨武邑迫之。賊登樓拒守。官兵用火急攻。弘志率死士突圍走。爲諸生葉廷珍所禽。凡舉事七日而滅。（下有好賢二字抹去）鴻儒既獲。（初作死）好賢事大露。順天（初作薊州）巡撫岳和聲遣人捕之。好賢格鬥。得逸去。遂攜家南走。四年正月。追獲之於揚州。送京伏誅。妖黨乃散。（兩書于弘志亦于是年六月據武邑白家屯將取景州應鴻儒斯行方赴援山東還軍討之弘志突圍走爲諸生葉廷珍所獲凡舉事七日而滅好賢亦獲得伏誅）彥以功加兵部尚書。兼右都御史。巡撫如故。（王稿彥已加兵部右侍郎論功進尚書兼右副都御史明史已加兵部侍郎無右字）再加太子太保。廕子錦衣世僉事。賚銀幣加等。彥以兵燹之餘。（初作既平賊後抹去）奏請賑濟。（初作常加賑恤請大發粟嗣抹去改士民困弊四字後又抹去）且言鄒滕二縣。宜蠲賦（初有稅字後抹去）三年。鄆城嶧滋陽曲阜一年。鉅野減半。（初作一年後抹去）部議皆報許。惟輸京邊者如故。彥復上疏爭之。卒不見聽。（初作報寢後抹去兩書奏請賑濟且捐鄒滕賦三年鄆城嶧滋陽曲阜一年鉅野半之皆報許）山東歲徵條鞭銀二百五十餘萬。有司加耗。或溢其二三。（下有故事山東六郡六字抹去）歲派大戶貼戶各五千。（初有貼戶如之戶費百金八字後抹去）戶費銀百兩。皆以彥言禁之。奸人張樞以英（初作成後改）國公遠族。倚勢騷郵傳。抗官司。侵人田宅。擅關津利。且入滕縣。詭稱詔旨屠城。傾取人貲。彥疏列其罪。坐誅。（初作死後改。自山東歲徵句至此兩書均無）三年八月。兵部尚書董漢儒憂去。召彥代之。（兩書召代董漢儒爲兵部尚書）極陳邊將尅餉役軍（初作占役後改）虛伍（初作冒後改）占馬諸弊。因條列（初作及）振刷總覈事宜。（初作之方）帝稱善。立下諸邊舉行。（兩書同惟無振刷二字）參將王楹行邊。爲哈刺慎部夷（兩書無此字）襲殺。彥請覈實論罪。並勅諸邊撫賞。（初作數其主名革其歲賞後改）嚴立章程。（兩書無此四字）不得增於（初有故字後抹去）額（初有之字後勒）外。（初有帝亦納之四字後抹去兩書作毋增故額）有（初作時後改）傳我大清兵（初接寫後抹去提行另寫）欲假道喜峯口入內地者。（兩書作欲入喜峯）彥憂之。畫（初作列）上布分士馬。固結人心。鼓舞膽勇。固守險要。精嚴哨探。堅壁清野。懷（初作撫）柔屬夷。牽制海外。八策。（下有時字抹去）帝皆褒納。（下有之字抹去兩書作畫上八事帝皆褒納）貴州羣苗反。（初作時貴州大亂）雲南路梗。巡撫閔洪學等請通道（初作別開）四川建昌別開（初作路通）驛路。彥力主其議。言但增設數驛。

卽可垂邊方（初作國家）無窮利。有詔從之。所司（初作然其）憚於搬始。竟不能行（兩書無此段）明年。（下有六月二字勒去兩書無此二字）楊漣劾魏忠賢二十四罪。（下有帝不納三字後抹去）彥亦抗疏劾（初作請斥）之。自是爲忠賢所惡五年（兩書無此二字）貴州征苗兵屢敗。彥列上鼓士氣。定廟謨。明協援。（初作策應）別順逆。嚴節制。愼調募。精（初作用）間諜。廣招徠。八事。帝卽下軍中行之。（兩書彥列八策以獻詔頒示軍中）彥有籌（初作謀）略。曉暢兵事。居中樞甚稱。（兩書無此五字）其征妖寇時。軍無紀律。（初作諸將不嚴）諸將多殺良民冒功。及是其子昌胤爲錦衣指揮（此二字朱筆旁注）僉事。頗招搖都市。於是給事中玄默御史王琪交章劾之。（兩書然征妖賊時請將多殺良民冒功而其子官錦衣頗招搖都市給事御史交劾之）彥（下有遂字圈去）三疏乞罷。帝心嘉彥（下有勘亂二字抹去）功。而忠賢挾前憾。（初作迫欲去之）乃令乘傳歸。（兩書彥三疏乞罷忠賢挾前憾令乘傳歸）御史周維持復劾彥縱子納賄。（下有詔削二字抹去）昌胤遂削職。（兩書僅子削職三字）先是妖寇之興。遼東（初作山海）經略王在晉嘗遣兵助討。而彥敍功（下有疏字抹去）不及。在晉憾之。至是。（下有在晉二字抹去）爲南京吏部。數詆彥。（兩書初妖賊與遼東經略王在晉遣兵助討彥敍功不及在晉在晉憾之至是爲南京吏部數詆彥）南京給事中袁玉佩遂劾彥冒功濫廕。且言京觀不當築。（下有有字塗去）詔削其世廕。幷京觀毀焉。（兩書給事中袁玉佩遂劾彥冒功濫廕且言京觀不當築詔削其世廕幷京觀毀之）尋追敍甘肅功。（兩書兵部時邊功）卽家進太子太傅。未幾卒。

劉一焜（王稿列傳第一百十九均附劉一燝傳後　明史列傳第二百四十）

劉一焜。字元丙。南昌人。父曰材。進士。陝西左布政使。一焜與弟一煜一燝同舉於鄉。（兩書劉一燝字季晦南昌人父曰材嘉靖中進士陝西左布政使萬曆十六年一燝與兄一焜一煜並舉于鄉一焜字元丙）尋舉（兩書無此二字）萬曆二十年進士。授行人。久之。擢吏部主事。（王稿擢吏部主事明史無）歷考功郎中。佐侍郎楊時喬典京察。斥執政私人殆盡。（兩書盡斥執政私人）已改文選。銓敘無私。（兩書無）遷太常少卿。以憂去。四十二年。（兩書作久之）由故官擢右僉都御史。巡撫浙江。（下有以寧波海外補陀山故有鎭海寺二語抹去）帝遣中官曹奉建鎭海寺於普陀山。一焜偕巡按御史兩書無此二字李邦華上言。此山居寧波海外。南通日本。勝國時。初作元末方國珍嘗據此爲亂。故高皇帝興。原作洪武初籍其人而火其居。逮初作及嘉靖中。倭寇猖獗。亦嘗據此。肅皇帝遂命初作毀其寺。禁民耕販。此山宜廢不宜興。利害較然。初作明甚後以朱筆改此二字奈何以奉佛下有之字塗去釀封疆下有之字塗去實禍。不聽。兩書僅云一焜偕巡按李邦華爭不可不聽織造中官劉成卒。初作沒一焜慮帝遺代。屢疏止之。初作與邦華屢請已得請矣。會中官呂貴奉命護初作覈成遺裝。奸人紀光先輩遂詐稱機戶。請留貴督理織造。其疏不由通政司。直達大內。一焜與邦華交章極初作力論其罪。帝竟如光先言。命貴代理。初作成一焜復疏爭曰。光先當成物故時。乾沒帑金四萬。其保留下有呂字抹去貴。非爲織造計。爲己贓私計也。乞立寘重典。初作立付法司用抒公憤抹去不報。王稿織造中官劉成卒一焜慮遺代屢疏止之已得直會中官呂貴奉命護成遺裝奸人請留貴督織造疏請達禁中一焜與邦華極論其罪帝卒命貴代一焜復疏爭不報明史同惟作一焜屢疏請勿遺代又會命中官呂貴詮成遺裝又奸人遂請留貴督織造稍有不同貴既受任。初作事條列十事。多侵擾公私。一焜抗疏駁正。且禁治其爪牙。貴爲初作自量斂威。初作戢莫敢大肆。王稿貴既任條行十事多所侵擾一焜疏駁且禁治其爪牙貴爲斂威明史同惟多侵擾句無所字倭寇犯寧波台州。急調將士禦却之。兩書均不載築龜山海塘千二百丈。水不爲災。初作龜山海塘久圮爲築石堤二百餘丈士堤二千餘丈後抹去餘杭南湖久堙。鄰邑皆失利。特初作一焜濬復之。兩書一焜以暇築龜山海塘千二百丈濬復餘杭南湖民賴其利一焜清約簡樸。居官持大體。張弛適宜。爲巡撫七年。都內稱治。雅好王守仁學。設虎林講會。日偕學者初作聚諸生問辨。旁有其中二字後抹去諸生狎之初有月必親詣四字抹去有攀輿而叩者。亦酬答無倦。卽外郡小邑。亦爲增置學田。興起文教。士心翕然。時朝士方惡講學。御史沈琛遂誣訐其贓。私疏雖不報。一焜卒自引去。王稿講王守仁學于虎林外郡小邑皆增學田御史沈珣誣其贓私一焜自引去明史不載其講學事只云御史沈珣誣其贓私一焜自引去居家。初作一焜後抹去敦行義。謙恭自下。尊長忘其貴。相見率呼名。然性峭直。任眞。不能諧俗。故居官亦多得謗。兩書均無卒贈工部右侍郎。一煜字仲善。與一燝同學進士。授光州知州。有惠政。終兵部員外郎初作刑部後改兩書只云一煜兵部郎中一燝。大學士。自有傳。一煜子鴻謙。亦舉進士。爲池州推官。兩書均無

葉春及（王稿列傳第一百八艾穆傳中附數語目錄不載其名　明史列傳第一百一十七艾穆傳附目）

葉春及字化甫（兩書均不載其字）歸善人。自幼（旁有爲諸生三字後抹去）立志矯然不隨流俗隆慶初由（原作舉後抹去）鄉舉授福清教諭。未赴。上書陳時政。曰端治本。曰正士習。曰糾官邪。曰安民生。曰足國用。其目二十有五。纚纚三萬言。都下翕然傳誦（兩書由鄉舉授福清教諭上書陳時政纚纚三萬言）既之官。教先孝悌忠信。其所執持。大吏莫能奪也。遷惠安知縣。勤恤民隱（初作于民事）。至廢寢食。毀淫祠五伯。務以正道廸民。民訴賦不平。輒鉤較境內田均之。以是忤勢要。將投劾去。會擢賓州知州。士民乞留。巡撫劉堯誨（下有爲代二字抹去）請以新秩知縣事部議不允乃赴賓州。既入境。意有所不樂。輒自引去。所司遂劾以逃。坐削籍。後復寘之察典。家居授徒著書。（初作學日益輟）從游者日衆。有司爲闢石洞書院。置産贍其（初作以給）生徒。聲聞益廣。朝右多推荐之。終格於例而止。（兩書均無以上之文）萬曆十九年。四川巡撫艾穆初拜官。舉春及暨周應中自代。（王稿艾穆傳十九年秋擢右僉都御史巡撫四川故崇陽知縣周應中賓州知州葉春及行義過人穆舉以自代不報　明史同）會陸光祖秉銓。方搜揚側陋。起春及興國知州。未上。遷鄖陽府同知。旋入爲戶部郎中。榷稅都下。堅持法守。（初作　郎雖）中貴無所私。草疏請嚴覈九邊屯田。將有所措置。未及上而卒。春及剛方廉介。學行冠於一時。位雖不逮。嶺南人士率奉爲儀表云。（兩書無此一段明史止云終戶部郎中）

李　檭（王稿列傳第一百廿八　明史列傳第一百三十七）

此傳有兩篇一在汪應蛟等冊內一在朱燮元等冊內細審之蓋初稿改定之後又寫一清稿後又在清稿內加以刪削

李樗。字長孺。鄞人。曾祖循義。以諸生試督學。不得高等。請再試。立就滄海遺珠賦卞和泣玉論二篇。名大振。尋舉進士。歷（初作爲後改）御史。（初有終字後抹去）衡州知府。（兩書僅云曾祖循義衡州知府）祖生威。舉人。鳳陽推官。（兩書無舉人二字）

樗舉萬曆二十九年進士。授行人。三十六年。擢御史。（兩書無三十六年四字）時言路驟補七十餘人。爭擊故輔沈一貫及其（初有餘字後刪）黨。而樗與一貫同邑。獨（初作其陳事後刪改）時言一貫與沈鯉祇以通執稍殊。致生異論。言路遂指目樗爲浙黨。（初有給事中胡嘉棟奮疏詆之十字後抹　王稿言者爭擊故輔沈一貫樗言一貫與沈鯉通執稍殊衆論指樗浙黨　明史不載此事）明年。出爲廣東鹽法僉事。刻意持廉。日（初有食字後抹去）惟啖蔬菜。宿蠹盡釐。復條興革事宜。爲鹽政考。繼者莫能易。（王稿只云出爲僉事史例轉廣東鹽法僉事）明歷山東參議。陝西提學副使。復移山東參政。進按察使。（初此下云官山東久大得民心後抹去）並以清勤著。（兩稿歷山東參議陝西提學副使山東參政按察使）是時。趙煥秉銓。元詩教張延登居言路。擅朝政。皆樗部內人。（初作部下後改內）以樗雅不附東林。數相推引。（王稿趙煥秉銓元詩教張延登居言路數相推引　明史無此段）四十七年秋。擢（初上有途字後抹去）右僉都御史。巡撫貴州。部下多土司。苗仲好作亂。（初作一歲數反後改）前（初作先任）巡撫張鶴鳴用䇿五年。僅乃克之。甫去任。清平興隆平越諸苗復出掠。（初下有詔使頒孝端皇后哀詔者亦被劫句後刪）樗至。發兵討破之。（兩書均無此段）貴州宣慰同知安邦彥者。宣慰使安堯臣族子。堯臣死。子位年幼。（初有未襲二字後刪）其母（初作妻）奢社輝。永寧宣撫奢崇明女弟也。（初無也字後增）代領其事。邦彥遂耑兵柄。會朝議徵西南兵援遼。邦彥素桀黠好亂。欲（初作謀）乘以（初作此）起事。（初有乃字後刪）詣樗請行。樗知其叵。（初作不可）諭止（初無止字後增）之。（初作曰朝廷養軍數百萬何遽以一隅之亂遠煩汝兵後刪去）邦彥計沮。歸益糾黨治械（初作繕器）爲反謀。（初有大章二字後刪）樗憂之。累疏請增兵益餉。而中朝方急遼事。悉置不問。（王稿貴州宣慰同知安邦彥者宣慰使堯臣族子堯臣死子位年幼其母奢社輝永寧宣撫奢崇明女弟也代領其事邦彥遂專兵柄會朝議徵西南兵援遼邦彥素桀黠欲乘以起事詣樗請行樗諭止之邦彥歸益爲反謀樗累疏請增兵益餉中朝方急遼事置不問　明史大致同惟子位幼句無年字其母奢社輝下接代領其事再云社輝永寧宣撫奢崇明女弟也）會樗遇劾。（初作言路有劾樗者後改）六疏乞休。（初作樗遂六疏乞休　王稿會樗被劾六疏乞休　明史會樗被劾乃六疏乞休）天啓元年八月。始得請。（兩書此下有以王三善代句）而崇明（初有奢字後抹）已反於重慶。隨陷遵義。（初有報至二字後刪）貴陽大震。橒慨然曰。上固許我去。如封疆何。遂（初有強字後刪）起視事。（王稿而崇明已反重慶陷遵義貴陽大震橒慨
留視事　明史同惟崇明上多一奢字）時城中兵不及（初作止後改）三千。倉庫虛殫。（初作又不宿飽嗣改倉庫若洗後又抹若洗字）馳書貸之（初作稱貸）雲南湖廣。得（初有餉字後刪）銀四
萬有奇。乃募鎮筸兵及義勇兵四千。（初作鎮筸兵三千義勇一千後改）儲米二萬石。（初有市火藥鉛鐵各萬餘千米二萬石句後刪改）治戰守具。（初作爲戰守計　王稿時城中兵不及三
千倉庫虛殫橒與巡按御史史永安貸雲南湖廣銀四萬有奇募兵四千儲米二萬石治戰守具　明史同惟倉庫虛殫作倉庫空虛）而急遣總兵官（初無官字）張彥方都司許成名黃運清監軍副使朱芹提
學僉事劉錫玄等援四川。（初有彥方等三字後刪）連戰皆捷。（兩書作屢捷）遂復遵義及綏陽湄潭眞安桐梓諸縣。（兩書無諸縣二字）其時。邦
彥猶觀望。陰連苗仲。日焚刼村堡。守臣懼激變。不（初作無）敢加兵。十二月。邦彥復（初無復字）率（初有部下目把及羅鬼凡八字後抹去）數千
人（初有復字後抹刪）詣橒獻取奢賊之策。請十萬金犒師。（初有意字後刪）欲遂襲居貴陽。（初有如奢賊據重慶故事八字後刪）橒知其謀。止畀七千金
而勒兵嚴爲備。邦彥不敢動。（初有竟字後刪）怏怏去。（兩書不載此段）二年正月。或傳崇明（初作奢賊）已陷成都。（兩書均無已字）邦彥遂挾安
位反。自稱羅甸王四十八支（初作枝）及他部頭目安邦俊（初有魯連安若山二人後抹去）陳其愚（初有陳方典李希堯二名後亦刪）等蠭起應之。（兩書作相應）雲南
霑益土目安效良亦與通謀。（兩書烏撒土目安效良亦與通）邦彥首襲畢節。（初有陽稱報效四字後刪）都司楊廷明（初有知其詐勒兵五字後刪）固守。擊斬數百
人。效良助之。城遂陷。（兩書效良助邦彥陷其城）將士三千人俱沒。（王稿同　明史作廷明敗沒）賊遂分兵（初有攻字）陷安順平壩烏撒。（初作破安順署府事推官
徐朝綱死之又陷平壩指揮金紹勛死之陷烏撒參將尹啓易走指揮管良相死之後刪改　王稿明史無烏撒二字）效良亦西陷霑益。（初作遂率所部西陷霑益後刪去四字）而邦彥自統水西軍及羅鬼苗仲
數萬人。（兩書無人字）東渡陸廣沙。（初作攻陷甕安及龍里指揮龍里故後刪）直趨貴陽。別遣王倫等下甕安。襲偏橋。以斷援兵。洪邊土
司宋萬化糾苗仲九股（初有攻字）陷龍里。（初有故守備劉皐及子景武訓導劉三畏死之後刪）橒聞變。（初作賊遂趨貴陽後刪改　兩書作橒永安聞變）亟議城守。（初作集諸司及縉紳里居者後改）時
二司及貴陽府正官（初作知府）咸入覲。（初有橒急集巡按御史史永安等議守禦策句後改）總兵張彥方鎮銅仁。都司黃運清駐遵義。城中文武無
幾人。（兩書會藩臬守令咸入覲而彥方鎮銅仁運清駐遵義城中文武無幾人）乃分兵爲五。（初作連營待之北門最衝橒自當之東西南及次南門則令僉事劉）錫玄及（初無及字）參議邵應禎都司劉嘉言故
副總兵劉岳連營分禦（初有之字）四門。以北門最衝。橒自當之。而巡按御史史永安專居譙樓。（兩書作分禦四門橒自當北門之衝永安居譙樓）團

街市兵防內變。學官及諸生亦督民兵分堞而守。（兩書無而字）部署既定。猶有言賊可撫者。比使者往。悉受辱（初有而字）還。二月七日。賊遂長驅而至。（初作扼城下）望北城外旗鼓。知㯖所在。盡銳來攻。（兩書僅云賊至盡銳攻北城）㯖急購壯士。迎戰敗之。（兩書㯖迎戰敗之）賊轉攻東門。（兩書無賊字）亦（兩書無亦字）爲錫玄所却。（初有士氣稍奮四字後刪）日暮。賊來益衆。鎭筸兵（初有二千餘人四字後刪）多曳戈走。㯖等乃（初無乃字後增）收衆入城。明日。賊據城西高坡。投矢石如雨。應禎不能支。城幾陷。㯖急發大砲擊之。死者數百人。賊（初有爲字）奪氣。（王稿無此段僅云持數日賊多死明史並無持數日二語）乃日夕分番馳突。（初有聲東擊西四字）以疲官兵。㯖曰。賊欺我不能出耳。十六日。（初有侵晨二字）簡精卒三百。（初有人字後刪）凌晨。（此二字後增）突出。（初有出北門掩其不備七字後刪）賊驚却。（王稿城突出精卒中賊賊驚却明史無）自是不敢薄城。（兩書均無）爲樓（初作乃爲廂樓）高三丈許。外布重革。中藏健兒（初作賊）數十人。推轆轤臨城。又用婦人雞犬爲厭勝。（初有法字後刪）砲（初作矢）石不能加。（初作入）城中皆哭。（王稿乃爲三丈樓臨城用婦人雞犬厭勝術明史無乃字）㯖命烹一彘。雜斗（初作以）米飯。投之城外。飼雞犬。而張虎豹皮於城樓。以祓之。（初作不祥）乃得施砲石。（初作砲石遂得入飼雞犬而張虎豹皮兩書永安烹彘雜斗米飯投于城樓以祓之乃得施礮石）夜縋死士。（夜上初有又字士下有持火藥三字）從樓下燒之。（兩書夜縋死士燒其樓）賊盡死。又（初作乃）作竹籠萬餘。實土壘之。高踰埤堄。（初有將用以乘城城中益恟懼二語後刪）（兩書又上有賊字土上無實字）㯖急撤大寺鐘樓建城上。（兩書㯖作永安）賊（初有知不能得志五字）棄籠去。官軍出燒之。自是數耀兵城下。邀賊（初作其）糧。（初有掠地宅溪而還六字後刪兩書數出城邀賊糧）賊怒。（初作憤城久不下）盡發城外塚。（初有墓字）棄其屍。分兵遍焚（初作掠）村砦。（初有焚戮無遺四字兩書賊怒盡發城外塚遍燒村砦）又先後攻陷廣順州（兩書廣下脫順字）普定威清普安安南諸衞。（初有廣順知州鄭鼎普定指揮王明重（一作黃明重）威清指揮丘述堯皆守（本作殉）義死其圍普安也雲南都司李天常將兵四千赴救賊將羅應奎僞降誘至疊水鋪伏發全軍皆沒後抹去）貴陽迤西數千里。盡爲賊有矣。（王稿貴陽西數千里盡爲賊有明史作盡爲賊據）方貴陽初被圍。（初作先是二月末）彥方（初作總兵張彥方）運清（初作都司黃運清）合兵來救。（初作合兵二萬）敗賊於新添。（初作抵新添擊敗賊衆）賊誘入龍里。二將戰敗。（兩書初被圍彥方運清來救敗賊于新添賊誘入龍里二將皆敗）四月。（兩書無）賊縱之入城。曰。使耗汝糧。（初有援兵至而圍不解句後抹去）是時。（初無此二字）城中益困。（兩書城中果大困）而川貴總督張我續新任巡撫王三善並擁兵不進。（初作救兩書無而字）㯖（初有及字）永安連疏告急。（初有趣進兵三字）兵部及廷臣亦屢言之。詔旨督責甚急。

且命雲南廣西發兵應援。而我續等卒觀望不進。三善且（初有從容二字）遣使議和。後不得已。我續乃至夔州。（初有遠避二字後改避後又刪）移辰州。三善則自沅州進（初有至字）卒越。以聚餉爲辭。仍頓兵不進（王稿詔旨督責之我續等卒不進明史僅有詔旨督責之五字）初。彥方等（初有之字）入城。（初有也字）衆（初作諸人）皆喜。標獨憂之。曰。倉儲幾何。能堪此輩坐耗。二將兵號二萬其實不及八千。而（初作二將各以萬四千人報縻餉無算）日索萬四千人餉。（初有二將又不任鞍馬日議刼營奪餉竟不成行及嘗字）連三日出城。頗有斬獲。（初作殺傷）賊遂收保宅溪。（王稿會彥方等出戰頻得利賊退保宅溪明史作澤溪）標（初有時字）深憂食盡。（初作不憂賊而憂兵以兵益多則餉難繼嗣改而憂兵爲而憂之餉後均抹去）與（此上初有乃字）錫玄謀（初有下令二字）去兵。遣裨將商士傑等（初有以八二字）率所部九千人分往威清新添二衛。運清有難色。標按劍叱之。曰。違令者斬。將士乃涕泣就道。（王稿標永安乃遣裨將商士傑等率九千人分往威清新添二衛且乞援兵明史無標永安三字）時賊謂城必拔。欲坐困之。乃沿山爲營（初有遍置木三字）柵。隔遏（初作絕）內外。間數日。或踰旬。始一攻城。（初有攻字）輒敗去。（初有官軍亦間出城有所斬獲十字後抹去沿山列營柵隔內外間旬日始一攻輒敗去）（王稿賊謂城必拔明史作一來攻）至六月。副總兵徐時逢參將萬（初作范）仲仁帥師來援。（初作救）遇賊于（初有新添之三字）甕城河。相持食盡。仲仁兵六千先逃。賊乘虛橫擊。衆軍悉潰。諸將馬一龍白自强等殲焉。自是（初有四方二字）聲援俱絕。（王稿副總兵徐時逢參將萬仲仁來援遇賊甕城河食盡仲仁兵先逃賊乘虛擊之軍盡潰諸將馬一龍白自强等殲焉援遂絕明史萬作范無食盡二字仲仁下作戰不利時逢擁兵不救遂大敗身强作自强）及七月。（初作已）賊聞三善將進兵。急欲拔城。（初有七月中旬四字）夜（初有將盡遣健卒舁六字）乘長梯（初有乘字）而上。城內間諜（初有應之二字）殺守卒以應。（初作數人）爲邏者所覺。乃擊退。（王稿賊聞三善將進兵益日夜攻明史攻下有擊字）八月。詭（初作假）稱仲家鬻米。入南門營中舉火。（初有亦爲守者擊退句後抹去）九月。復梯而上北城。並爲守者擊却。十月初。賊乃架木（初作據）高坡。俯瞰南城。標募死士燔之。火五日夜乃盡。又（初作賊復）於西城外石坡積薪木。（初有冀壙實得安步乘八字後抹去）將履之登城。亦被（初作爲壯士所四字）燔。賊盡攻擊之術。城卒不拔。（初有賊計亦窮句後抹去募死士燔之火五日夜賊盡攻擊之術）（王稿架木高坡以瞰南城標永安明史不載此段事）乃遣人大呼（初作叫）城下。（初有令字）官軍讓城。賊即讓路。（初有送撫按出境五字）標等（初有若不聞三字）守彌固。而城中人實困甚。里居搢紳再出城（初有議字）撫諭。並受謾詞而歸。十一月。（初有城上喊聲甚震六字後刪）賊已登陴。天（初無此字）將曙。（初有賊字）忽自退。明日。（初有賊復擁三字）梯而（初無此字）登。（初有東城二字）城上只餓卒六人。

荷戈强起。賊纔殺一人。初作卒 倏驚退。躡梯失足。死者無算。賊大駭。初作訝 謂城中人尚有精兵數萬。遂退去。初作城中人已餓死乃尚有無數精兵其實戍卒無幾皆飢疲不任擊賊後删去 蓋若神助云。王稿已登陴天將曙忽自退明日梯而登守城者只饑卒六人荷戈强起賊纔殺一人倏驚迴墮梯死者無算賊大駭疑城中尚有精兵數萬云 明史長梯蟻附城幾陷者數矣標奮臂一呼士卒雖委頓皆强起斫賊賊皆顛蹶死城下 時三善被嚴旨。此下有且得永安蠟書六字删 乃大舉直搗重圍。連戰皆勝。賊大奔。十二月七日。師直抵城下。圍始解。標乃辭兵事。解官去。三善既破賊。我續無寸功。乾沒軍資六十萬。言官交劾。解職候勘。我續邯鄲人。刑部尚書國彥子。其後魏忠賢用事。夤緣起戶部侍郎。進尚書。名麗逆案。為世大詬。此段初作初張我續既移辰州朝議以去貴陽遠屢趣進師皆不應後兩遣偏師往又逗遛不進我續故以奢賊亂特遣督師及抵四川朱燮元已破賊我續無寸功及是奉詔援貴州為奪詞焰中朝且乾沒軍資六十萬言官交劾解職候勘以勛陽巡撫楊述中代我續邯鄲人刑部尚書國彥子後魏忠賢用事我續復夤緣為戶部侍郎進尚書名麗逆案為世大詬而三善之駐平越也永安數馳蠟書力詆嚴旨責勒刻期進兵三善乃大舉直搗重圍連戰皆勝賊大奔十二月七日三善師直抵城下圍始解標等出城相勞苦將士咸慶更生標乃辭兵事解官去 王稿王三善屢被嚴旨乃大舉破重圍而進十二月七日師抵城下圍始解幾一年矣標乃辭兵事解官去三善既破賊我續無寸功乾沒軍資六十萬言官交劾解職候勘我續邯鄲人刑部尚書國彥子其後魏忠賢用事夤緣起戶部侍郎進尚書名麗逆案 明史王三善屢被嚴旨乃率師破重圍而進十二月七日抵貴陽城下圍始解標乃辭兵事解官去以下均同王稿惟其後夤緣魏忠賢句不同 方圍城之急也。城中糠覈草木敗革皆充食。初作方城之受圍也十月中公私食已罄至茹糠覈嚙草木糞食敗革 初食初作及 死人肉。後乃食生人。至親屬相噉。此五字旁添 彥方運清部卒公屠人市肆。初有卒利二字 斤易銀一兩。初有一斤價一兩乃至親屬相食里居參政潘潤民倡義捐貲助餉協城守甚力所生止一女亦為士卒烹食知府周思稷至自殺以饗軍等語後抹去改為有小校言城北有無主婦女數十人可令卒殺食標怒曰我不能禁殺耶寧先殺我家屬校懼而走標知城必下授家人刀繯急則令自盡且盡燔書籍冠服曰吾當闔室自焚誓不汚賊手也至城將破升米值銀二十兩乃至親屬相食後又抹去 參政潘潤民。里居倡衆助餉協城守甚力。所生只一女。猶為士初作飢 卒掠食。知縣初作府 周思稷至自殺以饗軍。升米值白金二十兩。標自誓必死。盡焚其書籍冠服。預戒家人。急則自盡。皆授以刀繯。始城中民戶十萬。至是僅餘二百人。卒無叛志。此三字後添 以保孤城。皆初作蓋 標及永安錫玄初有之字 功。初有並著云三字後抹去 王稿方圍急食糠覈草木敗革皆盡遂食死人肉後乃生食人至親屬相噉彥方運清部卒公屠人市肆斤易銀一兩里居參政潘潤民一女被食知縣周思稷至自殺以饗軍升米白金二十兩標盡焚書籍冠服預戒家人急則自盡皆授以刀繯城中戶十萬後僅餘二百人孤城卒定皆標及永安錫玄功 明史方官廩之告竭也米升值二十金食糠覈草木敗革皆盡食死人肉後乃生食人至親屬相噉彥方運清部卒公屠人市肆斤易銀一兩標盡焚書籍冠服預戒家人急則自盡皆授以刀繯城中戶十萬圍困三百日僅存者千餘人孤城卒定皆標及永安錫玄功 始標等在圍中。熹宗用都御史鄒元標請。進標兵部右侍郎。初作都御史鄒元標以標等抗守請進秩示勸帝可之後删改 永安太僕少卿。錫玄右參政。王稿熹宗用都御史鄒元標言進標云云

言明史作請 至是功當再敘。而御史蔣元儀中浮言。謂 初作劾後作言均抹去 安位襲職時。標索其金盆。致起釁。章下貴州巡按 初有御史二字 侯恂覈。未報。御史張應辰力頌標功。請優擢。帝付之所司。既而恂覈上。力白其誣。帝以責允儀。允儀既委風聞。復詆標甚力。所司竟抑 初有其功二字後抹去 弗敘。 王稿及圍解當再敘功御史蔣允儀言安位襲職時標索其金盆致啓釁章下貴州巡按侯恂覈未報御史張應辰功頌標功恂覈上亦白其誣帝責允儀允儀復詆標甚力 明史同惟無允儀復詆標甚力句 而貴陽之未圍也。 初作先是城未圍 永安欲出避。召錫玄榻前語之曰。事急矣。吾將親往諭止之。錫玄不能尼。 初作止 以咨標。標曰。御史固無守土責。然舉動不可輕。貴陽去水西七百里。能以單騎自達乎。且御史自度威望果 初作得 如郭令公否。此言將無謾人。永安乃不果行。其秋。外圍急。永安復欲出。抵書錫玄告之。再 初作復 以標言而止。自是深 初作遂 銜兩人。而錫玄當 初有圍城二字 絕食時。議發兵護標永安出城。身留 初有城中二字 死守。 初有議未決而還至是永安還朝二句後改議未決而罷後三人意氣相失後刪去 後錫玄微露 初作詆嗣改誚均抹去 永安前謀。 初作棄城欲遁 永安大恚。因詆 初作謂 錫玄議留身守城。實欲輸 初作獻 城於賊。遂騰疏攻之。 初有且字 并詆 初作侵 標與謀。 初作善策協謀獻城 兩人 初作標錫玄皆 上章辯。希并付所司。 王稿初永安遣運清出往新添平越趣援兵懼其不濟欲出城督之錫玄遂（明史無遂字）疑永安有去志以咨標標止永安及錫玄當絕食時議發兵護標永安出城身留死守永安亦疑錫玄（明史此下有而字）運清因交搆其間三人遂相失永安詆錫玄議留身守城欲輸於賊標亦與謀兩人上章辯明史大致同 吏部尚書趙南星 此句上初有於是二字 左都御史孫瑋等。力爲二人解。而言永安 初有守城二字 功第一。當不次大用。標已進官。當召還。錫玄更當優敘。詔可之。 初稿作錫玄已進參政更當優敘後刪已進四字 兩書均有已進四字 然標竟不召。 此五字初稿無 錫玄亦無他擢。時二人並還里。獨永安在朝。其鄉人居言路者。又力爲推轂。 兩書無此句 連擢太常卿。右僉都御史。巡撫寧夏。再以兵部右侍郎。總督三邊。而標及諸將吏功訖不敘。 初稿詔可之下接永安山東武定人有才智其鄉人居言路者咸推戴之是時惟永安在朝而標錫玄並還里故永安得據爲己功連擢太常卿而標坐金盆之謗竟不召 六年秋。御史田景興復頌標功。不納。 兩書無復字 崇禎元年。給事中許譽卿再撫金盆事。劾標。帝 初有方綜覈功罪五字 召廷臣咨之。 初作於對廷臣面咨之 譽卿力持前說。 兩書同惟再撫作再以召廷臣句作召咨廷臣無譽卿力持六字 獨御史毛羽健爲標解。 初作力言其誣而言金盆風聞無實後抹去旁注頌標守城功五字 乃下廷臣平議。吏部尚書王永光等議如羽健言。且曰。既經言官指摘。

義難再出。初有應免議三字後抹去兩書無且曰以下語給事中余昌祚助譽卿。言會議非公、金盆有據。幷詆羽健曲庇。帝疑之。
王稿無助譽卿及疑之五字明史僅云余昌祚詆羽健曲庇下川貴總督朱燮元等再覈。羽健乃上疏曰。今之苛求標者。初作謂李標無功者謂雖有全城之
功。難揜啓釁之罪。不知標非啓釁者也。安位之母。即奢崇明之妹。崇明遣子寅寇蜀。位即遣邦彥寇
黔。同謀已久。何名激變。當貴陽告急之時。正廣寧新破之日。舉朝皇皇。已置貴陽初有於字不問。後知李
標不死。孤城尙存。始命王三善往救。比三善至。而貴陽圍已十月矣。初有當字安酋初發難時。志不在小。
崇明欲取成都作家。邦彥欲圖初作取貴陽爲窟。初作作家因結烏蒙烏撒。西取雲南。復分道東下。擾偏沅荊襄。
向非標力扼其衝。東南塗炭。何可勝言。故初作臣謂標之守貴陽。直可方張巡之守睢陽。然睢陽終陷。初有於賊二字
而標卒全城。以報天子。雖謂功過古人可也。初下有至字按臣永安自初有貴陽二字解圍後。不二三載。驟躋初作擢卿初作樞
貳。督師三邊。近且以媚逆奄稱功建祠。爲臺臣劾罷。而標則投閒林壑。夢斷長安。天下初有豈字有權奇磊落之
男子。而肯染指賄賂乎。且既不錄初有標字功。亦已甚矣。奈何更以初作執永安之謗書。爲標之罪案。若夫金盆
之說。發自初有臺臣蔣三字允儀。當年既自承風聞。今日何執爲實事。希陛下垂初有聽而鑒三字察。初有焉字報聞。王稿羽健乃上疏曰安位母即
奢崇明妹崇明遣子寅寇蜀位即遣邦彥寇黔同謀已久何用激變當貴陽告急正廣寧新破之日舉朝皇皇乞置不問後知標不死孤城尚存始命王三善往救比三善至圍已十月矣安酋初發難崇明欲取成都作家邦彥欲圖貴陽爲窟西取雲南東擾偏沅荊襄非標扼其衝東南盡塗炭標守貴陽遠可方張
巡之守睢陽近可方朱燮元之守成都袁崇煥之守寧遠乃按臣永安不二三載躋卿貳督師三邊而標則投閒林壑又以永安謗書爲標罪案金盆之說發自允儀當年自承風聞今何爭爲實事　明史同惟首作安奢世爲婚姻同謀已久奢寅寇蜀邦彥即寇黔何用激變比三善至圍已十月矣作至則圍已十
月東南盡塗炭下即接乃按臣永安句末二句作當年已自承風聞何至今猶執爲實事是時貴州人深德標。聞標被謗。爭爲訟寃。兩書貴州人亦爭爲標訟寃燮元乃偕巡按御史趙洪
範交章雪其枉。帝以咨閣臣。周延儒言。允儀臣里人。初有臣字不敢以其言爲是。羽健嘗劾臣。不敢以初有其言二字
爲非。帝意乃釋。標事始大白。王稿大學士周延儒言允儀臣里人不敢以其言爲是羽健嘗劾臣不敢以爲非標事始白明史不載延儒語止云標事始白九年冬。始敍守城功。初作後敍功
止進一秩。初有進秩一級賚銀幣。亦不予廕。時議以爲薄。初作然竟不召用久之。卒於家。初作卒於家久之贈太子太保。兵部尙

書。諡忠毅。兩書九年冬敍守城功進一秩賚銀幣久之卒於家不及贈諡 錫玄長洲人。起家進士。圍城中與標協心守禦。功最多。兩書無起家以下語 崇禎中。嘗一履寧夏參政任。即引歸。初作後但進秩參政無殊擢而錫玄亦不復求仕 兩書但云崇禎中任寧夏參政 性好禪學。淡於榮利。既老。託身方外以初作而終。兩書無此數語 王稿永安武定守城功最大以在邊時建魏忠賢祠不爲人所重云 明史永安武定人共標城守功多以在邊時建魏忠賢祠後爲御史寧光先論罷不爲人所重云

沈儆炌 閔洪學

王稿列傳一百二十八附蔡復一傳明史列傳第一百三十七附蔡復一傳

沈儆炌。字永叔。歸安人。父子木。由進士歷官初有右副都御史巡撫山西召爲兵部右侍郎被劾調南京太常卿召爲廿六字 通政使。以初作憫 建文帝不獲世釁。初作廟祀 請於懿文太子廟側。別建一廟奉祀。議雖不行。識者初作時論 韙之。終南京右都御史。兩書僅云父子本官南京右都御史 儆炌舉萬曆十七年進士。歷禮部郎中。出爲二字旁注 福建提學副使。初有較士嚴明四字 以右參政分守建寧。莅政嚴明。士民畏服。屢遷河南左布政使。初有持憲得體屬吏畏憚就遷按察使右布政使以父憂歸起補江西改河南爲左四十四年云云後抹去 舉治行卓異。召爲光祿卿。王稿舉萬曆十七年進士官河南左布政使以志行卓異召爲光祿卿 明史登萬曆十七年進士歷河南左布政使入爲光祿卿 四十七年。以右副都御史巡撫雲南。故事。雲南歲貢黃金三千兩。神宗詔增二千。商民甚初作益 困。及初作至是 光宗新政。儆炌請如故額。疏至。而熹宗已繼統。初作新立 即可其奏。王稿神宗詔增歲貢黃金二千儆炌方疏爭會光宗即位如其請 明史神宗下有末字疏爭上無方字光宗即位作光宗立 藺甸初有巨字 寇時出剽掠。至初作及 是初有酋官二字 乞降。儆炌初有納之二字 爲設兵置戍。患乃弭。初稿此段上有土府東川地鄰（一作壤接）雲南數爲患而地實隸四川儆炌請土官襲職時必雲南覈無侵犯方許受官庶蠻人知畏部議從之一段後抹去 兩書均不載東川藺甸諸事 雲龍州土舍段進忠。與族人嘉龍爭襲。不得。初有糾衆二字 殺嘉龍。據州治。初有幷字 侵掠永昌大理。儆炌檄金騰瀾滄二道討之。遂擒進忠。撫降其衆。王稿雲龍州土舍段進忠掠永昌大理儆炌討擒之 明史同惟進忠作進志 烏撒鹽倉土目安效良者。霑益土官安遠從父。水西安邦彥姻也。初有爲人二字 凶狡好亂。先謀襲居霑益。不遂。則遣其黨阿借擊遠於途。以救免。儆炌聞於朝。責效良縛

獻阿借。效良不奉命。益肆 初作復結黨 剽掠。 兩書亦無此段 會四川奢崇明反。安邦彥 初有欲效之三字 約效良及武定賊張世臣霑益土酋李賢東川土知府祿千 初作萬 鍾同時並起。邦彥女弟設科。 初作有土婦設科者 效良弟霑益土目效賢婦也。狡黠似其兄。亦謀舉兵。 初有相應二字 儆炌深憂之。時已擢南京兵部右侍郎。代者閔洪學未至。乃留治兵。天啓二年正月。邦彥果反。效良首應之。共陷畢節。效良復西陷霑益。 下有李賢亦聚衆陷平夷遠近大震二語抹去 儆炌方遣兵討效良。而羣賊一時蜂起。賢陷平夷。千鍾犯尋甸嵩明。世臣攻武定。設科掠曲靖。轉寇陸涼。遠近大震。 初作會城恟懼 參將袁善知府周仕國督土官沙源等。急擊千鍾於嵩明。大破之。再戰尋甸。賊復敗。遁歸東川。參將李思忠等亦敗世臣武定城下。而設科爲副使黃似華等所破。引去。官軍遂復霑益平夷二城。無何霑益賊補鮓反。連犯亦佐越州羅平。時儆炌方遣兵援貴州普安。未發。 初有而警報已至句 遂分兵敗賊越州。又破之羅平。賊悉衆遁。而 初作會 新撫洪學亦至。乃以兵事委之而去。 初稿作天啓二年春水西安邦彥反效良率衆應之儆炌急遣參將楊明廷助守畢節旋陷沒又遣都司李天常援普安天常亦敗沒效良遂西陷霑益遣其黨李賢攻陷平夷遠近大震東川烏撒土酋及尋甸武定逆黨並時響應東川土官知府祿千鍾遂率衆攻尋甸及嵩明儆炌遣參將袁善擊却之賊黨張世臣攻武定爲參將李思忠所却而賊魁設科乃屢犯曲靖監軍副使黃似華參將尹啓易督兵奮擊賊亦引退儆炌乃遣兵收復霑益再復平夷部內漸無事無何霑益土酋補鮓反舉兵犯亦佐又犯越州及羅平遠近復大擾時儆炌方遣袁善等諸軍合討安邦彥東援普安未發而賊警報復至諸軍遂以次擊破之先是儆炌已擢南京兵部右侍郎久之代者閔洪學始至乃以兵事委之而去後以朱墨鉤抹 王稿安邦彥反諸土目並起安效良陷霑益李賢陷平夷祿千鍾犯尋甸嵩明張世臣攻武定邦彥女弟設科掠曲靖轉寇陸涼儆炌起故參將雲南人袁善令督（明史率）守備金爲貴土官沙源等馳救嵩明大破之賊轉寇尋甸復大敗去乃請復善故官與諸將分討賊數有功會儆炌遷南京兵部右侍郎而代者閔洪學至乃以兵事委之去 明史同 四年拜南京工部尚書。明年。爲 初作以不附三字 魏忠賢黨 初作爲其黨三字 石三畏所劾。落職閒住。崇禎初。復官。 初作之 卒於家。儆炌從父子來。及兄儆焞。俱萬曆八年進士。子來終貴州副使。儆焞工部郎中。儆炌子胤培。亦舉進士。歷禮科都給事中弘光時。爲祖父請謚。詔贈子木恭靖。儆炌襄敏。 王稿子胤培禮科都給事中福王時爲祖父請謚詔謚子木恭靖儆炌襄敏 明史僅云子允培禮科都給事中 洪學。烏程人萬曆二十六年進士。累官福建左布政使。天啓元年十月。以右副都御史巡撫雲南。 兩書均無 至則 初作時 羣盜猶未靖 初作雖暫戢服 設科尤號猖獗。 初作獨設科猖獗自如後删改 二年。 初無此二字 七月。陷 初作寇 亦佐。 初有亦佐故無城知縣封存章先遣二句後抹 八月。犯越州。九月。圍羅平（初有不克攻陷四字）烏撒。十月。陷霑益。（初作復犯霑益尋引退復攻陷之）轉寇師宗。而亦佐營長安應龍。亦（初作復）合補鮓爲亂。十一月。再（初作攻）圍羅平。與其黨阿九分領上下五營。勢張甚。洪學調集土漢兵。以三年正月。擊賊黑耳砦。（初作塞）盡降其衆。遂移兵破師宗賊。（初作解羅平圍三戰皆勝擒賊首阿勒已而圍復合官軍乘勝擣之四月俘應龍妻子應龍逃入普安復逃烏撒後抹去）二月。解羅平圍。三戰皆勝。應龍遁歸其巢。官軍乘勝復亦佐。（初有擒土叛婦隴氏句）應龍（初有益懼二字）竄（初有入字）普安。四月。官軍俘其妻女。諸叛賊相繼（初有出字）降。咸質子輸賦。（初有復爲良民四字）洪學乃議擒設科。（初有是時設科已歸霑益句）用守備郝太極言。使僰人段起麟夜襲設科于霑益別砦。擒以歸。（初作守備郝太極欲圖之以僰人段起麟可使洪學等授以計九月起麟偵知設科在別砦夜襲之遂擒以獻）並獲其黨李賢。餘賊多就撫。（初作設科一婦縱橫千里官軍莫敢近至是賊黨失所依多出就撫）部內漸安。（此下初有自雲南抵貴州貴陽中經普安安南安莊普定平壩威清緒衛名上六衛爲東西孔道自安邦彥作亂土酋龍文治妻攻陷普安賊黨沙國珍羅應魁輩遂圍安南據關索嶺且阻截盤江內外東西道梗洪學既解羅平圍等語後抹去）乃遣（初有洱海二字）參將謝存仁參將袁善。（初有游擊許成名五字）將兵東援。（初有九月二字）解安南圍。（初有十月二字）復普安及新興。（初有十一月三字）破八納。馘盜（初作賊）魁尹王保。于是羣盜（初無此二字）國珍（初有應魁二字）等震讋。（初作悚懼）肉袒詣（初作赴）存仁（初作軍前）降。（初有存仁數其罪而赦之諸賊稽首受命存仁單騎詣賊營安輯其家等語）存仁等遂通道貴陽而還。（初作比還諸酋伏謁道旁請如故復站走馬自是上六衛始通）無何。貴州巡撫王三善敗沒。諸賊復雲擾。洪學（初有急字）遣守備張雲鵬土官普名聲等擊破哈馬谷賊。犁其巢。又破水西賊之入普安（初有州字）者。追奔百餘里。還復遇賊三營。再擊破之。（初有羣賊乃稍戢句兩書洪學既至復用善賊陷普安圍安南善攻破之通上六衛道王三善之歿六衛復梗善護御史傅宗龍赴黔道復通）臨安（初有有字）新平縣（初有者字）故丁苴白改蠻窟（初作巢穴）也。萬曆十九年。賊平。始置縣。自後反者五起。至是。其遺孽復亂。延及嶍峨。洪學及（初作令）土官知縣祿崇功。自會城（初有率兵二字）赴救。賊遁去。轉掠石屏。時土官（初有知州二字）龍在田從軍曲靖。洪學遣（初有之字）還救。賊又遁去。已而益聚衆。謀再犯新平及新化。洪學遣游擊李思忠劉崇禮將兵討之。（初作窮勦）凡三月。賊徒幾盡。（初有餘悉就降四字）爲置戍設防。（初作列屯）賊乃（初作遂）靖。初祿千鍾既歸東川。勢猶盛。旁近五百里間。（初作四五千里間）幾無人跡。然千鍾年少。本無謀略。其繼母惡之。每陰輸其情。洪學與巡按御史羅汝元計遣使責（初作議）其縱賊。令縛獻自贖。千鍾佯爲恭順。獻賊數人。洪學（初有等字）因而撫之。（初有好言慰諭四字）千鍾見崇明邦彥舉事無成。亦遂戢服。
洪學等乃分兵扼險。輯流移。招反側。建堡置臺。有警收保。失業者給土田牛種。量收其（初有實字）入佐軍。
（初有興字）由是遠近悅服。賊魁楊化龍（初有史魯華三字）等十數輩。咸束身歸命。惟張世臣桀驁自如。（初有故字）武定知府胡其
慥。遣武舉李瑗招之。世臣留瑗砦中。自率銳卒數百。突抵武定城下。其慥出撫之。歸猶反覆不靖。洪
學等購之百方。卒不獲。乃命化龍以蠻兵千人。夜圍其寨。世臣復逃去。至四年七月。瑗乘間設奇。卒
（初作竟）斬世臣首。撫降餘（初作從）賊數千人。自是武定尋甸間。民得安枕。先是安效良首爲逆。後見羣賊失利。
邦彥亦累挫。乃遁歸烏撒。守臣因羈縻之。二歲間。不爲患。安應龍亦自普安歸之。（初作安應龍之走普安也後復走烏撒官軍數剿之）
（莫能得後抹去）至是效良乞降。洪學令擒補鮓應龍自贖。效良（初有不得已三字）遷延久之。果執應龍來獻。及使者還至曲
靖。副使王瑛遣兵襲殺之。效良恐。復懷異志。始霑益累遭（初作爲賊二字）殘破。軍（初作人）民一空。（初有官軍二字）遂棄不守。
會（初無此字）土（初有官字）知州安遠（初有亦字）卒。無嗣。洪學議令（初作命）流官領之。繕（初有復字）城郭。（初有招字）集流亡。（初有軍府粗定四字）將由此進
兵。合川貴共滅水西。（初有安字）邦彥（初有等字）聞之。懼。五年。夏。約效良及崇明。以五六萬人來寇。（此下初有布政使謝存仁副總七字後刪）
賴袁善（初有督宣撫使沙源守備吾必奎龍在田郝大極）等力戰。（初有五晝夜賊敗走霑益）城獲全。洪學爲巡撫五年。（初有外禦寇賊內撫軍民八字）勞績甚著錄功。（初作朝廷錄其功先）
加兵部右侍郎。六年。冬。召拜南京右都御史。卽以謝存仁代。（初有之字）時川貴巨寇雖未滅其在雲南者。已
征討略盡。（初有矣字）會魏忠賢好邊功。巡按御史朱泰禎希指。類奏（初有雲南二字）先後武功。（初有言將士大小一百三十三戰生執賊首及逆黨三百七十四人斬級四千
有奇宜三十一字後抹去）請告廟宣捷。大行賞賚。帝可之。于是司禮內閣兵部兵科皆（初作盡）進官廕子。洪學亦加太子太
保。世廕（初作官）錦衣指揮僉事。（初有視川貴戰功諭數等議者哂之二語後刪　王稿已而敗安效良予霑益又敗賊炎方馬龍七年御史朱泰禎核上武定嵩明尋甸破賊功大小一百三十三戰斬四千六百餘級請宣捷告廟從之魏忠賢等並進秩廕子
善加都督同知世廕錦衣指揮僉事崇禎初卒官　明史同　均似專重袁善非閔洪學傳也）莊烈帝卽位。洪學以病歸。崇禎三年。春。卽家拜左都御史。明年。代

王永光爲吏部尚書。時溫體仁秉政。洪學以同里。深相結。所用文選郎中蔡奕琛。又洪學郡人。三人益相朋比。（初有行私二字）不爲淸議所予。五年。秋。員外郎華允誠御史周堪賡路振飛張宸極劉令譽等。（初無此字）連章論列。（初作劾）洪學乃謝病去。卒于家。（據此文故兩書無洪學傳而側重于袁善然于雲南土司用兵事亦太略）

按烏程縣志。閔洪學。號念泉。戊戌進士。由刑曹歷官僉都御史。巡撫雲南。討羅平沙賊之亂。恢復霑益諸城。升右都御史。吏部尚書。其事蹟亦不詳。

何喬遠（王稿列傳一百二十四附洪文衡傳　明史列傳一百三十附洪文衡傳）

何喬遠。字穉孝。晉江人。萬曆十四（初作七）年進士。除刑部主事。歷禮部儀制郎中。神宗欲封皇長子爲王。喬遠力爭不可。同官陳泰來等言事被謫。抗疏救之。倭（初有賊字）躪朝鮮。石星許之封貢。倭益猖獗。二十二年。春。朝鮮使臣金睟泣言李如松與賊議和。禁國人不得抗拒。任其殺戮。致束手受刃者六萬餘人。沈惟敬交通倭賊。許以（初以皆曰）和親。而欺罔中朝。詭稱乞降悔罪。其詞多辱國。喬遠即據以上聞。（兩書石星主封倭而朝鮮使臣金睟泣言李如松沈惟敬之誤致國人束手受刃者六萬餘人喬遠即以聞）因進累朝（初作請亟止）制禦倭夷故事。且曰。願陛下特敕止封。數下樞曹。便成寢閣。帝得疏。頗心動。而（初有石字）星堅持己說。疏竟不行。（兩書因進累朝馭倭故事帝頗心動而星堅持己說疏竟不行）先是。肅王薨。其子請襲。尚書羅萬化謂當俟三年喪終。中貴納其賄。爲之轉求。喬遠固拒。且欲發其私書。事獲止。而中貴深銜之。（初有次骨二字後抹去于銜上加深字）其年五月。部中有公疏。（初有書疏者三字）誤遺喬遠名。法當停俸。中貴乘機激帝怒坐謫廣西布政使經歷。（兩書僅云坐累謫廣西布政司經歷）以事歸。里居二十餘年。中外交薦。卒不起。光宗立。召爲光祿少卿。

移太僕。時遼陽已失。王化貞駐廣寧。妄言當戰。（初作力主戰）中朝頗惑其言。喬遠力（初作極）言宜固守。不得輕戰。為畫守禦策甚備。疏出。御史施楳遽駁之。無何。化貞走。廣寧隨失。竟如喬遠言。（兩書王化貞駐兵廣寧主戰喬遠畫守禦策力言不宜輕舉無何廣寧竟棄）天啓二年。進左通政。徐鴻儒亂山東。官軍屢奏捷。喬遠請因戰勝之威。急救脅從。與之更始。帝褒納焉。（兩書均無此段）鄒元標之建首善書院也。（初作朱童蒙等之劾鄒元標也）給事中朱童蒙等劾之。喬遠上言。書院上梁文。實出臣手。義當并罷。（初作臣罷黜宜先）臣見先臣吳與弼羅倫陳獻章王守仁輩。國史野乘。多被詆諆。（初作醜詆）今其人品固在也。王世貞作直中丞詩。譏侮海瑞。謂龍逢比干非俊物。瑞曷嘗以此貶賢。（下有臣近語元標勸之去元標深以為然二語抹去）祈陛下亟允元標之去。（初作請）并放臣歸田。（初作屋）用抒言路之氣。疏奏。帝不許。（初作允）童蒙等（初作諸劾元標者）大恨。（兩書鄒元標建首善書院朱童蒙等劾之喬遠言上梁文實出臣手義當并罷語侵童蒙）其多（兩書無）進光祿卿。疏薦舉人晉江光縉。永春李開芬。諸生固安黃文炤。布衣海澄丁玉明。華亭陳繼儒。學行優長。卒不獲用。明年。冬。年老得疾。將告歸。適用為通政使。有議其因病獲遷者。（初作言者議其因病獲遷）遂（初作喬遠聞即日）出國門。引疾。葉向高（下有以同鄉三字勸）素重喬遠。親出郊輓之。喬遠不可。五疏力辭。乃（初作詔）以戶部右侍郎致仕。（兩書進光祿卿通政使五疏引疾以戶部右侍郎致仕）崇禎二年。（初作初）起南京工部右侍郎。（下有疏辭不允乃就道七字抹去）給事中盧兆龍劾其衰庸。帝不問。喬遠卒（兩書無此六字）自引去。卒于家。（兩書無此三字）喬遠性行醇實。（兩書無此四字）博覽。好著書。嘗輯明十三朝遺事。為名山藏。又纂（初作輯）閩書百五十卷。頗行于世。（兩書有然援據多舛云句）兄喬遷舉人。（初作與喬遠同舉鄉試）終大理評事。子九雲。（子上初有喬遠二字）與喬遠孫運亮。皆崇禎十六年（初作未）進士。九雲官庶吉士。運亮海康知縣。（兩書此無一段）

周嘉謨 明史稿列傳第一百二十一 明史列傳第一百二十九

周嘉謨。字明卿。漢川（初作景陵）人。隆慶五年進士。除戶部主事。歷郎中。出為（初作遷）韶州知府。（兩書作歷韶州知府）萬曆十年。遷四川副使。分巡（初作治兵）瀘州。甫至。即（兩書無此三字）窮治大猾（初作憝）楊騰霄。置之死。（初作法）有建武所者。（初作建武兵變）故都掌蠻地。蠻平。始設（初作置）軍府。其兵驕悍甚。總兵官沈思學始至。驟繩以法。士多受杖荷校。（初有以徇二字）且斥逐偏裨。代以親信。一軍大譁。燔思學廨。（初有舍字）投以戈。中首及肩。幸不死。又（初作而）欲殺其子弘猷。守備王繼先曲（初作撫）諭。乃止。越三日。復（初有鼓譟二字）阻兵觀變。（兩書僅作建武所兵燔總兵官沈患學廨）嘉謨聞。（初有急字）單車馳往。曉譬禍福。亂卒（初作軍）稽首聽命。一方以安。（兩書作單車諭定之）尋撫定（兩書無定字）白草番。督軍邛州灌縣。皆有方略。居五年。（初有感惠大著四字抹去）進按察使。移疾歸。連丁內外艱。服闋。起故官。（兩書久之起故官）稅監（兩書作榷稅中官）邱乘雲播虐。逮繫相屬。嘉謨檄所司一切（兩書無此二字）拒絕。又（兩書作而）榜殺（初作廉斃）奸民助虐者五人。（兩書無此二字）乘雲為斂（兩書無此字）戢。就遷左布政使。三十六年。（兩書無此四字）擢右副都御史。巡撫雲南。承武定用兵後。（初作時值武定肆亂之後）一意休息。（一字上初有嘉謨二字）民以不擾。雲南歲貢黃金五千。費帑銀三萬。時以阿克之亂。（初作叛）增兵三千有奇。餉無所出。（此四字旁添）嘉謨請即以（初作暫停）貢金充之。（初作即以充餉）不許。（自承武定至此兩書無）隴川宣撫多安民。先因將校（初作守臣）索賄。叛投緬甸。（兩書隴川宣撫多安民叛入緬）既而緬酋阿瓦聽守臣宣諭。送安民還。安民遂據蠻灣。（兩書僅作據蠻灣）桀驁滋甚。參將周會（旁有素恇怯三字抹去）信奸人李朝選詭稱內助。輒（初有調（後改集）兵九千四字抹去）遣指揮陳于陛馬廷輔將兵剿之。（初作將而討之）而已（初作己後改會後又改為已）遙駐隴川百里外。于陛等進兵。已克二柵。俄（初作會）蠻莫遣兵助安民。二將進止無所稟承。遂自潰。會中夜奔還。（初作遠奔）安民乘勝逐北。多所殺獲。事聞。會下（初作提）吏。副使黃文炳戴罪。嘉謨亦被鐫（初作譙）責。乃督將士（初作文炳等）聲罪討之。斬首數百級。獲安民。立其弟安靖。（初有散字）降撫餘衆。而還。（自既而以下兩書均不詳僅云嘉謨討禽之立其弟安靖而還）錄功。（兩書無此二字）進兵部右侍郎。巡撫如故。臨元游擊葉定遠。納賄。擅調兵。欲為土舍白麟報土酋張德勝侵地之讎。嘉謨廉得。（初有之字）按置之法。(兩書不載此事)黔國公沐昌祚先以罪貶爵黔寧伯。其家莊田自欽賜外。侵數至八千餘頃。橫征暴斂。致莊戶刼掠公行。昆陽昆明安南寧州嶍峨(初有等字)數十州縣。所在見告。(兩書僅云黔國公沐昌祚侵民田八千餘頃)嘉謨偕巡按御史鄧漢合疏刻之。請以田隸之有司。徵租轉解。如京師貴族莊田例。章久之不下。兵部尚書李化龍再疏趣之。始得請。先是昌祚以疾。(初作年老)奏令其子叡代鎭。自是並建二府。各置(初作收)爪牙。朘削軍民士官。人不堪命。後叡以罪逮死。(初作獄)昌祚貪緣近習。復請令其孫啓元代鎭。帝卽許之。嘉謨力爭不可。且列啓元罪狀以聞。帝猶不納。(初作許)兵部侍郎魏養蒙持之力。乃(初有解啓元任四字)令昌祚鎭守。解啓元任。(兩書僅云嘉謨劾治之復劾其孫啓元罪狀)四十一年。(兩書作久之)改督兩廣軍務。兼巡撫廣東。(初有等字)以三品六年滿。(兩書滿考)加右都御史。廣西土酋引交趾數千人侵犯內地。直薄上思州。官軍力拒之。乃(初作始)退。(兩書廣西土酋引交阯兵內犯官軍拒退之)嘉謨爲結營受降城。(兩書無此五字)增兵置戍。邊徼始有備(初作防以固)(兩書無)南海(南字上初有廣州肇慶南雄昭州惠州潮州六府歲祲乞蠲徵稅不允廿二字後抹去州慶雄及三州字後又將全段抹去)三水高要四會高明(兩書此下有諸邑二字)壞圩岸(初作三隄岸)萬九千餘丈(兩書無此六字)嘉謨以便宜留贖鍰築之。水患乃弭。(兩書僅云留贖鍰築之)四十四年。(兩書無)遷南京戶部尚書。尋召拜工部尚書孝定后(初作大行皇后)之喪。(兩書無之字)內廷宣索不貲。嘉謨言喪禮自(兩書無此字)有中制。不得(兩書作當)信左右之(兩書無此字)言。妄耗國帑不納俄改吏部尚書。神宗崩。(兩書作四十八年七月二十一日神宗崩)光宗踐阼已半月。(初作十六日八月丙午朔光宗即位)(兩書作)鄭貴妃猶(兩書無此字)據乾淸宮不出且要索欲封皇太后。(兩書作且邀封皇太后)言官楊漣左光斗(初有倡言於朝請五字)語諸大僚。請召貴妃從子養性。諭以移宮。且辭封太后。嘉謨等諾之。明日。百官議事(初有於字)松棚下。養性亦至。衆闢示大義。(初作諭養性)詞氣(初作義)嚴正。(初有而字)嘉謨更曉以利害。語尤切。(初有摯字)貴妃聞。卽移慈寧宮。封后事亦寢。(兩書作嘉謨從言官楊漣左光斗等言以大義責貴妃從子養性示以利害貴妃乃移慈寧宮封后事亦寢)時(此字上初有何帝疾甚召見大(初作廷)臣於禁中(初作於內寢)十一字抹去兩書無時字)外廷盛言(初作臣)貴妃進侍姬八人。致帝得疾。(兩書作外廷皆言)嘉謨因召見。(初作語次後改召對又改見字)以寡欲進規。(原作勸帝淸心寡欲嘉謨上有二十六日四字)(兩書)帝停(兩書作注)視久之。(此下有曰宮中無他事且七字後抹去)目(兩書作令)皇長子代諭。因言兩書無此二字外廷初作莫惑傳聞不可信。諸臣乃退。蓋是時奄原作奸人進藥不愼。此句初作崔文昇故投以利劑妄委之女色。初作妄言帝惑
故帝從而解之。自蓋是時至此兩書均無已同受顧命。兩書作二十九日帝疾大漸嘉謨偕大學士方從哲劉一燝韓爌等受顧命是初作及夕。帝崩。兩書其夕帝崩李選侍專制宮中。
勢頗張。廷臣慮不測。初作皇長子年幼李選侍恃光宗末命欲勅封皇后且欲同居乾清宮後抹去既入臨。初有訖卽奉三字請見皇長子。卽呼萬歲。初作詣文華殿受朝行丑拜九字後
抹去遂奉至文華殿受朝。兩書作質明九月乙亥朔光宗遺詔皇長子嗣位而李選侍專制宮中勢頗張廷臣慮不測既入臨請見皇長子呼萬歲奉至文華殿受朝送居慈慶宮。嘉謨奏言。今日殿下
之身。乃社稷神人所託出入不宜輕易。初作愼毋輕動卽詣淸宮行大小殮與朝暮哭臨。須臣等至乃發。愼毋輕
動。兩書嘉謨奏言殿下之身社稷是託出入不宜輕脫大小殮朝暮聽須臣等至乃發皇長子頷之。乃退。時已定九月六日卽位。初作熹宗卽位已卜吉至三日。而選侍居
初作猶處乾清自如。且欲挾皇長子同居。已得專柄。中外益危疑。兩書諸大臣定議皇長子以九月六日卽位選侍居乾清宮自如且欲挾皇長子同居嘉謨卽草疏率
廷臣請移宮。左光斗楊漣初有疏字繼之。兩書刪左楊二字選侍不得已。始移噦鸞宮居焉。兩書五日選侍始移噦鸞宮當是時。大故頻
仍。初作連遭大故國勢隉杌。首輔初作首輔後改內閣又抹去方兩書無此字從哲首鼠兩端。旁有選愞於大議（後改事）無所可否句劉一燝韓爌則原作初柄政方
新。此下有物望未甚孚五字抹去兩書作一燝爌又新秉政獨兩書無嘉謨正色立朝。力持大議。初作持危定傾中外倚以爲重。先是神宗倦勤。齊楚浙
三黨爲政。于是屏棄正直。初作末年政在言路於是小人爭起植黨兩書作神宗末齊楚浙三黨爲政引用凶邪。黜陟之權。初有非其同類四字吏部不能自主。兩書
無自字及嘉謨秉銓。心無適莫。兩書無此四字惟才是任暨兩朝革命。大起廢籍。朝中爲淸。兩書作光熹相繼踐祚嘉謨大起廢籍耆碩滿朝已極
陳吏治𡚁壞。初作嘉謨又以吏治不請責成撫按監司。帝褒納焉。時上官注考。率用儷語。往往失實。嘉謨請以六事
定官評。一曰守。二曰才。三曰心。四曰政。五曰年。六曰貌。六者之下。各注其實。毋騁飾虛詞。帝
稱善行之。兩書監司下卽接上官注考率用四六儷語多失實至各注其實毋飾虛詞帝稱善行之天啓元年。帝欲罪御史賈繼春。初作御史賈繼春請保安李選侍帝怒欲罪之兩書作御史賈繼春得罪其同
官張愼言高弘圖疏救。帝下廷議。欲幷罪之。初作幷欲兩書帝欲幷罪之嘉謨等力爲三人兩書無此二字解。初作求乃止奪愼言弘圖
初作等俸。兩書作乃奪愼言弘圖俸而止朱欽相倪思輝之被謫也。兩書無之也二字嘉謨亦申救之。兩書無之字嘉謨雅負才望。居官端亮無

私。時議允服。（初作及是公刪陟祀請寄時議甚允又改時議翕服會自嘉謨至會字兩書無）給事中霍維華希魏忠賢指。（初作而魏忠賢已憯用事惡嘉謨守正不阿欲去之）誣劾王安。忠賢遂置王安於死。（兩書劾王安置之死）嘉謨及劉一燝咸惡之。以年例出維華於外。（兩書嘉謨惡之出維華於外）忠賢怒。嗾給事中孫杰劾嘉謨受（初有劉字抹去兩書有劉字）一燝屬。爲安報讎。且以用袁應泰佟卜年等（初有及遼黨楊鎬李如楨八字）爲嘉謨罪。（此下有帝雖不問而給事中侯震暘御史陳九疇復劾之諸語後抹去）嘉謨不自安。連疏引退。忠賢遂矯（初有旨中字）旨許之。（兩書嘉謨求退忠賢矯旨許之）葉向高等以大計在邇。請留嘉謨定（初作主）計事。不許。（兩書大學士葉向高等請留嘉謨竣大計事不聽）嘉謨（兩書無此二字）瀕行。復陳保（初作頤養）聖躬。養聖德。責輔臣。惜人才。四事。明年。廣寧陷。嘉謨憂憤。馳疏劾樞臣（兩書作兵部尚書）張鶴鳴主戰誤國。（初有飾說欺君四字抹去兩書誤國下有罪字）報聞。（兩書無）五年秋。忠賢勢益熾。其黨周維持（兩書作忠賢黨周維持）復劾嘉謨曲庇王安。遂削籍。崇禎元年。薦起南京吏部尚書。加太子太保。明年。卒官。年八十四。贈少保。

劉中敷（子璉　孫機　尚褫）

（王稿列傳第四十七　明史列傳第五十七子機　按機爲璉之子史誤以爲中敷之子　尚褫見王稿列傳第四十七附劉煒傳　明史列傳第五十二亦〇劉煒傳）

劉中敷。大興人。燕王舉兵（初作燕兵起）以諸生守城、有功。（兩書功上無有字）授陳留丞。九年秩滿。（兩書無此四字）擢工部員外郎。仁宗監國。嘗（兩書無此字）命署部事。遷江西右參議。有政績。宣德三年。用荐。將召爲卿貳。會山東缺右參政。遂以命之。居二年。進本司左布政使。（兩書宣德三年遷山東右參政進左布政使）中敷爲人（兩書無此四字）質直廉靜吏民懷畏。（兩書作畏懷）歲（上有值字後改嘗字抹去）大祲。（兩書作侵）言於巡撫。（初作此二字後圈去於旁改上官二字後仍用巡撫）減賦三之二。正統改元。丁父（初作母後改）憂奪情視事。（兩書無丁字及視事）俄召拜戶部尚書。時英宗（兩書作帝）沖年踐阼。慮羣下欺己。治尚嚴。（初作嘗用野典）而中官王振潛用事。亦欲假以立威。（兩書無潛用事亦欲五字）屢（初作撫）摭大臣小過。導帝用重典。（初有繩之二字抹去）故當是時。（兩書無此四字）大臣下吏無虛歲。而中數疏於理劇。初作不善事宦官後抹去改短於理劇後又改短爲疏尤下有頻字抹去爲振所挫。兩書均無三年。振以京軍初作月字餉例於通倉支給。中敷初有乃字令支於京倉。諷給事御史劾之。遂與左侍郎吳璽等初有俱字下獄。初有已而釋之句後改未幾釋之均抹去王稿三年諷給事御史劾中敷與左侍郎吳璽等下獄明史同有釋還職字三七年。兩書均作六年宣府應給軍士冬衣。初有所司言三字抹隆慶衞所儲不足。所司請補給於萬億倉。中敷許之。言官遂劾其專擅。詔法司於內廷雜治。奏罪當流。請輸贖初作運磚還職。帝特宥之。王稿言官劾中敷專擅詔法司於內廷雜治當流輸贖還職帝特宥之明史同輸贖上有許字其多。中敷璽及右侍郎陳瑺以京師草少。請將御用牛馬分牧民間。帝以章示言官。言官劾其變亂成法。並初作乃下獄論斬。詔荷校長安門外。凡十六日而釋。兩書同惟無以京師草少五字請將御用牛馬作請以供御牛馬居無何。初作明年後改兩書無瓦剌入貢。帝召問初有中敷等三字後抹去馬駝留養大同者幾何。應供初作需芻菽幾何。中敷不能對。兩書詔問馬駝芻菽數不能對再上有振言於帝四字後抹去再初作遂兩書作復與璽瑺初有再字後抹論斬。繫獄。中敷以母病。特許歸省。明年。冬。初作比後改當決囚。法司奏請初作以請後改奏王稿作奏明史作以命璽瑺戍邊。初作戍璽瑺於邊後改中敷初有時遭母病命五字抹去俟母終具奏。已釋爲民。初有而帝念其守城勞七字抹有振之挫辱大臣皆此類也亦抹去又中敷王稿下有等字數下獄。本無大過。乃王稿無此字帝以王稿無此字察察示明。而振復王稿無此字以酷暴王稿無此字助之。致國體大壞。是時王稿無此七字楊士奇楊溥王稿無楊字猶在位。莫能諫王稿作救也。景帝立。初作景泰初起爲戶部左侍郎。兼太子賓客。明史此下有時方用兵論功行賞無虛日中敷言府庫財有限宜撙節以備緩急帝嘉納二十九字王稿及此稿均無居五初作四年。王稿同明史作景泰四年卒。中敷雅兩書無此字性淡泊。食不重味。仕宦五十年。初作比卒家無盈貲。子璉。登兩書無此字正統十年進士。授刑部給事中。累官太僕寺卿。璉生公卿家。而恥初作不事華靡。初作修居官剛果。初有自持二字不委隨。卒以此被訾。兩書僅云恥華靡剛果自持左遷遼東苑馬寺卿。卒。此下有次子琛工部郎中璉八字後抹去子機而按子者機承璉言是機實中敷之孫也明史正文不悞惟目誤載子機二字幼有異性。兩書作孝行父卒。家人泥日者言。各以生年與葬期相值。久不克葬。機曰。願以我初作其後改機後以朱筆改我所值年月葬父可乎。衆從之。乃克葬。長兩書無此段登進士第。入翰林。明史作成化十四年進士改庶吉士正德中。屢遷吏部尙書。俄乞歸。初作致仕王稿同明史作代張綵爲吏部尙書以人言乞歸起爲兩書無此字南京兵部尙書。參贊機務。時兩書無此字流賊犯江上。衆議擇將。(初作南都震驚後改)適都督李昂自貴州罷官至。機即召任之。昂以無朝命辭。機曰。我先(初作所)奉勅言。(初作有兩書皆作有云)敕所不載者。(兩書無者字)聽從宜區處。(初作勅內該載不盡者聽爾等從宜區處後改如右　兩書作聽便宜)此即朝命也。衆服其膽識。致仕。(初作罷)歸卒。(兩書止此)當壓等之戍邊也。(初作中敷之最後下獄也)行人尚褫上言。竊惟國有大臣。上爲朝廷股肱。下爲百官師表。苟有微過。不可輕辱。是以古者黥劓之罪。不及大臣。以其離天子不遠也。今或被言官糾彈。或被旗校緝訪。露頂跣足。束縛奔走。若繫囚然。甚者置之犴狴。事涉虛誣。即令復職。今日衣冠之大臣。即昨日拘繫之囚犯。面僚友而統屬官。能無汗顏乎。請今自公卿(初作大臣後改卿貳後又改)有過。命錦衣官召至午門。勅文武大臣會問。實則議罪。虛則復官。庶大臣知自重。而職業愈修。時振方欲(初作以字後刪)威制百僚。褫言竟不用。(初作莫能用云上書請毋囚繫大臣　兩書僅褫)。羅山人。(兩書褫字景福)由進士(兩書正統四年進士)授(兩書作除)行人。擢南京御史。(王稿擢南院御史　明史擢南御史)以副都御史周銓貪淫不法。偕同官范霖等十四人合疏論列。銓被逮瘐死。錦衣衛言御史所劾不實。乃戍霖等五人。而謫褫等九人邊方(初作爲邊遠)驛丞。(兩書均作以劾周銓下獄與他御史皆謫驛丞得雲南虛仁驛)成化中。屢遷湖廣僉事。(兩書載景泰五年冬因災異上書陳數事及爲豐城知縣誣搆繫獄事此均未載)以政績異等。(旁有與知府李昂等人句後抹去)特賜誥命。(下有旌之二字抹去　兩書載其恤流民事末云爲僉事十年所司上其治行賜誥旌異致仕卒)

張　鳳 沈　固

(王稿列傳第三十六　明史列傳第四十六　沈固明史列傳第五十九楊善傳附　王稿列傳第四十七趙榮傳附無目)

張鳳。字子儀。安平人。父益。官給事中。永樂八年。從成祖征漠北。(成祖二字旁添兩書均無)沒於陣。鳳登宣德二年進士。授刑部主事。讞江西奸民謀叛(初作反)獄。(兩書讞江西叛獄)平反數百人。名遂起。(兩書無此三字)正統三年。法司坐事(初作遼王獄不稱旨後勒)盡繫獄。(初作下吏)遂擢鳳本部右侍郎。以主事擢侍郎。前此(王稿作時明史作前時)未有也。居數年。改南京戶部。王稿同 明史明年命提督京倉六年改戶部尋調南京 時久不設初作部無尚書。鳳專此字朱筆旁注主部事。王稿適尚書久未補鳳專主部事 明史適尚書久闕鳳遂掌部事貴州奏軍衛乏糧乞運龍江倉及兩淮鹽於鎮遠府易米儲以龍江鹽雜泥沙不堪易米給軍盡以淮鹽予之然後以聞帝嘉賞又言留都重地云云 上言留都重地。宜歲儲初作漕粟二百萬石。兩書無粟字 爲根本計。從之。遂爲令。先是兩書無此二字南京糧儲。以都御史督之。至是命鳳兼督。明史作兼理 鳳居官兩書無此三字廉謹。臨事兩書無此二字善執法。時號初有爲字抹去張板。兩書作號板張 九年。秩滿。進左侍郎。王稿秩滿進左 明史無 景泰三年。用大學士王稿無此三字陳循薦。擢本部尚書。王稿無本部二字 明史景泰二年進尚書 尋改兵部。參贊機務。五年。戶部尚書金濂卒。召鳳代之。時四方兵革雖息。兩書無革雖二字 而災傷洊臻。兩書均作特甚 景帝軫念初作恤民困。屢詔初有廷臣二字議寬恤。兩書均作屢詔寬恤 其多。兩書無 鳳偕廷臣議上十事。明年。復先後議上八事。帝兩書無咸報可。鳳以災傷蠲賦多。則兩書無則字國用益詘。乃奏言國初天下田八百四十八萬餘頃。今數已減半。初作止四百二十八萬餘頃嗣改數減其半 兩書均作數既減半 而郡國水旱率停徵其租。王稿而水旱率蠲其租 明史加以水旱停 國胡以給。王稿國用何以給 明史國用何以取給 京畿及河南山東無額之兩書無此字田。甲方開墾。兩書作墾闢 乙即告兩書作訐其漏賦。致下有彼此二字訐訟不已。若不起科。訟端奚塞。請今後告爭者。悉依減輕則例。畝科米三升三合。每米一石。科草二束。不惟永絕競爭之端。亦且小助軍國之資。自致訐訟以下兩書不載 王稿請準輕則徵租少助軍國費 明史請準輕則征租不惟永絕爭端亦且少助軍國 疏入。從之。明史報可 戶科都給事中成章等。兩書無戶科三都字 劾鳳擅更祖制。請置於理。帝不聽。兩書無此七字 禮科給事中兩書無此五字楊穟等復交章論列。兩書作復爭之 帝曰。國初都江南。轉輸易。今居極北。初作北京 供給勞苦。兩書無此四字 可守常制耶。乃兩書無此字 竟如鳳議。七年。帝初作時寬恤詔雖屢下。而四方告凶荒初作傷者猶未已。初作無虛日 鳳以國計爲憂。於弭災恤民之策。略無陳奏。又慮所司妄報。請令初作奏令天下巡按御史勘實。議者非之。兩書作四方報凶荒者鳳請令御史勘實議者非之 明年。兩書無 英宗復辟。調南京戶部。居五年。卒。王稿同 明史調南京戶部仍兼督糧儲五年二月卒 鳳有孝行。而悃愊無華。初作資性淳朴後改 兩書均作性淳朴 喜飲酒。客至。輒留飲。不問饌之豐約。下有人以此服其眞率句抹去 同學友蘇洪性強愎。好面斥鳳。鳳嘗遜下之。及爲鳳屬官。至謫爲吏。罷爲民。皆然。

鳳亦待之如初。人以此服其量。初作忠厚後改同學友蘇洪好面斥鳳及為鳳屬官猶然鳳待之如初 兩書均云故人死聘其女為子婦教其子而養其母終身」兩書張鳳均止此 繼鳳為戶部者沈固。丹陽人。永樂中。舉於鄉。授沂州同知。州西寶山社故產銀鑛。或聞於朝。下所司覈初作勘實。固力言不可開。開之恐民勞致變。初作言有之然朝廷命官採取則利少害多後抹去 事遂寢。歷戶部郎中。山東參政。仁宗嗣位。命佐治初作參贊後改督餉又改佐理又改理為治 大同總兵官機宜文字。且理軍餉。宣德七年。侍郎柴車行邊。請軍士私墾田每頃徵糧十石。固言邊地瘠薄。而太宗皇帝敕諭軍民墾荒者永不起科。今畝輸米一斗。反重於民租旁注矣字抹去。請輕之便。帝從之。滿九載。初作九年秩滿後改課滿後抹去課滿二字加滿字於上 增秩二級。正統四年。巡撫盧睿劾其馭下初作約束無法。致下人盜糧十八萬石。固服罪。宥之。明年。復為給事中焦起良等所劾。帝亦不罪。此句初作請遣官代還乃詔七字後抹去改此四字 再以九載初作年滿。加戶部右侍郎。督餉如故。遭母憂。奪情視事。十二年七月。固以中官此二字旁注 王振勢盛。欲附之以進。乃上疏曰。臣觀天文初有所載二字抹去帝座旁有宦者初有之字星。故周官設常侍之職。自古以來。代不乏人。方今文武各初作臣宣力於外。而護初作保聖躬。翊王化。奉使絕域。保障巖疆。則內臣功初作効字尤著。請如外臣例。給賜誥敕。以榮其身家。初作以盡獎勸之道 帝以無故事。不許。此下有及帝北狩數語抹去補於後 景泰改元。加左都御史。仍理邊餉。初作仍督餉 屢以乾沒為言者所劾。總兵郭登亦劾之。遂召還。致仕。此下有英宗復辟石亨薦其才帝亦自知固數語抹去改為初石亨在大同固與之善又抹去 初。英宗北狩。也先奉至大同城下。令開門。且索金帛。固出謁。竭所有以獻。而下有都督二字 郭登一意拒守。英宗由是惡登而德固。及復辟。石亨又薦固。遂召為戶部尚書。固素不修名初作惜行檢。及是。年益邁。政績益無聞。比初有石字亨死。固亦乞休去。成化初年。王稿及明史均因翟瑄連類及沈初云也先擁上皇至城下（明史作英宗）瑄與理餉侍郎沈固等出謁奉括金帛充犒固悉所有獻之（明史作上皇命括城內金帛瑄謁所有獻之）次云英宗復位德瑄及固（明史無此四字）徵拜瑄工部右侍郎而固亦以石亨薦起家（明史無家字）為戶部尚書末云固丹陽人永樂中起家鄉舉積官至侍郎其後為尚書（明史直云積官至尚書）石亨敗乞休去

按名山藏臣林記有沈固傳。校此稿尤詳。附錄於左。

沈固。字仲威。丹陽人。太祖時。固八歲。以能誦大誥。召赴闕。賜寶楮。還。年十一。補邑庠生。弱冠。領鄉薦。入國子監。選理刑內臺。擢沂州同知。人莫敢少年易之。有譯人言沂西寶山社產銀鑛。舊有課。可開采。固執奏故坑及泉通海不可鑿。鑿新坑難為力。且鑛有無不可知。即有賞重利輕。勿開便。成祖從之。徵人為戶部員外郎。以才勅理鹽筴廣右。督運西茶於四川六番。進郎中。出為山東右參政。督餉給軍迤北。還。仁宗即位。命以參政同武安侯鄭亨鎮大同。宣德中。命與武安及參軍都指揮張儉統兵行邊。召赴闕議事。稱旨。英宗即位。以固勞邊。賜璽書白金綵幣。固上便宜。曰。比勅書戒諸將窮追虜者。虜寇來如飛鷂。去若絕絃。勅戒窮追。恐墮其計。聖慮遠矣。臣竊謂今虜勢尚微。宜早制之。不探虎穴。不得虎子。若虜知我戒。輕慢漸生。且使官軍勇者喪氣。怯者得以飾辭。請但令相機而行。虜衆我寡。則臨邊固守。我強虜弱。則出境窮追。時令間諜。密探賊蹤。乘彼不虞。且擣巢穴。連出數令。虜必瓦解。縱未得利。威亦遠震。三年。與征西前將軍方政遊擊將軍楊洪統兵護送貢使出境。因絕漠。度赤山。追勦叛虜。還。居二年。連上疏言邊事。六年。命兼總理兵食二事。賜總督邊儲印記。因復上言阿魯台比為脫歡所破。餘衆竄塞下。不無小小盜邊。脫歡驕矜。虎視中原。又有覬覦之慮。至軫聖懷。添調軍馬。運畜資糧。邊圉嚴於扞衛。烝庶煩於供億。近以二虜一滅一死。邊事稍寧。將卒燕閒。然以數萬之衆。坐費民供。國計非便。兵之所屯。芻糧為急。臣在邊年久。頗知形利。大同中路。有青陽林馬頭山等處。東路。有爛柴溝陽和灘等處。土沃多水草。國初俱有居民屯種。厥後守將因圖遠虜。逐民勿耕。至今荒棄。臣曩嘗言。未見施行。古今備邊良策。莫長屯田。請屯兵戍所。開耕所近沃野。作息以時。乘閒講武。至秋收成。官為斂發。而出納之。歲會月支。足國裕民。莫過於此。夫衆志之多疑。不如一心之獨斷。惟聖主察焉。又言乃者勑遣大同總兵等官朱冕與宣武參將楊洪會兵出塞。諸將奉命。一時並出。無留後者。夫雲朔廣遠。西北兩邊。密邇瓦剌。既變詐叵測。而兀良哈或潛懷異圖。萬一為虜所誘。牽制來襲。非萬全策。請令奉命征行。必責居守。廷議咸是之。七年。陞戶部右侍郎。居二年。邊事益殷。廷議益切。既遭母喪。奪情視事。再乞終制。不允。赴鎮上邊情十策。朝議從違不決。而罷。十四年夏。虜果渝盟。得諜先報。以聞。至秋大入。朝命西寧侯宋瑛督戰。不利。諸將或死或逃。固據守獨完。車駕親征。駐蹕大同。三日。固得見而不得言。車駕北狩。復至大同。與廣寧伯安出城朝見。上命括金帛犒虜。或難之。固曰府庫物皆上物也。今有急。不命猶出之。矧復有命。盡獻所有。具聞於朝。景帝下吏部校勘。有無欺隱。竟白。其冬。以城守勞。進右都御史。諭璽書。賜金帛。固言自虜變以來。臣承命守城。晝夜營營。圖殺賊雪恥。奈才識短淺。無所建明。今具拙策。不敢望行。乞採可否。文多不載。二年。以却虜功。轉左都御史。尋赴闕議事。乞致仕。從之。英宗復位。石亨言固於上。詔見便殿。褒諭再三。即日陞戶部尚書。賜白金綵緞。加岐南香帶。金織雲鶴襲衣。贈誥命。加贈其祖父。宸遊嘉宴。輒召以從。賜珍果異物。三年。以老乞歸。賜鈔若宴。憲宗即位。進從一階。年八十一。卒。固事五朝。洊歷華要。遂掌臺省。幾五十年。在大同二十七年。賜璽書先後三百餘函。所上章奏不下數百。居常興學育才。不用武衛廢文教。臨危處變。棣貧拯敗。邊圉以壯。為人魁梧倜儻。多籌略。善談論。尚德義。喜功名。郎曰。沈固朱鑑。時當倥偬。皆有守邊功。且其意皆在上皇。而事不詳士大夫之口。予讀其私傳家譜。因為載之。

孫原貞 薛希璉　王稿列傳第五十一　明史列傳第六十

孫原貞。名瑞。（兩書均作瑀此稿誤）以字行。德興人也。（兩書無也字）舉（亦無）永樂十三年進士。授禮部主事。歷郎中。英宗（初作正統）初。用薦。擢河南右參政。初。永樂中。徙（初作遷）江南富戶於北京。逃亡（初有及字）死絕。（初作者）則（初作皆）於原籍僉補。民間頗擾。原貞請令官吏大戶犯死罪者。免其運磚。以補富戶。從之。（王稿逃且絕則於其鄉僉補原貞請令官吏大戶犯死罪者免其運磚以補富戶數）（明史無此一段）原貞（兩書無）居官清慎。有吏才。在河南八年。政績甚著。（兩書無此九字）再用薦。（王稿同　明史作正統八年大臣會荐）遷浙江左布政使。疏言杭州嘉興諸郡。（初有地狹二字）民無祖（初作墓）塋。死則悉從火化。棄骨水中。非（初有其字）人盡無良。由地狹人稠。（初有雖字）欲葬而無其所也。請倣古漏澤園義冢之制。官爲建立。（初作置）庶貧民有葬身之所。事下禮部。（初有竟字）寢不行。（兩書無此一段）正統末。（王稿同　明史作久之）閩浙盜大起。（明史作盜大起閩浙間）雖更赦罷兵。尚未寧謐。景帝即位。（王稿無此八字）原貞策其必叛。圖上方略。（王稿作景帝即位圖上方略　明史作赦而再叛景帝即位發兵討之原貞嘗策賊必叛上方略請爲備）請爲備禦計。未幾。（王稿無）賊果再叛。發兵征（王稿無此字）討。命原貞參議軍事。（明史命字上有至是即三字）乃督兵（兩書無此三字）深入。擒其渠魁。（初作擒賊首以獻後改　兩書均作擒其魁）而溫州餘寇（兩書均作賊）猶未滅。朝（兩書無此字）命都指揮李信爲都督僉事。調軍二萬七千（初有往字）討之。（王稿同　明史作調軍討之）遂拜原貞兵部左侍郎。參信軍務。（初作事）鎮守浙江。原貞等進兵搗其巢。俘斬賊首陶得二等。（初作及其黨後抹去旁注等字）二百四十餘人。招撫三千六百餘人。追還被掠男婦無算。檄聞。璽書獎勵。是時原貞遭母喪。帝從巡撫軒輗言。（初有留之命三字）奪情視事。（王稿搗其巢俘斬賊首陶得二等招撫三千六百餘人追還被掠男女捷聞璽書獎勵遭母喪奪情　明史丁母憂當去副都御史軒輗請留之報可景泰元年原貞進兵搗賊巢俘斬賊首陶得二等招撫三千六百人追還被掠男女捷聞璽書獎勵請奔喪踰月還鎮）原貞乃（兩書均無此三字）復分兵搜剿。餘寇悉平。（兩書均作復分兵剿平餘寇）遂（兩書無）奏析麗水青田二縣地。增設雲和宣平景寧三縣。建官置戍。由是郡邑悉無患。（王稿同惟作盜患遂息　明史奏析瑞安地增置泰順析麗水青田二縣地置雲和宣平景寧四邑建官置戍盜患遂平）論功。進秩二等。（明史作一等）原貞以（兩書無此三字）浙中（兩書無此字）官田賦重。請均於民田輕賦之家。帝即命原貞任其事。賦遂稱平。（王稿原貞請均於民田輕額者賦以得平　明史右布政使楊瓚請均於民田輕額者詔原貞督之田賦以平）景泰三年。進兵部尚書。鎭守如故。（王稿同　明史三年請褒禦賊死事武臣指揮同知脫綱王瑛都指揮僉事沈麟崔源皆得贈䘏六月進兵部尚書鎭守如故）未幾。命考察福建庶官。因留鎭焉。（初有其地二字抹去）福州建寧二郡。舊有銀坑。（兩書均作冶）因寇亂封閉。（兩書均作罷）至是。（兩書無）朝議復開。原貞執（初作力言）不可。乃寢。五年。冬。疏陳三事。（初作一屯種）一言今（兩書均作疏言）四方屯軍。因（兩書均作率以）營繕轉輸諸役。妨其（兩書無此字）耕種。宜簡精銳以備操。（下有撥字抹去）而其餘悉歸之農。（兩書均作宜簡精銳實伍餘悉歸之農）如增萬人下屯。（王稿苟增萬人田　明史苟增萬人屯）即歲省倉儲十二萬石。且積餘糧二（兩書均作六疑二字誤）萬石。兵食豈有不足哉。（初有一日運三字）今歲漕數百萬石。道途（史作路）所（兩書均無此字）費不貲。如浙江之糧。軍兌運者。（王稿大要軍兌運者　明史如浙江糧軍兌運米）石加耗米七斗。民自運者。（史者作米）石加八斗。南畿及江西湖廣大略相似。（初作近　王稿無此十一字　明史其餘計水程遠近加耗）則（王稿無此二字　明史無則字）是田（初作賦）不加多。（初作增）而賦斂實倍。欲民不困窮。（王稿無窮字　明史作欲民無困）不可得也。（明史此下有況今太倉無十數年之積脫過水旱其何以濟十八字）宜量入爲出。汰冗食。節浮費。俟倉儲既裕。漸減歲漕（初有之字）數而後（明史無後字）民困可蘇也。（下有一逃民三字抹去）臣昔官（初作前任）河南。（初有參政二字）稽諸處（兩書無此字）逃民（初有之字）籍。凡二十餘萬戶。悉轉徙南陽唐鄧襄樊漢沔（初有之字）間。羣聚謀生。（初作逐食）安保其不爲盜。在昔陳涉王常張角王彌之屬。（初作舊）皆由此起。（兩書皆無此十六字）萬一飢饉洊加。致（王稿無此字）不宄之徒（王稿作不軌）弄兵山澤。（初作嘯聚而起）則憂貽君父矣。（明史無此數語）宜及今年豐。遣大臣循行。（明史作近臣）令（明史作督）有司籍爲編戶。驗丁口以（兩書無此四字）給田業。隨土宜以（兩書無此四字）課農桑。舉鄉飲以導其父兄。（兩書無此句）立社學以訓其子弟。（兩書無此五字）建鄉約使知敎本。（兩書無此四字）設義倉使知備荒。（兩書作使敎本務業）生業（兩書均作計）既定。然後（明史無此二字）徐議賦役。庶無將來之患也。（兩書作庶無他日患）時不能盡用。後劉千斤等之亂。（初作相繼爲亂　明史無等字）果如原貞所料云。（兩書無云字）已復移鎮浙江。英宗復位。罷歸。家居十餘年。卒。年八十七。原貞歷外服。多著勞績。（兩書作原貞所至有勞績）其（明史此字無）在浙江。功名尤盛。（王稿名尤著明史尤著名）孫需。亦官尚書。自有傳。（兩書皆以需附原貞傳）同時有薛希璉者。（王稿明史均無）麗水人。宣德五年進士。授御史。巡按河南。督理江西荒政。咸有能聲。正統七年。超擢刑部右侍郎。出撫鳳陽諸郡。奏民間所養官馬。年（初作歲）久多死。今年歉（初作年凶）民飢。而所司追徵如故。請暫停以俟豐歲。兵部議從之。因詔天下災傷郡縣。悉停其徵。（初作馬後改課又改徵）十四年。以福建多盜。命與崇信伯費釗等往鎮撫之。乃（初作）因遣問使諭降賊黨。而進擊其抗命者。賊漸平。滿九載。進本部尚書。鎮守如故。與巡按御史許士達不協。屢相訐奏。（初作希璉有治世之才而乏廉介之操後抹去）朝廷再遣官往覈。具得希璉誣奏狀。（初作詔遣給事中曹凱御史王豪往覈之言二人互有虛實都御史王文以凱等所覈未明奏令御史邢宥覆覈之具言希璉所奏多誣妄後抹去）詔令其（初作乃命希璉）自陳。於是希璉伏罪。帝宥之。（初作置不問）希璉既擊（初作劾）仕達不勝。則益恚。乃與鎮守中官戴細保比。請會同細保考察所部文武將吏。吏科劾其變亂舊章。（初有上言所屬文武官多不法乞會同細保考察疏奏為吏部所駁後抹去）請治其罪。帝亦置不問。尋命考察山東庶官。遂（初作因）留鎮其地。（此下有以多索器物為濟南知府黃恕所抹去）英宗復位。改南京刑部尚書。踰年卒。希璉雅有政事才。而乏廉介之操。及疏請中官察吏。益為士論所鄙云。

朱　永（明史稿列傳第五十附朱謙傳　明史列傳第六十一附朱謙傳）

永字景昌。既嗣爵。（據此起筆當亦是附其父謙傳後）命（王稿無）分領宣威營。（明史字景昌下有偉軀貌顧盼有威初見上皇於宣府數目屬焉景泰中嗣爵奉朝請英宗復辟睹永識之曰是見朕宣府者耶永頓首謝即日召侍左右分領宣威營禁軍）天順四年。宣大告警。詔永與都督白玉鮑政率京軍出巡。（王稿率京軍巡邊明史命帥京軍巡邊）七年。總管三千營。（兩書均作統三千營）尋兼管（兩書無管字）神機營。憲宗立。改督團營。領三千如故。（明史如字上有營字）成化二年。（明史元年）荆襄道劉通作亂。

永與尚書白圭討之。明史往討 聞賊犯南漳。初作師至南漳 進師奮擊。進字上初有永等二字 斬首九百有奇。兩書進師南漳擊斬九百有奇 會永有疾。圭以南漳賊衝。留永控扼。初作留南漳控扼兩書會疾留南漳 而親率大軍先進。已圭大破賊。兩書而圭率大軍破賊 永 初有疾愈二字抹去 率軍往會。道遇餘賊。俘斬數百人。初有道擊賊黨數百往會道遇餘賊俘斬數百人 兩書永 其秋。復進討石龍馮喜。大破之。二人皆授首。王稿皆授首明史皆捷 論功。進爵為侯。明年春。兩書無此三字 毛里孩犯邊。命永為平胡將軍。兩書命佩將軍印 率都督劉聚鮑政統京軍二萬禦之。明史會彰武伯楊信禦之 會虜初作賊兩書無 遣使朝貢。遂命永初作三將分 駐代州。聚政分駐宣大。俟貢使返班師。兩書乃班師 六年。王稿無 阿羅出據河套。兩書阿羅出寇延綏 邊臣告急。兩書無 拜初作詔 永初有為字 平虜將軍。兩書復拜將軍 都督劉玉劉聚副之。中官傅恭顧恆監督軍務。都御史王越參贊軍務。帥師赴初作往 延綏。初有稟之二字 兩書均作偕都御史王越都督劉玉劉聚往討擊 六月。禦賊蘇家寨諸處。擊敗之。初作轉賊十餘合擒斬十五人奪還人畜甚衆璽書獎勵後抹去 兩書均作擊敗之蘇家寨 七月。賊復以萬餘騎分五道入寇。初作未幾賊復以萬餘騎南侵 王稿敵萬騎分五道至明史寇萬騎自雙山堡分五道至 都指揮初作把總 孫鉞等遇於開荒舖。見賊勢盛。下馬嚴陣以待。初作永恒越與延綏總兵官房熊等邀其西聚與范瑾神英邀其東後改孫鉞等云云馬字下有列陣右哨指揮蔡諸兵繼至俱云云後又抹去 王稿戰於開荒舖 明史戰於開荒川 一酋策馬來突我軍。方鏖戰。此下有前哨指揮楊琳左哨都指揮柯忠等兵與十六字後抹去 永等大軍俱集。并力合戰。賊少却。我軍乘勝馳之。王稿敵少却乘勢馳之 明史作寇少却 賊潰。逐北至四川口。賊復登山聚敵。我軍銜其前。敗之。賊棄輜重。牛馬蔽野。又追至牛家寨。兩書皆棄輜重走至牛家寨 遇都指揮吳瓚等兵。賊見瓚兵少。分三面攻圍。王稿敵見都指揮吳瓚兵少圍之 明史遇都指揮吳瓚兵少寇圍之 而都指揮馬儀指揮李鎬滕瑾三部兵適至。王稿指揮馬儀李鎬滕瑾至 明史指揮李鎬滕忠復至 復與力戰。兩書無與字 劉聚及都指揮范瑾神英又分據南山夾擊。初作攻 賊大敗。遂奔初有賊字 出境。先後斬一百九人。獲馬一千六十。初作有奇 還所掠畜產七百有奇。甲仗器物稱是。阿羅出亦中流矢。初有脫身遁三字後抹去 王稿聚及都指揮范瑾神英又分據南山夾擊敵大敗阿羅出中矢遁先後俘斬百餘人獲馬千餘還所掠畜產七千有奇甲仗器物稱是 明史聚及都指揮范瑾神英分據南山夾擊寇乃大敗斬首一百有六獲馬牛數千阿羅出中流矢遁 是役也。雖斬獲僅踰百。初作無幾 然諸將咸奮勇血戰。邊方人稱為數十年所未有。初有為邊方數十年所未有數十年未有也 王稿時斬獲雖無多然諸將咸力戰追敵邊人以為 明史時斬獲無多然諸將咸力戰追敵邊人以為數十年所未有 論功。永遂初有得字 世襲侯爵。王稿論功世襲侯爵（明史論功于世侯）明年。正月。賊再窺邊。永等調諸將分禦。（初作勦）復擒斬三十餘（初作三）人。賊雖稍挫。猶據河套未去。（初作出）永等乃條上戰守（初作方略）二策。部議以戰爲難。請諸將愼爲守禦。報可。（王稿敵雖少挫猶居河套明年正月永等乃條上戰守二策　明史阿羅出雖少挫猶居河套明年正月寇屢入永所部屢有斬獲）三月。賊復以萬餘騎分掠懷遠諸堡。游擊孫鉞先遇之。斬馘（初作擊斬）二十餘。（初有級字）永等分兵爲五。設伏以待。期聞砲聲而起。已（初有而字）賊寇威武諸堡。砲發。（初作聲忽起）我軍四合。賊大奔。（初有北字）都指揮祝雄等乘之。賊道狹爭先。自相蹂躪。多死者。追至山口。賊來衝敗之。（初作又斬首十八級）再追之滉忽都河。又敗之。（初作斬首四十二）（王稿敵復以萬餘騎分掠懷遠諸堡永等分兵爲五設伏敗之追至山口及滉忽都河敵復敗而越及游擊蔡瑄別破他部　明史三月復以萬餘騎分掠懷遠諸堡永與越等分兵爲五設伏敗之追至山口及滉忽都河寇敗走而游擊孫越蔡瑄別破他部於鹿窖山）而鉞及游擊蔡瑄別（初上有又字）破賊他部。先後斬首八十餘。（初有級字）獲甲仗四千九百有奇。捷聞。璽書獎勵。（兩書均獎勞）永請班師。廷（初作部）議以賊未出套。命（初作因詔永等）散遣諸軍。仍（初作惟）留永越守禦。（兩書永等再請班師皆不許）已而虜酋孛羅忽乱加思蘭皆遣使入貢。永等（初有以賊退三字）再請班師。廷議猶未許。（初作部猶持前議）賊復以二萬餘騎入掠。永等擊敗之。擒斬二十餘。（王稿敵復以二萬餘騎入掠擊退之　明史同惟敵作寇）歲將盡。（初作帝以無事頓兵日費供億命永等移屯宣大後抹去改爲十二日三字後又改）乃召永還。留越總制三邊。尋加永太子太保。（初作尋令入侍經筵加太子太保　兩書均十四年加太子太保）十五年。冬。遼東巡撫陳鉞奏建州酋長伏加當爲寇。詔拜永爲靖虜將軍。討之。（兩書均作明年冬拜靖鹵（史作虜）將軍東伐）以中官汪直監督軍務。永等分五路深入。（初作時直年少好弄兵抹去）俘斬至一千有奇。語具直傳。（兩書均無此數語）永遂進爵（初作封）保國公。（兩書均作還進爵保國公）是（初是上有當字）時。直年少。好弄兵。鉞傾身諂附。（初作鉞諂附之）妄與建州之役。遂受上賞。於是王鉞思效之。（初作聞而慕之亦欲倚直以取封拜又改慕爲心豔後均抹去）明年。正月。（初作會十七年正月）會延綏報警。（初作守臣報賊將入寇　兩書均作又明年正月延綏告警）越遂嗾直出兵。（兩書均無）乃命永爲平虜將軍。（兩書無乃字及平虜二字）越提督軍務。直仍監督。往禦之。（兩書無此三字）越欲獨專其功。給永率大軍由南路赴榆林。（初作延綏）而越與直率輕騎取宣大搗巢。（初作路）直搗威寧海子。由是越等大捷。（王稿越給永率大軍由南路赴榆林而已與直選輕騎出孤店關俘敵於威寧海子　明史分道出塞越與直選輕騎出孤店關俘寇於威寧海子）而永竟不見賊。（初作無功後作不見虜又改虜爲賊）至榆林三日。卽召還。然（初作初去時後抹去）道途供億。已不可勝紀。戰馬初去時一萬七千餘匹。比還。倒死者已五千餘矣。以無功。賞不行。久之進（初作然猶加）太子太傅。（初有增祿三百石五字　王稿永不見寇直迴遠費兵食巨萬馬萬七千餘匹死者五千餘比至榆林三日卽救班師於是越以文臣得封伯直蔭錫蹌等而永無功賞不行久之進太子太傅　明史而永率大軍由西路出榆林不見寇直迴遠費兵食巨萬馬死者五千餘匹於是越得封伯直蔭錫蹌等而永無功賞不行久之進太子太傅）十七年二月復偕直越出師大同。禦亦思馬。因（初有追賊黑石崖五字後抹去兩書無因字）獲首功百二十餘。（初作功百有十餘級）遂世（初有命字）襲公爵。（兩書均作遂陽襲世公）十九年。秋。小王子大入邊。（明史無大字）宣大二鎮皆告警。（初作邊報疊至兩書均作宣大告急）時（兩書無此字）越與直已得罪。以（初作令）永爲鎭朔大將軍。（初有復字）命（初作而以二字）中官蔡新監其（初作督）軍務討之。既至。（兩書無此五字）督諸將周玉李璵等擊敗之。獲級八十有奇。（初作先後擒斬八十餘人）還。仍督團營。（兩書敗之下逕接此句）十二年。春。有投匿名書。言永圖爲不軌者。永疏辭兵柄。（初有帝字）不允。（兩書作或投匿名書言永圖不軌永乞解兵柄不許）其冬。手勅加太傅太子太師。弘治四年。以（兩書無此字）監修太廟成。進太師。永長身偉貌。（初有舉止二字）顧盼有威。（初有予人二字）望之凜如也。（王稿永長身偉貌有威重治軍嚴肅所至多奏功　明史僅云治軍嚴肅所至多奏功）前後八佩將軍印。內總十二團營。兼掌（初有後軍二字）都督府。一時（兩書無此二字）列侯勛名無出其右。（兩書作無與比）爲人器宇弘深。治軍嚴肅。人莫敢犯故。所至率（初作多）奏功。然多因人成事。議者或少之。（初作不以爲賢）至孝宗時朝廷清明。邊徼無事。兵亦不復出矣。（兩書無此段）永以九年二月。卒。（兩書作九年卒）追封宣平王。謚武毅子暉嗣給事中王廷劾。永功多不實。暉不得嗣公。（兩書言永功不當公）朝議止予襲一輩。（明史作一世）後皆襲（兩書無此字）侯。詔可。暉字東陽。（明史此下有長身美髯人稱其威重類父兩句）屢（明史屢上有又字）從父塞下。多（兩書無此字）歷行陣。（史有時以爲才四字）弘治五年。授勳衞。既嗣爵。（明史年垂五十始嗣爵）分典神機營。十三年。（初有四月二字）孝宗（明史此二字）更置京營大帥。命暉督三千營。兼領右府事。六月。（兩書無此二字）火篩（初有寇大二字）入大同。平江伯陳銳等討之。無功。（兩書作不能禦）拜暉征虜大將軍。代之。（初作召還命暉爲征虜大將軍往代　兩書命暉佩大將軍印代之）以中官扶安監督（初作其）軍務。（初有往代之三字後抹　兩書均無）比至。寇已退。（王稿寇作敵）乃還。（初有京字）明年春。（初作四月）火篩連小王子大入延綏寧夏。命琳督參將神英等禦之。（兩書琳上有右都御史史五字）琳以寇衆（王稿敵衆）請濟師。(明史史琳下即接請濟師)乃(兩書復)命暉仍(兩書無此字)佩大將軍印。統都督李俊李澄楊玉馬儀劉寧五將往。(初作五都督以行)而以中官苗暉監其軍。暉等(兩書無此三字)至寧夏。(初作既至榆林)寇已飽掠去。(初作出塞後改而去又抹而字　王稿寇作敵)至七月。(兩書無此三字)與琳逵定計。(初有乘寇不備(改爲出寇不意)搗其巢乃於七月云云後抹去)帥五路之師。從紅城子墩出塞。乘夜搗寇(初作賊)於河套。(初有器械倍之事聞璽書獎勵十字抹去)寇已先覺。徙帳北遁。(王稿敵已徙帳　明史敵作寇)止(兩書作僅)斬首三級。獲馬駝牛羊千五百以歸。(兩書作乃與琳逵率五路師搗其巢於河套)我師方返榆林。而寇已入蹦(初作大入)韋州環縣靈州花馬池。直抵固原。轉掠平涼慶陽二郡境。(初作諸州縣兩書未幾敵(史作寇)入固原轄掠平涼慶陽)關中大震。兩(初作諸㐫作三又復)鎮將校(兩書無校字)膺(兩書作嬰)城不敢戰。寇遂恣行殺掠。如入無人之地。(初作境若無人明史無此語)(王稿所至)暉等畏寇。逗遛不速赴。(初作自榆林馳赴之後作遷延不救稿而暉等畏敵不急赴　明史作畏怯)王及至。(兩書作比至)斬馘十二。(兩書有人字)還(初作獲)所掠生口八千。遂以捷聞。於是兵科都給事中屈伸等(初有交字)劾其殃民玩寇。帝乃降勅切責。(初有之及朝命遣五字抹去)而千戶牟斌往勘事還。備陳諸將失機狀。且言暉等所至。預檄(初有令)有司具羊酒以待。而紀功御史王用亦(初作復)言逵等部下所過(初作至)需求。章俱下兵部。(初作既而二字)暉疏辨。反停斌俸兩月。(初作帝不問)是役也。(兩書無上一段遂以捷聞句即捷是役也)諸大帥(初作琳暉)貪緣受任。才實不足制勝。(初作變)且師(初作兵)行無紀。又多逗遛。(初作規避)而諸將如郭鋐鄭英輩。亦皆縮朒退(初作畏)避。致寇益得志。邊郡(初作隴)之民。死者無算。時人經被寇之處。(初作有遇寇所之地)見腐胔(初作皆人髮)遍野。髮縈蔓草。(初作蒙胔蔓草後改蔓草縈胔均抹去)莫不痛心。而諸郡苦於轉輸。數年後。瘡痍猶(初作民氣尚)未復。關隴之物力耗焉。(初作物價亦因之騰貴焉)戶部餉軍之費。至八十餘萬。他郡徵發稱是。而先後獲首功止十五。時議以爲大恥。由是廷臣連章劾三人罪。帝素仁柔。且以逵有內援。竟不動。(王稿大帥貪緣受任非制勝才師行紆迴無紀律邊民死者無算胔骼遍野而諸郡因轉輸關隴物力耗焉餉軍費八十餘萬他徵發稱是先後獲首功十五級而已廷臣皆以爲恥連章劾三人罪帝仁柔逵有內援竟不問　明史大帥非制勝才師行迂迴無紀律邊民死者徧野諸郡困轉輸餉軍費八十餘萬他徵發稱是先後僅獲首功十五級朝廷連章劾三人罪帝不問)已用(初用上有御史二字)上搗巢有功將士。凡萬餘人。兵部擬給賞(初作優錄後改敘賞又改給字)四千四百五十人。帝以爲少。(初作輕)將普加優擢。(初作行大賚)尚書馬文升等言斬馘實止三級。若過蒙殊錫。(初作恩)國典謂何。(初作未協)況今南北所在有警。(初作寇)賞功太濫。(初作罰不謹)人有幸心。將來冒功希恩(初作賞)者。何所(初作將不知)紀極。帝不從。乃錄(初作陞)奮不顧身者二百十人。署職(初作各)一級。餘皆給賞。(初作暉等三人賚銀幣)於是給事御史交章論奏。(初作執陳)大學士劉健等亦言不可。(初作上以爲言)帝(初有終字)先入逵等言。(初作給事中屈紳御史陳珀等咸言陞賞太濫終以逵有內援後抹去)咸不納。(王稿已上揭巢有功將士凡萬餘人尚書馬文升大學士劉健持之帝先入逵等言竟錄二百十人署職一級餘皆被賚給事御史交章論奏皆不納　明史已而上揭巢有功將士萬餘人下同惟至餘皆被賚即止)明年。正月。暉等班師。帝遣中官齎羊酒勞之郊外。(下有於是二字)御史林世逵等復劾暉三人(初作等)失事罪。(下有請置之法四字)而(下有兵科二字)屈伸等言之尤切。(下有兵部亦以爲言句)帝終(初作皆)不聽。(王稿班師遣中官齎羊酒勞之郊外給事御史極論暉罪終不聽　明史及班師帝猶遣中官齎羊酒迎勞言官極論暉罪終不聽)十六年。代顧溥總都團營。(王稿十六年暉總督團營　明史作以暉)領三千營右府如故。

武宗即位之月。寇(王稿敵)大入宣府。(初作大同)復命暉偕逵琳帥師往禦。(初作出禦兩書無禦)既至。琳等以寇盛。請兵部別爲計。(初有於是二字)給事中尙衡劾之曰。琳(初作暉)等斗筲庸才。嘗兩總宣府榆林兵事。一無成功。今奈何復以二人往。邊人聞之。咸有中朝無人之歎。乞早爲之所。毋令再敗乃公事。(下有乃勅暉等盡心調度務底成功十二字抹去)未幾。(以上兩書均無)寇復轉掠大同。參將陳雄擊斬八十餘級。還所掠人口二千七百有奇。(兩書同　王稿寇作敵)暉等以捷聞。列有功將士至二萬餘人。(兩書暉等奏捷列有功將士二萬餘人)給事中徐忱言。(初有暉等已奏捷音而監簿大監陸閣復報聲息是賊猶故也且所報功次亦多未明後抹去)逵等所攜勢要子弟蒼頭至千餘人。此輩有功輒擢。(初有其害非細請爲嚴禁二語後抹去)而其所報功次亦未明。請遣官覈實。帝以既有紀功官。遂寢忱奏。(初作詔令紀功官覈之)無何。(初作既而)琳等以被劾乞還。會寇勢已緩。許之。(初作令還京)忱及御史李天賦等復劾暉三人(初作等)老師費財。欺罔僨事。且言暉縱家人擾民。其罪尤甚。(王稿僅作給事御史復劾暉等　明史無此段)於是命大理丞鄧璋往勘。(初有之字)而逵上章自理。帝溫旨褒答。言官復劾逵等欺罔。(初有狀字)命下璋幷勘。璋難其事。(下有且字抹去)言逵等報功之册二萬餘人。紀功御史劉淮已去其半。輿論猶以爲濫。請命兵部一人(初作侍郎)同勘。乃以命侍郎閻仲宇。(初作乃命閻仲宇同往)已(初作既)而(初有仲宇等三字)勘上。言所報功多不實。(下有閻等冒功匿罪當治句抹去)是時宦官已用事。(下有上字)左右之。得旨。(下有謂閻等功可掩罪句抹去)令兵部運敍。（初有將士功三字）於是兵科都給事中艾洪等上言。賞罰人君大柄。近將臣假衝鋒破敵三次當先之名。以幸功掩罪。而陛下輒聽之。彼或身在京師。（初作而字）假報姓氏。或令人代往。（初有頂代）冒爲己功。（冒上初有而字）聞前日大同之戰。邊軍在前。（初有者字）多被殺傷。京軍在後。鋒鏑不及。（初作輒蒙利）今敍功則獨歸京軍。（初有而字）略於邊卒。後有寇患。誰復用命哉。（初有今宜停衝鋒諸名而專錄邊軍之巧闖與巡撫吳江周南雖收後效難贖前罪一段後抹去　又有至於二字）暉達敷奏失實。法當論罪（初作幷論）。是時琳已卒。終以達羽翼衆。咸得給賞。（初作帝迫於公議後止給賞後抹去　兩書僅云命兵部侍郎閻仲宇大理丞鄧璋往勘所報多不實終以達故衆咸給賜）既而劉瑾得志。（初作竊權）諸大臣多被逐。暉等（初作乃）夤緣瑾。奏錄功太薄。（初作復奏先次將士之功抹去）將士觖望。請依成化間白狐莊例。普行進（初作盡加官）秩。兵部（初有尚書許進等）力言不可。且請究治暉等。爲罔上市恩之戒。帝不許。竟如暉言。各進一秩。制下。物議沸騰。兵部復以爲言。（初有請給賞或量升署職止終本身十二字）帝終不聽。於是得擢（初作陞）者一千五百六十三人。時議皆咎暉。而是時諫官直言者。（初作言官）多得罪。莫能爭（初作諫）也。（王稿劉瑾得志暉等夤緣瑾更奏錄功太薄請依成化間白狐莊例兵部力爭之帝竟從暉言制下朝議沸騰兵部復辭不可卒不納於是擢者千五百六十三人明史劉瑾用事暉等更奏錄功太薄請依成化間白狐莊例兵部力爭不納竟從暉言得擢者千五百六十三人）暉尋加太保。（王稿同　明史無尋字）正德六年。卒。暉雖將家子。其勇（初作智）略遠不逮（初作及）父。（初有而老成謹厚亦有足稱者十字抹去）兩出督師。（以上初有其字）皆遭物議。以與中官共事。（以上初有徒字）故悔尤不及云。（兩書均無此段）子麒。仍襲（初作嗣爲）撫寧侯。（初有數典軍府四字抹去　兩書均作子麒襲侯）正德十二年。充總兵官。鎭守兩廣。（兩書均作嘗充總兵官鎭兩廣）與姚鏌平田州。誅岑猛。加太子太保。嘉靖六年。召還。十三年。（初作久之）守備南京。踰年。解任。卒。（兩書均作嘉靖初召還久之守備南京卒）子岳嗣。三十四年。（兩書無此四字）亦守（初作協守）備南京。隆慶中。卒。無子。從弟岡嗣。（王稿同明史無）萬曆十八年。卒。（王稿僅作卒）子繼祖嗣。卒。弟繼勛嗣。協守南京。已改守備。三十七年。囘至臨清。鈔關主事許鼎臣徵其稅。羈留數日。繼勛憤恚。投水死。鼎臣坐解職。（王稿萬曆間還至臨清鈔關主事許鼎成徵其稅留之數日憤恚投水死鼎臣坐解職）孫國弼嗣。（明史不載岡以下等人僅云四傳至孫國弼）天啓中。楊漣劾魏中賢。國弼亦乞速賜處分。消蕭牆大禍。（王稿無大字明史無此句）忠賢怒。停其歲祿。（初作俸）崇禎時。總督京營。溫體仁柄國。國弼抗（初作復）疏劾之。詔捕其門客及繕疏者下獄。國弼（兩書無此二字）停祿如初。由是中外以爲賢。（兩書無此句）福王立。（王稿福王上有及字）自稱定策勛。詔進封保國公。（明史及至南京進保國公）國弼自是變其初節。與馬士英阮大鋮等相結。力排正人。（初有盡變其初節五字後抹去增自是下）至國亡乃已。（王稿自是與馬士英阮大鋮等相結而明亦遂亡　明史乃與馬士英阮大鋮相結以訖明亡）

陳鑑 何觀

明史稿列傳第四十二　明史列傳第五十

陳鑑。字貞明。高安人。宣德二年進士。授行人。正統中。擢御史。鑑歷身清苦。以風節自期。（王稿僅云厲風節　明史無）出按順天諸郡。（兩書無諸郡字）奏言。今風俗澆漓。京師爲甚。寇擾竊發。畿甸爲多。此愚者以爲迂緩不急之務。而知者所深慮也。臣推其故有五。（兩書言京師風俗澆漓其故有五）一軍民之家。事佛過盛。供養施賚。傾貲不恡。二營辦喪事。率至破家。惟誇觀示之美。何益送終之數。（初作實無哀痛之誠）三服食靡麗。侈用傷財。四優倡爲蠹。淫蕩無極。五賭博破產。十常八九。凡茲數者。前此未嘗不禁。但禁之不嚴。齊之無禮。日盛月滋。害治非細。請申明舊例。參以前代禮制。務使簡而易知。畏而不犯。庶風俗再（初作自）淳。寇盜不作。（兩書僅云一事佛過甚二營喪破家三服食麗靡四優倡爲蠹五博塞成風）章下禮部。謂所言已有禁令。格不行。（兩書章下禮部格不行）改按貴州。（初有時字）麓川賊思機發自大軍再征。已窮困遠竄。屢上書哀訴。乞宥（初作服）罪通貢。而王振不許。復大舉（初作令王驥）遠征。（王稿麓川思機發自大軍再征窮竄屢上書哀訴乞宥罪通貢王振不許復大舉遠征　明史時麓川酋思任發子思機發遁孟養屢上書求宥罪通貢不許復大舉遠征）時雲貴軍民疲（初作困）敝。苗寇乘機蠢動。（王稿明史均無寇字　明史上無時字）而閩浙間盜賊亦發。（兩書均無而字　明史盜賊大起）中外（兩書均作舉朝）皆知其不可。畏振（初作而）不敢言。（王稿懲球禍無爭者　明史懲劉球禍無敢諫者）鑑獨抗章。曰。今賊酋逃遁遐荒。苟延殘喘。素不爲邊境患。宜耑責雲南守臣。相機剿滅。（初作捕）何必遠勞禁旅。萬里長征。（王稿鑑抗章言賊酋遠遁不爲邊患宜專責雲南守臣相機剿滅無遠勞禁旅　明史十四年正月鑑抗疏言賊酋遠遁不爲邊患餘與王稿同）振大怒。（明史王振怒）欲困之。改鑑雲南參議。使赴騰衝
招賊。而（初作振）怒猶未已。撫鑑爲巡按時嘗請（初作改字）四川播州安撫司。改隸貴州。以是爲鑑罪。（王稿怒未已撫鑑爲巡撫時至以爲鑑罪
明史已復撫鑑至爲鑑罪餘同）令兵部劾之。逮下吏。法司承振指。遂坐變亂舊章。（王稿無十一字　明史無十四字）論死。繫獄。明年。（兩書無）
景帝嗣統。（兩書作位）赦出之。（兩書作乃得赦）以爲（兩書作尋授）河南參議。廉介敦謹。不通請謁。（兩書無此八字）致仕歸。卒。先是侍講
劉球以諫征麓川致死。中外遂以言爲諱。鑑一言之。竟以得禍。至景帝時。言路大啓。由是廷臣爭發舒
言事。（初作雖戍卒賤吏亦得上書論政事）而其時以言得罪者。自何觀始。（兩書初自正統中劉球因忤王振冤死鑑既下獄中外莫敢言事者數年至景帝時言路始開爭發憤上書有何觀者復以言得罪去）觀以善
書爲中書舍人。景泰二年。十月。上言。尚書王直輩。（初作等）正統中。皆阿附權奸。今不宜在左右。又言
瓦剌使臣來貢。徒費賞賚。不若安置南方。絕往來之擾。時中貴用事者。見疏中權奸語。以爲侵己。激
帝怒。欲罪之。（王稿景泰二年劾尚書王直輩正統中阿附權奸今不宜在左右又言瓦剌使臣來貢徒費犒賚不若安置南方絕往來之擾中貴見疏中權奸語以爲侵己激帝怒　明史景泰二年劾尚書王直輩正統時阿附權奸不宜在左右中貴見權奸語以爲侵己激帝
怒）下科道參議。吏科毛玉主稿。（兩書均作奏稿）力詆觀。刑科林聰（初有以爲已甚四字）請易之。玉不可。聰以語兵科葉盛。乃偕
同官索視。玉不肯予。盛等固索。始出之。衆咸請易。玉曰。上怒甚。不可易也。盛曰。朝廷大開言
路。未嘗罪一言者。今雖怒觀。猶令我曹（初作輩）參議。甚盛德也。君獨不念劉球乎。球之死。人至今罪王
振馬順。萬一雷霆之下。致有不測。是我曹爲之。而使君父蒙拒諫之名也。且諸君亦言官。獨不爲他日
身計耶。玉意稍解。因去數語。奏之。（王稿林聰請易之玉不可葉盛言之力乃刪數語奏之　明史林聰葉盛持之乃刪削奏上）會御史疏亦上。中有觀以考滿不
遷私憾吏部語。蓋侍郎項文曜屬之也。（明史無此語）帝怒。下觀詔獄。杖之。謫九溪衞經歷。（兩書止此）後數日。盛遇
錦衣鎮撫。語及觀事。曰。彼何可深罪。杖惟具數耳。故時議以玉爲忮。

孟玘 章泰　楊集　明史稿列傳第四十二附鍾同傳　明史列傳第五十六附鍾同傳

孟玘。（初有字廷振三字抹去）閩縣人。正統四年進士。除戶部主事。（初有改禮部三字抹去　旁添時有司開上杭銀冶得不償失玘奏停之一行亦抹）從駕北征。師敗。矢貫玘臂。雜叢屍中。得不死。上皇居南城三年。羣臣不得朝謁。玘因旱災。極言之不聽。仕終盧州知府。（得不死下初作章綸鍾同之以諫復東宮下獄也玘抗章繼言之帝亦不罪歷知萊州盧州二府政尚清靜致仕卒後以朱筆抹去　王稿鍾同傳方同下獄後有禮部郎孟玘者上疏繼言之帝獨不罪　明史方同下獄時有禮部郎孟玘者亦疏言復儲事帝不罪）先是景泰二年冬。（初作十月）廝陽教諭韋（目作韋此作韋）泰。陳三事。一願孝。一願弟。一願武。其言願弟尤切。略言詩稱凡今之人。莫如兄弟。誠以兄弟異形同氣。不可得離也。（初有仰維二字）章皇帝篤生聖嗣。止上皇與陛下二人。故陛下剪桐之始。卽留止京師。上皇之意。豈不以手足情親。不忍違遠。冀時時晤面而日見之乎。今鑾輿復返。二聖重懽。（下有陛下有願下二字臣字）體上皇友愛之意。師古帝親親之仁。以父道尊事上皇。以子道教育儲聖。凡恩禮之施。有隆無替。則萬民將觀感而歸厚矣。帝報聞。（兩書均不載）同（初作綸）等之繫（初作下）獄也。進士楊集上書于謙曰。奸人黃玹獻易儲之議。不過爲逃死計耳。乃公等遽成之。公等國家柱石。可戀宮保之榮。（下有而字）不思所以善後乎。今同（初作綸）等又下獄矣。脫諸人死杖下。而公等坐享崇高。如清議何。謙以書示王文。文曰。書生不知忌諱。要爲有膽。當進一官處之。乃以集知安州。集常熟人。（兩書而進士楊集上書于謙至以集知安州均同惟王稿乃公等遽成之明史無乃字　兩書均作玘閩人集常熟人也）

丁瑄 柳華　柴文顯　汪澄　明史稿列傳第四十六　明史列傳第五十三

丁瑄。（兩書均有不知何許人句）正統間爲御史。十三年。九月。鄧茂七反。福建守臣不能禦。屬邑多陷。命瑄（下有馳字）往視賊勢。相機招（初作撫）討。而即日遣都督劉聚等。以大軍繼其後。（兩書先敍柳華捕礦盜及茂七稱王至東南騷動始云十三年四月茂七圍延平刪卷御史張海登城撫諭賊訴乞貰死免三年徭役即解散爲良民海以聞命瑄往招討以都督劉聚僉都御史張楷大軍繼其後）瑄既至。先令（初作遣）人齎勅諭招撫。（兩書先令人齎敕往撫）賊黨頗有悔意。而茂七恃衆彊不肯降。（兩書僅云茂七不肯降）瑄因馳赴沙縣圖之。（兩書無因字）先是茂七攻圍延平。不克。而退。明年。二月。瑄令沙縣人羅汝先誘之復攻延平。而瑄督衆分道衝擊。賊大敗。遁走。指揮劉福追之。遂斬茂七。（兩書作賊首林宗政等萬餘人攻後坪欲立砦瑄令通判倪冕等率衆先據要害而身與都指揮雍埜等邀其歸路斬賊二百餘級獲其渠陳阿巖明年二月瑄誘賊復攻延平督衆軍分道衝擊賊大敗遁走指揮劉福追之遂斬茂七）餘賊俘斬（初作獲）無算。脅從者咸招撫復業。（初作招降脅從二千五百人兩書均作招脅從復業）未幾。復破賊千餘人。擒其魁林子得等。（兩書均作未幾復禽其黨林子得等）已而尤溪賊首鄭永祖復以衆四千人攻延平。瑄偕都指揮雍埜等率師邀擊。生擒永祖。斬首五百有奇。餘黨潰散。（兩書作尤溪賊首鄭永祖率四千人攻延平瑄偕埜等邀擊擒之斬首五百有奇餘黨潰散）瑄之破茂七也。其功實多。而爲都御史張楷所攘。（兩書作楷之蒞大軍討賊也至建寧頓不進日置酒賦詩爲樂聞瑄破賊則馳至延平攘其功）瑄亦依違具奏。（初作報瑄被脅依違具奏）（兩書作）已而事露。有詔責瑄。（兩書作福不能平愬之詔責瑄具狀）瑄因具陳其狀。（初作實以聞）帝以瑄有功。不問。楷等竟獲罪。（兩書楷等皆獲罪瑄有功不問功亦竟不錄）時茂七雖死。其從子伯孫等勢復熾。（兩書無時字）會（兩書無）朝廷。再遣陳懋等以大軍來討。（兩書無來字）瑄乃還朝。景泰初。出爲廣東副使。卒。（兩書此下接浙閩盜事）先是正統末。（初作時）朝議以福建多盜。命御史柳華往捕。（兩書於正統間爲御史句下即接初福建多礦盜命御史柳華捕之）華檄郡縣。於村聚（初作各）置更樓冷舖。（下有於諸村三字）編民爲軍。（兩書華令村聚皆置望樓編民爲甲）擇其豪爲長。俾督民巡徼。得自置刀鈇之屬。（兩書得自置兵杖督民巡徼）茂七等咸起自甲長。遂藉以倡（初作起）亂（兩書沙縣佃人鄧茂七素無賴既爲甲長益以氣役屬鄉民其俗佃人輸租外列餽田主茂七倡其黨令毋餽而田主自往受粟田主訴於縣縣逮茂七不赴下巡檢追攝茂七殺弓兵數人上官聞遣軍三百捕之初殺傷幾盡巡檢及知縣並遇害茂七遂大剽略僞稱剗平王設官屬黨數萬人陷二十餘縣都指揮范眞指揮澎璽等先後被殺時福建參政交趾人宋彰賄王振得遷左布政使侵漁貪惡民不能堪益相率從茂七爲盜東南騷動）都指揮鄧安等。以召亂自華。具奏劾之。時王振方欲殺朝士威衆。遂命逮華。而華已爲山東副使。聞命飲藥死。詔籍其家婦女。（初作妻子）沒入浣衣局。男子戍邊。時十四年（初作正統）五月也。（兩書當是時浙閩盜所在剽掠爲患將帥率玩寇而文吏勵民兵拒賊往往多斬獲閩則有張瑛王得仁之屬浙江則金華知府石瑁禽遂昌賊蘇才于蘭谿處州知府張佑擊敗賊衆擒斬千餘人於是帝降敕數詰讓將帥都指揮鄧安等因歸咎於前御史柳華時王振方欲殺朝士衆命逮華華已出爲山東副使聞命仰藥死詔籍其家男戍邊婦女沒入浣衣局而御史汪澄柴文顯亦是得罪）數日。御史汪澄柴文顯亦以是得罪。（此上原有論者謂華所建置頗合事宜時武將不能滅賊反委罪文吏以自解華遂與叛逆同科時咸寃之居後抹去）初。澄巡（兩書無巡字）按福建。以茂七作（兩書無作字）亂。檄浙江江西進兵會剿。（兩書會討）尋以賊方議降。令兵且勿進。（兩書止兵毋進）越五日。偵知賊無降意。復趣令進兵。（兩書既知賊無降意復趨進兵）而賊已不可制。至是。（兩書無此二字）浙江巡按御史黃英以聞。（兩書英恐得罪具白澄止兵狀）兵部因劾澄失機。而（初作止軍會三字）福建三司亦言賊之（兩書無之字）初起。按臣柴文顯匿不以（兩書無以字）奏。養成（兩書作釀成）今患。遂俱下吏。獄成。詔磔文顯。籍其家。澄棄市。（兩書此下有彰及按察使方冊等十人俱坐斬遇赦謫驛丞天順初復官數語）論者謂華所建置。頗合事宜。（兩書作未爲過）澄文顯亦無死法。（兩書作罪不致死）一時（兩書無此二字）武將不能滅賊。反委（兩書無此字）罪文吏以自解。（兩書無此三字）華與文顯至與叛逆同科。天下皆惡振之專。（王稿橫）而咎帝之（王稿作朝廷）失刑云。（明史失刑實由王振云）華。吳縣人。文顯。浙江建德人。澄仁和人。（明史止此）皆起家進士。當澄之被刑也。戒其子。毋讀書取科第。後澄子諧篪。孫學賜。皆登（初作舉）進士。諧禮部侍郎。篪縣令。學太常卿。賜副使。（王稿澄被刑戒其子毋讀書取科第後其子孫多舉進士有至大官者）

宋欽 竺淵　耿定　王晟　兩書均無惟竺淵等三人附張驥傳（王稿列傳五十一　明史列傳六十一）

宋欽。蒼梧人。永樂中。舉於鄉。入國學。除戶部主事。歷（初作歷郎中遷後改歷爲進後又抹去進郎中三字）湖廣右參議。正統末。王驥復征麓川。欽轉餉有功。擢廣東右布政使。（初有未幾二字抹）調（初作改）江西。尋轉湖廣右布政使。欽有吏才。所至以廉能稱。至是（初作時）苗寇猖獗。欽偕將吏悉心經畫。寇平。遂致仕。天順七年。冬。泰寧侯陳涇鎮廣西。方駐師梧州城。與中官朱詳巡按御史吳璘及監司數人議軍事。而大藤峽蠻賊七百人乘夜梯城而入。涇等不之覺。初作大藤峽蠻賊七百人夜入梧州城總兵官泰寧侯陳涇方擁大軍駐城中比聞。倉皇初作失措後改戰慄後又抹去擁兵自衛擁字上有惟字後抹去不敢出擊。賊遂劫副使周璹爲質。大肆剽掠。欽時家居。不忍士民初作不勝二字屠毒。挺身見賊。曉以利害賊怒被執。罵賊而死。初作遂遇害嗣改執之罵賊而死後又抹去之字執字先是正統九年七月。處州賊葉宗留等此四字後添數百人。越境盜銀礦於福安縣。福建參議竺淵。偕都指揮劉海等。率衆往禦。初作捕衆寡不敵。淵見初作被執。初作殺亦罵賊死。海被傷歸。淵奉化人。由進士授刑部主事。會礦盜起。特擢淵參議。往治之踰年。遂被難。下有事聞官其一子六字抹去至十四年春。麗水賊陳鑑胡作亂參議耿定僉事王晟死焉。定和州人。宣德中。由薦辟初作舉起家。歷官刑部郎中。有能譽。其以參議守處州也。初作以浙江參議分守處州會鑑胡爲寇。偕晟及千戶楊清初有等字率兵擊之。初有與賊二字戰於周坦。兵敗三人俱死。晟鄆城人。起家進士。下有由刑部郎出爲僉事參議句抹去事聞。淵等贈官有差。初作定贈副使晟云云抹去各蔭初作任一子。下有官字抹去

王稿張驥傳。麗水陳鑑胡。素以盜礦為業。七年。始為亂。流入福安。詔刑部主事竺淵為福建參議。往治之。被執。罵賊死。賊勢張甚。散掠浙江江西福建境上。參議耿定。僉事王晟。敗歿於麗水。淵奉化人。定和州人。晟鄆城人。皆進士。贈官有差。錄其一子。明史大致同。惟作。九年七月福建參議竺淵往捕被執死。參議耿定僉事王晟及都督僉事陳榮前後敗沒。

附楊瑄傳後

明史稿列傳第四十二　明史列傳第五十

始瑄下有等字之下獄也。亨等初作吉祥深惡言官復譖他言官初作與帝言諸給事御史之短。欲帝斥初作多逐之。兩書亨等復譖諸言官帝乃諭初作命吏部。下有尚書王翺四字抹去給事御史年踰三十五初作以上者留。餘悉改外任。兩書帝諭吏部給事御史年踰三十者留之餘悉調外於是尚書王翺言給事中何

玘等十三人。御史吳禎等二十三人。皆當改用。（兩書尚書王翺列上給事中何玘等十三人御史吳禎等二十三人）詔以玘等爲州判官。禎等爲縣令。（兩書作知縣）會有風雷之變。帝悟。乃切責而留之。（王稿會大風震雷拔木發屋須臾雨雹正陽門下馬牌飛擲郊外而亨吉祥家大木俱折雹尤甚二人亦懼掌欽天監禮部侍郎湯序本亨黨亦言上天示警宜恤刑獄於是帝感悟而玘禎等亦得無調　明史作須臾大雨雹無正陽門及雹尤甚句）先是。鵬等之上（初作疏）疏。御史劉泰魏瀚康驥實與謀。亦下詔獄。鞫訊。（初作榜掠）罪當徒。及鵬等既減死。三人亦復職。（兩書下瑄鵬及諸御史於獄榜掠備至泰翰驥三人復職）始與瑄同請建儲者。錢璡。鄞人。由進士爲御史。歷按陝西四川。咸有聲。天順五年。出爲福建副使。（兩書廷臣請立東宮帝不允瑄與同官錢璡樊英等約疏爭會奪門事起乃已）時帝用法嚴。尤深疾贓吏。任錦衣官校爲耳目。偵事者遍天下。七（初作明）年冬。御史田斌按四川。納（初作受）都指揮徐欽賄。出其罪爲校尉所奏。事連漏刻博士單誠。四川參議馮誠。俱逮下詔獄。酷掠之。論罪有差。命再訊斌他官（初作諸奉使）受賄者。（兩書無此一段）

廖莊

明史稿列傳第四十二　明史列傳第五十

廖莊。字安止。吉水人。宣德五年進士。八年。改庶吉士。與知縣孔友諒等七人（初作俱字）歷事六科。英宗初授刑部給事中。謇諤敢言。（王稿有敢言聲　明史無）正統二年。御史元亮請如詔書蠲邊軍侵沒之（兩書作糧）餉。不允。按察使龔鐩亦請如詔書宥盜犯之（兩書無）未獲者。帝（初作詔）已賜允。而法司寢不行。（王稿同　明史無帝已四字作法司亦寢不行）莊以詔書不當失信。（兩書莊以詔書當信）上章爭之。五年。京官出修備荒政者。奉詔徵民逋負。（初作遣官修備荒之政且徵民逋負　兩書詔京官出修荒政兼徵民逋）莊慮使者督趣困民。（初作致民失所）請有災郡縣俟至秋成。（王稿請寬災歉州縣俟秋成　明史作災傷）帝多從其請。（明史作從之）先是。（初作故事）倉場庫局陰陽醫學閘壩驛遞諸小使。（初作官）布政司有自行句問。（下有又字）有具奏提問者。至是陝西布政（初作使）郭堅請定劃一之例。事下法司。謂宜從布政司句問。莊爭之曰。律載在外五品以上官。有犯奏聞。請旨。六品以下。聽巡按御史按察司官取問。則倉塲諸官卽在六品以下中。但當從風憲官問。而不當從布政司問。明矣。法司議不可許。帝納其言。凡莊所駁正。(初有皆字)明律意。識大體。皆類此(初作意也)。(兩書均無此段)賑荒陝西。全活甚衆。還奏寬恤九事。(初有帝字)多議行。楊士奇家人犯法。偕同官論列。或曰。獨不爲楊公地乎。(初有答字)曰。正所以報(兩書均作爲)楊公也。八年。大理寺官(初作少卿薛瑄等)盡下獄。(王稿作盡下獄明史無此語)命與御史張驥同署寺事。(明史八年命與御史張驥同署大理寺卿)踰月。卽以爲左寺丞。(明史踰月授左寺丞)久之。(明史作十一年)遷南京大理左少卿。(明史無左字)景泰五年七月。上疏(初作言)曰。上皇在南宮。

此傳未完　兩書遷南大理寺少卿下有齊韶納賄一段方接景泰五年七月上疏事

陳嘉猷

兩書均無

陳嘉猷。字世用。餘姚人。父贄。舉經明行修。爲杭州府學訓導。官終太常少卿。嘉猷登景泰二年進士。授禮科給事中。有訓導陳冕。以治沙灣決河。擢教授。後河復決。冕言欲息斯患。在用臣言。工部以爲(初作惡其)妄誕。請送山東巡撫所。責其成功。否則械赴京懲治。嘉猷疏爭(初作上言)曰。朝廷常降詔求治河方略。未有應者。冕旣有修治之績矣。奈何嫉之。置諸有罪之地。若置冕。(初作且冕言而見罪恐)人皆緘口。誰肯以方略上陳者。一冕不足惜。國體所繫甚重。乞令冕協同巡撫諸臣設策修築。爲巡撫者。毋賤其(初作以冕官)卑而自尊。爲冕者。亦毋是其言而自肆。庶乎績用有成。國體不失。帝從之。五年。戶部以鈔法不通。議令兩京塌房果(初作菜)園蔬圃及大小鋪廛(初有按字)月輸鈔。於是人(初作民間)情洶洶。幾至罷市。嘉猷率同官上言。司國計者。固當體國。亦當恤民。邇來旱澇遍天下。流殍塞道途。而兩京國家根本尤宜加恤。豈可當凶歉之秋。爲擾民之事。縱使鈔法流通。而民已不勝困敝矣。（初有臣等以爲四字）夫欲足財用。在陛下躬行節儉。去（初有汰）冗官。汰冗兵。省無益之費。罷無功之賞。停不急之務。禁游食之民。則財賦自充。奚必頭會箕斂。（初作如此煩奇）絕小民衣食之源乎。帝感其言。於是園圃及小廛皆得免徵矣。母憂服闋。起官刑科。天順三年。朝鮮國王李瑈與建州董山媾。私授以官。將爲邊患。詔遣嘉猷往責之。瑈惶恐稽首謝過。寢其奸謀。（初作天順三年偕行人澎盛册封滿剌加封蘇丹芒速沙爲王後抹去　王稿朝鮮傳天順三年邊將奏有建州三衞都督私與朝鮮結恐爲中國患因敕諭瑈毋作不靖貽後悔）還偕行人彭盛册封滿剌加。泛海至中流。遇颶風。破其舟。飄蕩六日返至海南衞。值他舟救援。僅而得免。幣物皆壞。易之以行。還擢（初作進）通政左參議。成化初。進右通政。遭父憂。（初作優）詔奔喪畢起視事。力辭。不許。

明史滿剌加傳。天順三年。王子蘇丹芒速沙遣使入貢命給事中陳嘉猷等往封之。越二年。禮官言嘉猷等浮海二日。至烏豬洋。遇颶風。舟壞。飄六日。至清瀾守禦所獲救。敕書無失。諸賜物悉沾水。乞重給。令使臣復往。從之。

李儀

明史稿列傳第四十四　明史列傳第四十七

李儀。涿州人。（兩書均涿人）永樂（初作宣德抹去）間。以薦舉授戶部主事。宣德元年。帝既平漢王高煦。（兩書宣宗既平高煦）還京數月。儀上奏曰。趙王高燧。素有異志。樂安之事。焉知其不預謀。今高煦之擒雖足以懾其心。亦足以增其忿。我務（初僅用）姑息。彼蓄危疑。其爲變也。不言可知。計莫若去其護衞。抑其威權。則恩義兼盡。

骨肉保全。否則養成禍胎。終爲後患。（兩書僅云儀請去趙王護衞）明日。帝以（初作覽）語侍臣。張本曰。（兩書帝語侍臣張本曰）往孟賢謀逆。趙王未必不知。即（初作去年）高煦亦謂與趙合謀。儀言良是。（兩書無即字良字）望聖斷行之。勿疑。（兩書無此句）夏原吉等亦曰。陛下欲保全趙王甚善。然人言不可不思。儀所奏是亦保全之道。帝頷之。（王稿夏原吉曰陛下欲保全趙王儀言亦保全趙也　明史帝不聽）後果遣使諭王。（初作趙）如儀指。（王稿帝遣使諭王如儀指　明史既而言者益衆帝封其詞遣使諭王如儀指）王即獻還護衞。趙以安。（兩書王即獻護衞趙卒無事）儀尋出知九江府。有惠政。英宗即位之歲。始設諸邊巡撫。大同宣府則以命侍郎李新。（初有任之二字）新托疾不赴。乃擢儀右僉都御史。代之。（兩書僉都御史丁瑄方督大同宣府軍儲而儀以右僉都御史巡撫其地）儀至。號令一新。凡所建置。多可爲後法。（王稿儀至盛有所建置號令一新　明史無號令四字）時北虜諸部已弱。而朝議欲遣方政楊洪等出塞追襲。（初作巡徼　王稿時朝議欲遣方政楊洪等出塞襲迤北諸部　明史明年請以大同東西二路分責於總兵官羅文方政從之時朝議遣方政楊洪出塞與甘肅將蔣貴史昭合擊朶兒只伯）儀上言。四夷爲中國患。自古有之。特在備禦有方耳。昔漢文帝時。匈奴入寇。遣兵擊之。出塞即止。後命徐厲周亞夫屯棘門細柳。只防其來。非用以進擊也。今和寧殘部。窮無所歸。乍臣乍叛。小爲邊寇。此情之常。爲邊將者謹斥堠。練士馬。以待之。賊將自遁。何必窮兵遠涉。以幸一勝。倘賊偵（初作探）知無備。襲我空虛。有所損失。適足爲外夷笑。乞勅政等持重。無務窮追。（兩書儀言四裔爲患自古有之在備禦有力耳和寧殘部窮無所歸乍臣乍叛小爲邊寇邊將謹待之將自遁何必窮兵萬一乘虛襲我稍有失適足爲笑乞敕政等無窮追）不納。（初不字上有書奏二字）儀以所部學校無書籍。請頒五經四書。性理大全。及爲善陰隲。孝順事實諸書。以資師儒講習。從之。儀居官持廉守（初作執）法。軍民畏服。（兩書均無儀以下一段）以督糧參政劉璉不職。劾奏之。（兩書督糧參政劉璉不職儀劾之）璉亦誣儀淫亂事。（兩書璉乃誣儀淫亂事）適參將石亨欲奏鎭守中官郭敬罪。先以（兩書無以字）咨儀。儀誤封（兩書作緘）咨牒於核餉主事文卷中。戶部以聞。致亨敬亦（初作互　兩書無）相奏訐。帝怒。命儀璉自陳。（初作詔責儀等自陳　王稿帝怒命儀璉自陳　明史詔儀璉自陳）而切責敬等。璉以陳情不實。（初作言不盡情）令御史責取死罪狀。（兩書無此二語）停俸二年。（兩書儀止停俸二歲）儀雖引罪。而自負理直。（兩書自負其直）詞頗憤（兩書無此字）激。言官遂交章論列。（兩書作遂被劾）逮儀下獄。廷訊。獄成。竟瘐死。（兩書備作下吏瘐死）時正統二年二月也。（王稿無此句明史無時字）邊人素德儀。（兩書儀居官廉謹邊人素德之）聞之。皆泣。為建昭德祠。春秋奉（初作享）祀不絕。（兩書聞其死建昭德祠以祀又有丁瑄小傳附後此稿無）

丘弘

明史稿列傳第五十八附毛弘傳　明史列傳第六十八

丘弘。字寬叔。上杭人。舉（兩書無此字）天順末進士。授戶科給事中。謇諤自將。好陳時政缺失。（王稿無明史僅云數陳時政）成化初。京師士民居喪。率（初作多）張筵陳戲樂。（初作張筵燕飲歌唱戲劇）民間婦女。多以淫佚罹罪。（初作遭法）弘疏請嚴禁。（初有且字）犯奸之媍。（初有欲字）令荷校示戒。（初作懲）法（初作所）司言荷校必於市。（初有然字）使監守者晝夜雜居。（初作處）欲其知恥。而愈不知恥矣。宜與居喪燕樂者。並令所司嚴緝痛（初作重）懲。詔可。時諸邊將校多不職。弘請敕兵部簡汰。於是罷黜者數人。（王稿成化初上言水旱相仍天變屢見或征斂苛急流移未輯或土木漸興財用不節或賞罰過當請屬肆行內嬖鮮恭順之節左右無正直之人讜言莫褒忠鯁見斥願陛下痛加修省盡反前政條上時務十一事帝頗納之所載與此稿異明史則均不載）三年。以（王稿無此字）寧夏地震。條上修德弭災七事。（下有進左給事中五字抹去　明史無此語）明年春。偕同官上言。洪武永樂間以畿輔山東土曠人稀。詔許民戶盡力開墾。永不起科。邇來（兩書作者）權豪怙勢。（下有或稱為退灘句抹去）率指為閒田。（初作或指為空地）朦朧奏乞如嘉善長公主求文安諸縣地。西天佛子劄實巴求靜海縣地。多至數十百頃。部臣（初作行者）受其囑托。略無執辯之詞。勘官（初作報者）畏其權威。（初作權勢）務為依違（初作亦作空間）之說。不知此皆無藉之徒妄為投獻。而欲（初作肆）漁獵其中耳。（自部臣至此兩書均無）夫地踰百頃。古者百家之（兩書無之字）產也。豈可徇一人之（王稿無之字明史有）私請。而奪百家之（兩書無）恆產哉。望收回成（初作還前）命。歸（初作還）地於民。勅所司痛除（初作懲後作革均抹去）往弊。示以重典。生民之幸。亦國家之利也。（自望收至此兩書無）帝納其言。詔自今求者皆不許。著為令。已而（兩書無此二字）劄實巴所乞之地。竟還之民。弘再遷至都給事中。

六年。夏。山東河南大旱。民饑。（兩書無此二字）請（請字上初有弘等二字）發臨清德州倉儲三十萬石賑濟。（兩書作弘請賑）又（兩書作因）言四方告災。部臣拘成例。必覆始免。（初作而後免）故（兩書無此字）上雖蠲租。下無（兩書作鮮）實惠。請自今遇災。（初有但由二字）守令中撫按官。即勘實蠲免。（兩書作撫按官勘實即與蠲除）章下戶部議。（初作請）發臨德二倉五萬石。其道遠及河南民。隨所在發廩賑恤。（兩書無章下至此語）從之。是時。（兩書無）萬貴妃有寵。（初作帝耽於游樂）服用器物。（初作用物）窮極奢麗。（兩書無此八字）中官梁芳陳喜等。（初作輩）爭進珠寶。悅（初作珍玩以希）其意。（兩書作中官梁芳陳喜爭進淫巧）奸人（奸上初有有字）屠宗順輩。（初作者）因貪緣芳。日進奇異寶石。（兩書作日獻奇異寶石）輒酬厚價。（兩書輒厚酧之）所費帑藏以百萬計。（初作獲利不貲兩書糜帑藏百萬計）有因以得官者。遂致（兩書無此二字）都人倣傚。競尚侈靡。僭擬無度。弘偕同官（初作弘等上疏）疏論宗順等罪。請追還所費（初作所得內）帑金。（兩書請追還帑金）而嚴禁（初作懲）僭侈之俗。（兩書作嚴禁侈俗）事下刑部。尚書陸瑜（初有等字）因請寘宗順等於理。（初作獄）沒其貲。以賑饑民。如給事言。（兩書無此四字）帝不許。但命僭侈者罪無赦。然（初有亦字）竟不能禁也。時（兩書無此字）京師歲歉。米貴。而四方游僧羣衆蠶（初作輩）食者以萬數。（兩書而四方游僧萬數）弘請驅逐。以省冗食。（初有從之二字）又請發太倉米三十萬石。（兩書無此四字）減（初作平）價以糶。再發十萬石。（兩書無）給貧民之無錢易米者。（兩書給平民最甚者）帝悉從之。復言在京百獸房及清河寺諸處養（兩書作所）育珍獸野禽。（初作鷹犬豺狼狐豹暨諸色蟲鳥）日飼以（兩書無以字）魚肉米菽。所費不貲。今小民多為道殣。而禽獸反食粱肉。（下有是以二字）誠所謂率獸而食人也。（兩自費至所此書無）乞並放之於野。以省冗費。（初作以其食食民兩書乞並縱放以省冗費）報聞。（此下初有弘居朝繩愆（初作拾遺）補缺號為稱職後抹去）明年。出（兩書無出字）使琉球。道卒。弘（初有立朝二字）繩愆補缺。號為稱職。其立朝風節。與毛弘相頡頏云。（王稿弘風節與毛弘相似人稱二弘云明史弘與毛弘同居言路皆敢言人稱二弘云）

萬季野明史稿辨誣

孟森

季野先生之學問，自有其不朽之著述。季野先生之家世、氣節、聲譽、行實，自有清一代公私所撰傳記。二百餘年以來，後生晚學，惟有景仰希慕，欲贊一詞，自覺已贅。惟先生以盡力於明史，爲所以報故國故君之志願，乃清國史館列先生於儒林，所敍修史大議論，實誣先生，向來無能辨正者。今於先生祠墓鼎新之日，特爲表而出之。所以慰襄此義舉者，表章先哲之盛心也。

清國史館先生傳中一則云：

『建文一朝無實錄，野史因有遜國出亡之說。斯同斷之曰：「紫禁城無水關，無可出之理；鬼門亦無其地。成祖實錄稱：『建文闔宮自焚，上望見宮中烟起，急遣中使往救，至已不及，中使出其屍於火中，還白上。』所謂中使者，乃成祖之內監也，安肯以后屍誑其主？而清宮之日，中涓嬪御為建文所屬意者，逐一刑訊，苟無自焚實據，豈肯不行大索令耶？且建文登極二三年，削奪親藩，曾無寬假，以致燕王稱兵犯闕，逼迫自殞；卽使出亡，亦是勢窮力盡，謂之遜國可乎？」由是建文之書法遂定。』

此段詞意甚悖。明二百餘年間親爲成祖之子孫臣庶者，從未以此惡聲加諸建文，至欲奪其遜國之稱，以正建文削奪親藩之罪。夫親藩果不可削奪，謂其削藩之方法未善，任用非人，以致君臣蒙難，是誠然矣。然不能以此用聲罪致討之法，謂成祖應有討罪之權，建文應有服罪之分也。勢窮力盡，卽不可謂之遜國。夫遜國之說，本爲成祖事。成祖史臣諱其篡弑之惡，託於建文自遜云爾。若必謂不應稱遜國，則書法惟有兩途：極端袒成祖，則對建文稱伏誅。試問此書法成祖敢受之乎？秉筆者苟稍有人心，敢出之乎？極端持正義，則對成祖稱篡弑。此固名正言順之事。而館臣撰先生傳之本意，乃罪建文，而非罪成祖也。則此奪其遜國之稱之說，非胸有橫梗之成見，決不忍道。先生何仇於建文而作悻悻之語，以致不能自圓其說乎？

其謂建文必已焚死，二百年來原爲成祖託詞以絕人望，而建文實未死也。正惟中使爲成祖之內監，故仰體成祖之意以誑天下，何謂由內監誑其主？刑訊不得自焚實據，何以不行大索令？此有兩說：成祖之大索，乃索於暗中，決不索明令。明令大索爲一說。成祖方指火中之后屍而哭曰：『癡兒何至是！』以焚死誑天下矣，又可明令大索以自實其誑乎？以暗中大索爲又一說。暗中大索，史不明載之乎？胡濙以訪仙人張邋遢周行國內者二十一年，以跡建文；鄭和下西洋，偏歷國外諸島，以跡建文。若果已得建文之屍，何故爲此多餘無謂之舉？至駁水關、鬼門等語，此本是致身錄之妄說。致身錄有十不可信，錢謙益已言之。當時館臣恆舉謙益之說，以斷定建文之出亡爲妄；其實，謙益謂致身錄爲僞書，仍以建文之出亡爲實事。有學集中有建文年譜序，中言讓皇帝之至德，歷歷可數。館臣不據此文，而偏據彼文，因致身錄之僞，遂謂出亡亦僞，援謙益而誣謙益，當時仰體朝旨，自有作用。且謙益明謂有僧溥洽親爲建文剃染，以榮國榻前一語，改參彝而典僧錄云云。榮國者，姚廣孝也。溥洽事，明史亦載姚廣孝傳，祇言建文帝爲僧遁去，溥洽知狀，未及剃染之說。要可以謙益之文證之，知建文行遁是眞，而史館定坐以焚死，則有故矣。

朱三太子之案，至康熙四十八年乃結。明明崇禎帝之子，坐以詐冒而戮之。館臣定稿，正在天下洶洶，傳有朱三太子之日。淸廷必以朱三太子爲妄傳，以安人心，且便於弋獲之後，可以假冒定讞，以除所忌。其用意與明成祖之對建文同。故於修明史而及建文，亦必主張建文爲焚死，以見失國之君主或其子孫，斷無能隱遯在野之理。館臣可有此希旨之擧，季野先生必無此媚世之心也。建文之書法定自館臣，必非先生意，故曰誣先生也。

何以證之？今且求淸儒林傳先生傳此文之所由來。儒林、文苑之列爲專傳，本起於乾隆以後。淸初之文儒，其有傳於淸國史，亦皆乾隆以後所補。萬先生之傳，作者不止一家，惟錢大昕潛研堂載所撰萬先生傳，有此定建文書法一則。史館采前人既成之傳，雜綴成篇，遂以此則羼入。再考潛研堂撰爲此則之由來，則誤以明史稿爲字字皆先生所作也。夫謂明史稿爲先生作，大致尙不相遠，而進明史稿之王鴻緒祇言由彼所撰，未嘗及先生名也。先生爲鴻緒撰明史稿，本無疑義，而不經鴻緒意爲取舍，固已萬無此理，且所論建文書法，尤在鴻緒自撰之史例議中。史例議一篇，本不與明史稿相混，篇中有『康熙五十九年歲在庚子，亡友朱竹垞仲孫稼翁攜竹垞文稿見貽』云云。竹垞亡在四十八年，先生則卒於四十一年，此篇明明非先生作也。而篇中所持建文書法之論，字句悉與史館先生傳文同，此錢氏偶一不愼，以明史稿傳爲悉本先生，遂截取其書中之一段，以爲先生論史之特識。國史館補立清初儒林傳時，又信錢氏之名高。采作底本，遂著此於本傳，而先生遂受誣於淸國史矣。

近淸史稿立先生傳，又移之於文苑，其取材亦兼采公私諸傳，顧獨去此則。在淸史館諸公未必知此則之爲誣先生也，但史料太繁，每篇皆有刪節，此則適在所刪之內。且淸史稿未經公布，將來是否定用稿文，俱無把握。今爲先生辨誣，亦以告後來淸史定本時，撰先生傳，寧從淸史稿之不着誣詞，勿從舊史館稿及錢大昕稿用王鴻緒邪僻之論爾奪先生本旨。而其說當自先生祠墓中保存之。用是作此文以復於創修祠墓者。

淸於建文書法，至乾隆朝，去朱三太子事已遠，旣不慮天下復有思明之人，亦不慮明復有繫天下之望之的裔。乃於四十二年詔改明史本紀。卽將建文書法重定書云：『棣遣中使出后屍於火，詭云帝屍。』是淸一代最後明史定本，亦已不復仍王鴻緒史稿之意。今四庫本之明史與殿本通行者不同。世多未見四庫本，尙拘守通行之殿本。賴有故宮單行之乾隆重修明史本紀，可以證建文書法之歸結。愼勿謂殿本舊書法定自先生，反由淸高宗爲之論定也，則先生爲不受誣於終古矣！並以附書。